HERMES

在古希腊神话中，赫耳墨斯是宙斯和迈亚的儿子，奥林波斯神们的信使，道路与边界之神，睡眠与梦想之神，亡灵的引导者，演说者、商人、小偷、旅者和牧人的保护神……

西方传统 经典与解释　HERMES
Classici et Commentarii

启蒙研究丛编
Library of Studies in Enlightenment

刘小枫●主编

论古今学问
——坦普尔文集

On Ancient and Modern Learning

[英]威廉·坦普尔 William Temple ｜ 著

刘小枫 ｜ 编

李春长 ｜ 译

华夏出版社

本书为"国家社科项目斯威夫特与古今之争研究（16BWW051）"的阶段性成果

"启蒙研究丛编"出版说明

如今我们生活在两种对立的传统之中,一种是有三千年历史的古典传统,一种是反古典传统的现代启蒙传统。这个反传统的传统在西方已经有五百多年历史,在中国也有一百年历史。显然,这个新传统占据着当今文化的主流。

近代以来,中国突然遭遇西方强势国家夹持启蒙文明所施加的巨大压迫,史称"三千年未有之大变局"。一百年前的《新青年》吹响了中国的启蒙运动号角,以中国的启蒙抗争西方的启蒙。一百年后的今天,历史悠久的文明中国焕然一新,但古典传统并未因此而荡然无存。全盘否定"五四"新文化运动以来的反传统的传统,无异于否定百年来无数中国志士仁人为中国文明争取独立自主而付出的心血和生命。如今,我们生活在反传统的新传统之中,既要继承中国式的启蒙传统精神,也要反省西方启蒙传统所隐含的偏颇。如果中国的启蒙运动与西方的启蒙运动出于截然不同的生存理由,那么中国的启蒙理应具有不同于西方启蒙的精神品质。

百年来,我国学界译介了无以计数的西方启蒙文化的文史作品,迄今仍在不断增进,但我们从未以审视的目光来看待西方的启蒙文化传统。如果要更为自觉地继承争取中国文明独立自主的中国式启蒙精神,避免复制西方启蒙文化传统已经呈现出来的显而易见的流弊,那么,我们有必要从头开始认识西方启蒙传统的来龙去脉,以便更好地取其精华、去其糟粕。事实上,西方的启蒙传统在其形成过程中也同时形成了一种反启蒙的传统。深入认识西方的启蒙与反启蒙之争,对于赓续清末以来我国学界理解西方文明的未竟之业,无疑具有重大的现实意义和历史意义。

本丛编以译介西方的启蒙与反启蒙文史要籍为主,亦选译西方学界研究启蒙文化的晚近成果,为我国学界拓展文史视域、澄清自我意识尽绵薄之力。

古典文明研究工作坊
西方经典编译部丁组
2017 年 7 月

目 录

编者前言 ………………………………………………… 1

论统治的起源和本质 …………………………………… 1

论民众的不满 …………………………………………… 23

论古今学问 ……………………………………………… 50

伊壁鸠鲁的园子 ………………………………………… 84

论英雄德性 ……………………………………………… 120

论　诗 …………………………………………………… 188

为《论古今学问》辩 …………………………………… 222

附录　坦普尔爵士的生平和品格 ……………………… 249

编者前言

刘小枫

施特劳斯说,谁"尝试解决那些最为重要而且永远重要的政治争议",谁才算得上"政治哲人"。在说到"古典政治哲人和当今政治科学家之间的区别"时,施特劳斯以坦普尔爵士为例,以说明何谓古典式的政治哲人。

十七世纪的坦普尔爵士(Sir William Temple,1628—1699)与洛克是同时代人,他从小喜欢文学,早年在文法学校修习拉丁语和古希腊语文学,后来就读剑桥学院,师从当时著名的柏拉图主义者卡德渥什(Ralph Cudworth)。起初坦普尔是个文人,写随笔和小说。王政复辟之后,坦普尔开始了自己在爱尔兰议会的政治生涯,长期出任外交官。从政期间的坦普尔不忘情于文学,大量阅读古书,尤其喜欢东方秘学。

52岁那年(1680年),坦普尔突然退休,重新回到自己喜爱的以阅读和写作为主的生活方式。不过,坦普尔虽然热爱古典,却并非在古代文史方面深有造诣的古典学者,古希腊语也学得并不好,主要通过英译本和拉丁语译本阅读古希腊经典,而且并不排斥现代新知识。

退休后的坦普尔开始关注法国知识界爆发的"古今之争",并在1689年写下《论古今学问》一文,对崇今派发起攻击。《论古今学问》在论及古代学问时具有广阔的视野,不仅涉及西方古典学问,也涉及近东和远东的古典学问。在坦普尔看来,凭靠新的自然科学成就摈弃古典遗产,实属目光短浅,毕竟,新的自然知识更多具有的是实用性,只会引导人们追求实际利益——更重要的是,今人若抛弃古人就会丧失眼界的高度。

培根曾把今人比作"站在巨人肩上的侏儒",因为今人既可以利用古人的知识,也可以利用现代的知识。似乎今人即便是侏儒,由于站在了巨人肩上,眼界就比巨人宽广。坦普尔则说:

> 我们若是侏儒,即使站在巨人的肩上仍然是侏儒;我们若是天生短视,或对周围情况不像巨人那么了解,或由于胆小和迟钝在高处感到晕眩,我们就是站在巨人的肩上,也比巨人看到得少。(《论古今学问》,页 18–19)

坦普尔在《论古今学问》中把矛头主要对准法国崇今派的代表人物丰特奈尔,他说:

> 我们可以声称我们的知识在哪些方面超越了前人呢?在过去的一千五百年内,除了笛卡尔和霍布斯之外,我不知道还有哪个哲人能够具有这么崇高的地位。对于笛卡尔和霍布斯,我在这里不做评判。我仅仅要说,按照当今学者的意见,他们两人绝没能掩盖柏拉图、亚里士多德、伊壁鸠鲁和其他古人的光辉。在文法或修辞上,尚没人质疑古人的成就;就我所知,在诗歌方面基本也是一样,只有我上文提到的那位新近的法国作家([引按]指丰特奈尔)提出了不同意见。我认为,反驳他的最有力证据莫过于他自己的诗歌和论文合集了。(《论古今学问》,页 25)

坦普尔在这里将霍布斯与笛卡尔相提并论,让今天的我们感到有些奇怪,毕竟,霍布斯并非为崇今派提供武器的人物,而是为正在出现的新政制提供武器的人物,尽管他在《利维坦》中的确公然挑战了柏拉图和亚里士多德的权威。事实上,在迄今为止讨论古今之争的文献中,霍布斯很少被提及。其实,坦普尔将霍布斯与笛卡尔相提并论具有重要的思想史意义。作为现代自由主义政治观念的公认鼻祖,霍布斯的新政制观得到笛卡尔的新哲学观的支撑是一个理论事实。在坦普尔看来,新哲学观与新政制观的合流是欧洲自古代晚期以来最重要的事件——尽管这种合流是历史的偶然。坦普尔敏锐地意识到,时下的古今之争绝不仅是古今学问优劣之争,也是古今政制优劣之争。我们甚至可以说,坦普尔明确意识到,时下的古今之争与英国正在发生的政制大变革有关。

1688年,支持议会的辉格党人与部分托利党人发动宫廷政变,废黜詹姆斯二世,邀请詹姆士二世的女儿玛丽和时任荷兰奥兰治执政的女婿威廉回国执政;次年,议会颁布《权利法案》确立议会式君主立宪制,剥夺了君主的主权,史称现代民主政制的先驱。正是在这一年,坦普尔写下了《论古今学问》。坦普尔清楚知道,"古今之争"其实早在半个多世纪以前就开始了。

在坦普尔眼里,英格兰所经历的共和革命和随后的"光荣革命",都与崇今派的兴起有关。坦普尔既非哲学家也非书斋学者,而是有长期政治实践经验的政治家,其经历与马基雅维利有些相似:早年受人文主义教育,然后从政,退出政坛后从事写作长达十八年。坦普尔意识到英国的政制变革与看似同政治不相干的学问论争有着内在关联,并不奇怪。

在巴黎,布瓦洛与佩罗的论争主要引向了这样一个问题:就文学成就而言,今人是否不能超越古人,是否一定得模仿古人。与此不同,在伦敦,坦普尔的《论古今学问》虽然也提到作诗,但明显更关心古今之争与政治制度乃至文明形态的关系。《论古今学问》一开始就说,写作自古分两类,要么为了"娱乐"(entertainment),要么为了"训导"(instruction),读书人的才智和学识为此各显神通。

然而,在坦普尔眼里,如今这两类写作都算不得什么。因为,读书人如今面临一个古人也从未论及的问题,即"一些国家不同的宗教法律的宪制和统治以及由此而产生的一切争论"(《论古今学问》,页2)。这话听起来真有张之洞当年所谓"三千年未有之大变局"的味道。事实上,《论古今学问》的基本特征是:通篇把学问的品质问题与政治制度的优劣问题联系起来。做学问虽然是学人个人的事情,但在坦普尔看来,学问本身与政治制度的关系非常密切,而政治制度又与文明传统联系在一起。

> 然而,我怀疑,造就卓越的才智和知识如同造就世上的权力和帝国一样,可能终究只能依赖某些个人纯粹的精神力量或天赋,而非从他们那里承传的力量,无论这种力量通过承传增强了多少;这样卓越的才智和知识可能只能自然天成,而不能通过技艺来提升。(《论古今学问》,页16)

《论古今学问》的中心主题其实是古今政制比较,由于坦普尔笔下的古代政制也包括东方甚至中国的古代政制,在今天看来,这篇论说文堪称两种"普世"政制原理的首次对决:古老的"普世"政制原理与如今被称之为"普世价值"的民主政制原理的对决。这篇论说文足以纠正西方学界长期流行的关于十七世纪末"古今之争"的错误说法,提醒我们应该认识到:第一,"古今之争"并非首先发生在巴黎;第二,"古今之争"并非仅仅关涉文学艺术,甚至也并非仅仅关涉广义的学问,而是更关涉古代文明与现代文明的优劣。

《论古今学问》在 1793 年被译成法文,激发了巴黎的布瓦洛和拉辛(Racine)对佩罗开战。另一方面,佩罗的《古人与今人对比》也被译成英文,激发了伦敦的崇今派对坦普尔开战:巴黎和伦敦两个战场由此连成一片。1694 年,年轻的伦敦古典学家沃顿(William Wotton,1666—1727)出版了一部近四百页的大著,题为《关于古今学问的反思》(Reflections on Ancient and Modern Learning),反驳坦普尔的《论古今学问》这篇短论,使得论争骤然升级。

沃顿出生于学者世家,据说从小是个神童。他父亲热衷搞新式教育实验,在父亲精心培育下,沃顿六岁就能用拉丁语、希腊语、希伯来语三种古典语文阅读,上剑桥大学时还未满十岁,年纪轻轻就才学出众——1687 年成为英国皇家学会会员时年仅 21 岁,发表大著《关于古今学问的反思》时才 28 岁。随后,皇家图书馆馆长本特利(Richard Bentley,1662—1742)出面声援沃顿。他虽然不是沃顿那样的神童,却也在 24 岁那年就以六种《圣经》古本汇编会注闻名学坛。

1693 年年底,本特利出任皇家图书馆馆长。论战爆发后,他以古典学权威学者的身份写了《论法拉里斯书简》(A Dissertation upon the Epistles of Phalaris)一文,让沃顿在 1697 年重版《关于古今学问的反思》时用作附录。这篇文章满篇古书引文和古注(Scholia),以新派证伪考据法论证古罗马时期的《法拉里斯书简》和古希腊晚期的《伊索寓言》都是伪作,因为坦普尔

在《论古今学问》中曾写道:

> 还有一点可以断定古人更伟大,即我们现有的古籍在各自的类别中仍然是最佳的。在那些世俗作家的作品当中,我所知道的两部最古老的散文作品是《伊索寓言》和《法拉里斯信札》。伊索、法拉里斯(Phalaris)、居鲁士(Cyrus)和毕达哥拉斯基本是同时代人。人们从过去到现在一直都认为,伊索是最伟大的寓言作家,其他寓言都是在模仿他的原创;同理,我认为,《法拉里斯信札》比我读过的其他同类的古今作品更独特、更灵气、更充满智慧和创造力。(《论古今学问》,页 34 – 35)

伊索是古希腊文史中的传说人物,希罗多德最早在《原史》中提到过他,随后的阿里斯托芬和柏拉图作品也都提到过他,但历史上是否真有其人难以断定。今本《伊索寓言》的成书年代很晚,最早也在希腊化时期。法拉里斯(约公元前 570—约前 549 年)则是古希腊罗马典籍中有明文记载的西西里地区阿克拉伽斯(Acragas)城邦的僭主,他推翻当地贵族的统治后试图将城邦扩张为一个帝国,但施行统治十六年后被推翻。法拉里斯在古书中被用作残暴统治者的代名词,古代晚期的希腊语作家路吉阿诺斯曾撰文为他恢复名誉。

公元 4 至 5 世纪时,出现了托名法拉里斯的书简集(共 148 封),在意大利文艺复兴时期被译成拉丁文后一路走红,成为人文主义教育的通识读本之一(1695 年,伦敦还出现了拉丁语新译本 *Phalaridis Agrigentinorum Tyranni Epistolae*)。坦普尔欠缺古典文史知识,或一时笔误也说不定,总之,他把《伊索寓言》和《法拉里斯信札》称为"最老的书籍"(the oldest books），以此作为"推崇古人"的证据，显然漏了大怯。本特利很容易就指出，所谓《法拉里斯信札》是伪作。他花了一番功夫来证明，传世的《伊索寓言》有一半系晚于伊索数百年的后人伪造，另一半篇幅也比以往认为的更为晚出，甚至是所有古代作品中最晚近的。本特利并非单纯的新锐古典学家，与奥比纳克神父一样，他不仅是王室附属教堂牧师，也是"牛顿式"神学家，非常崇拜洛克和牛顿，铁杆的新科学理性派，因此主动为沃顿提供弹药。

沃顿借本特利打击崇古派的做法与佩罗依傍奥比纳克神父的做法如出一辙，这就是以新派考据法论证古典作品是伪作来贬低古典作品。让今天的我们得以开眼界的是：坦普尔并非古典学者，却热爱古典，《论古今学问》开篇第一句话是，"谁要是浸淫于古书，就很难会喜欢上新书"（页2）。相反，沃顿和本特利是古典学家，整天浸淫于古书，却并不热爱古书，古书在他们手上不过是一件技术活儿的对象。然而，恰恰是这些人史称西方现代古典学的创始人。他们印证了后来尼采的一个说法：搞古典未必等于真正敬重和热爱古典。如今的我们也很容易看到，好些研究西方古代文史甚至研究中国古代文史的古典学者，其实是破碎古典的急先锋。崇古与崇今的区分不在于是否受过古学训练或从事古典研究，而在于对古学或古人的态度——是否热爱古典得看心性，而非看专业。

针对沃顿和本特利的攻击，坦普尔写了《对〈论古今学问〉的评论的若干思考》予以回击。对坦普尔来说，古书即便是后人的托名之作，那也是古人在托名写作，而非现代人在写作。即便今本伊索寓言多是古罗马时期的斐德若的托名之作，也是古人的伪托。关于寓言的性质和写作，在随后的古今之争中也成了热门话题之一,而且上升到哲学高度。

如今的古典学家即便能证明某部古书是古代的伪作,也不能证明他们在心性和灵魂品质上比古人高。坦普尔化用拉辛的诗句直接挖苦丰特奈尔和佩罗:柏拉图、西塞罗、维吉尔等举世敬重的伟大作家的文字一旦经过他们解释就都看起来傻傻的,不过是因为他们把自己的低劣灵魂强加给古代的高贵灵魂,以至于古代作家看起来就跟他们一样似的。

1690年11月,坦普尔出版了文集《杂篇二编》(*Miscellanea, The Second Part*),共收四篇论说文,分别题为:《论古今学问》《论伊壁鸠鲁的园子》《论英雄德性》和《论诗》。1692年出第三版时,坦普尔对《论古今学问》一文作了修订,次年重印,并被译成法文。坦普尔去世后,《杂篇二编》被收入四卷本《文集》(*Works of Sir William Temple*, London, 1814)卷三和《全集》(*The Complete Works*, New York, 1898)卷三(今人讨论该文时通常引用后者)。

眼下这部文集选译了七篇坦普尔的文章。《论统治的起源和本质》(作于1672年)、《论民众的不满》、《伊壁鸠鲁的园子》和《论英雄德性》以及《为〈论古今学问〉辩》选自《坦普尔文集》卷三(The Works of Sir William Temple, London: S. Hamilton, Weybridge, 1814)。《论古今学问》和《论诗》也出自《坦普尔文集》卷三,但文本依据哥伦比亚大学教授J. E. Spingarn的编辑校勘本:*Sir William Temple's Essays on Ancient & Modern Learning and on Poetry*, Oxford: Clarendon Press, 1909 / 2013。

附录收录了一篇坦普尔的同时代人写的《坦普尔爵士的生平与品格》(The Life and Character of Sir William Temple, London:B. Motte,1728)。坦普尔爵士的妹妹吉法德(Martha Giffard)早年丧夫,与坦普尔一家一起生活多年,她为这篇传略文提供了4页(原文页19-22)内容。

2015年10月

论统治的起源和本质

[1]人性似乎不分时代和地区都千篇一律,但仍有差别,如同身材、肤色、五官一样。究其原因是生养他们的地区的作用与影响。各个地区通过湿度调配和空气作用,使人们的想象和欲望走上了不相同、不均衡的轨道,从而造成交流和行动的不同。

这些差异使人们偏向于接受不同的风俗、教育、观念和法律,由此形成并统治着世界上的不同国家,使其平静安稳,既无内忧也无外患。内忧外患可能改变或毁灭国家的筋骨,但是若能恢复元气,国家通常会逐渐回到或近乎回到自然建制上来。(我谈到的导致政权或政治制度的改变和革命的动力不是更为直接和明显的神力,[2]因为后者是神学家而非俗人的话题,是信仰而非理性的话题。)

这可能解释了为什么同一个国家在任何时候通常习惯于大体上属于一类的统治形式,同样的人性在同一个地区一直持续下去,有时听人劝说离开轨道或被武力赶出轨道,但总是会返回原来的道路上来。

因此,更北与更南的国家(现在仍然是公认的两个极端)一直处于集权的专制统治之下。鞑靼和莫斯科地区是一极,非洲和欧洲是另一极。更温和的地区,特别是欧洲,一直习惯于更温和的政府,古代就形成了共和国(commonwealth),近代成了公国(principality),遵守名异而质同的法律。

统治在古代有不同的分类，但似乎可以分为两大类：某个人根据自己随心所欲的命令和意志实行统治；根据一致同意或风俗建立起的法制实行统治，未经多数人同意，该法制不得更改。然而每一类别下面可能有很多细分，可以归到教科书上通常给定的统治类型名下。第一类中的很多种各不相同，取决于统治者和被统治者的禀性和性情，正如发烧的不同取决于个人的体质和季节的偶然因素。第二类中的各种统治的差异取决于立法和执法权力的拥有者的素质和数量。

［3］了解波兰和尼德兰联合省的人，根本无法清楚地把它们归结到现有的任何统治类别之下。

希腊、意大利和西西里曾是战争的主战场和古代历史的题材，都分裂成小共和国，后来被强大的罗马共和国吞并，成为其中的行省，西班牙、高卢和德国也是一样。这些国家之前由诸多小政府构成，其中的城市通常是共和国。国家的君王战时是将军，和平时期没有军队和卫队，也没有实行专制的任何工具。他们是内阁会议的首相和议会的议长，所有重大事件和战争需要经过议会的讨论和授权才能决定和执行。

上述地区的一些小国，主要是一些城市，经常处于自然产生于平民（popular）政府的专制之下；较为底层的民众受到权贵的压迫或威胁，完全听命于他们中间某个有威望的人，对他的意愿和决定唯命是从。他们很容易从一个极端走向另一个极端，或者乐于看到他们痛恨和恐惧的人现在和他们平起平坐了。民众虽然能够保护自身却不能制订制度；每个人通过经验逐渐意识到，民众骚乱比最疯狂的专制还要更严重地威胁公共安全，因为相比民众，取悦单个人的性情以及平息或抵御他的怒火要更容易。［4］假如二者都走了极端，专制君主的暴怒像熊熊大火，逐渐地烧毁周边的东西,一栋接一栋地吞噬房屋,而民众的暴怒像汹涌的大海,一旦决堤,会迅猛地淹没整个地区,没有任何逃命或抵御的希望,只能等到潮水或风向改变,大海平息。

各种偶然事件影响巨大,人们或许无法解释或探讨,为什么亚洲和非洲自然就是集权的专制,而欧洲自然就是另外一种。非洲的迦太基的确是共和国,欧洲的马其顿是王国,然而前者非土生土长(曾是推罗人的殖民地,因为在同一个海岸也有其他一些希腊小王国),马其顿的王要得到法律的许可以及贵族和内阁的同意,不像波斯王根据自己的性情和意愿即可决定。这从他们关于奴隶的争吵即可看得出来,当时很少的国民征服了大量的奴隶。

有一个可能的解释是,(属于共和的)西西里、希腊和意大利(由于周围都是广阔的海域)到处都是物阜民丰人口众多的城市,所有富裕的城市都倾向于实行共和政府,或许是因为变得更加富有和更加有权力的人很难被征服;也可能富翁更加注重安全,害怕所有武力和专制权力,希望由法律和自己选出的官员治理国家;或许城市小更容易召开议会和内阁会议;[5]或许交流锻炼了人们的才智,在政府问题上产生了过多的理论家。

与此相反的统治出现在地广人稀的国家,特别是延伸到亚洲和非洲的辽阔的坎帕尼亚(Campania),那里城市很少,只有国王或总督所在的地方发展成为屈指可数的几个城市。百姓比较贫困,一无所有,没什么可以操心的,因此不容易受到权力或暴力的算计。代表相距甚远的民众去开会对于代表是个麻烦事,对于选民也是个花钱的负担。野心家和贪婪之人不曾涉足的地方,人们自然更乐于安逸,而非忙于生意;此外,人们一生当中与森林、田野和牲畜打交道比与人打交道更多,逐渐不愿意了解更多的东西;他们大量运用感官,较少使用理性;不审视权力和当局的本质和期限,只觉得自己适于服从,而不适于统治,因此逐渐习惯于听从掌权之人,仿佛顺从上天旨意一样,认为他们境况的变化如同季节的好坏,是气候变化的结果,与君王好坏无关。

可以进一步推论,在具有极端气候的地区,由于酷热烤蒸或严寒压抑,精神变得虚弱和迟钝,因此,人们更加温驯,更适宜奴役。在更为温和的地区,精神更加活跃和积极,使人们在捍卫或重获自由方面更加勇猛。

但所有统治都是在限制自由。无论统治形式如何,只要未加约束的权力(dominion)是最终的力量源泉,都是专制的。

[6]因此,人们在争取自由时实际上只是要换掉统治者,或改变他们之前习惯但现在(由于厌倦了目前的政府)感到后悔的统治形式。当然,当初他们享受统治的时候也不是没有压力和抱怨。另外一方面,大批人把生命与财富完全寄托于某个人的意志时,不可能是违心之举,但必定有习惯或意见(opinion)的影响,这是所有统治的真正依据与根基,它使权力(power)服从权威(authority)。权力来源于力量,总是属于占多数人口的被统治者,而权威来源于意见(opinion),属于占少数人口的统治者。

上述区别在古罗马那里很明显,其制定的法律和通过的决议需要得到元老院的许可(authoritatesenatus)和公民大会的执行(jussu populi)。元老院是国家政策的制定机构;它讨论并通过的文件交由公民大会执行,因为后者有权力使其得到遵守。重要意见首先从元老院,再从元老家人(即贵族[Patrician])那里传给民众,加上权威人士为事理背书,很容易使提出的建议得到同意。极端的时候,官员的选任虽然完全由民众做主,但有很长一段时期,民众只选贵族担任国家要职,无论文官还是武将。但是后来,民众开始不听从贵族的一致意见,至少认为自己中的一些人与贵族一样有能力,适合参政议政,领导军队,于是要求与元老院共同任命国家官员,[7]让平民掌握大权,担任要职,由此引发了骚乱,使国家长期处于动荡之中,最终导致国家灭亡。

权威来自智慧(wisdom)、善好(goodness)、英勇(valour)之人的意见。

智慧让人们能够判断什么才是最佳目标,实现目标的最佳途径是什么,使人战胜软弱和无知,等同于盲人之中的明眼人,也就是建议与方向。智慧使年轻人尊重长者的权威,直到年轻人在某个年龄阶段改变了他们对长者的看法和对自己的看法。智慧更是把绝对权威给予海上的领航员,所有乘客必须听从他的指引。

善好使人把职责与承诺置于个人的感情或利益之上,是名副其实可以托付的对象。在我们语言里,善好准确地说是诚实(honesty)。我们称一个人诚实,罗马人则称之为善好。而诚实在拉丁语和法语中是指多种品质的综合,这些品质通常使拥有它们的人得到荣誉和尊重。

英勇使人敬畏,对于没有勇气或力量自卫的人意味着保护。因此,男人在女人面前具有权威;雄鹿头领在群鹿中具有权威,虽然其力量未必抵得过任何两头鹿,但在一起时的畏惧之情已经深入群鹿骨髓,使它们忘记了团结。

雄辩是智慧的表现,美貌是善好的标志,高贵是英勇的外现,一直都能够影响民众的意见,[8]若是真正与它们显示的品质相吻合,则影响巨大。

另一个源泉产生的权威比上述权威更强大,即神意或神指定的统治者或王朝。

异教徒的王总是认为自己或自己的祖先来自某个神,因此自封为英雄,即人与神的后代,具有神性和人性。其他人把主教冠与王冠合二为一,从而把神权与世俗权力融合起来,得到人们的崇拜与尊重。波斯和埃及的哈里发和阿拉伯的大帝都自认为源于伟大先知穆罕默德的不同支系;秘鲁的印加王朝自认为来源于太阳神;突厥人崇拜的奥斯曼家族,认为其由上天指派,为永恒帝国做准备;法国国王的祝圣典礼(按洛塞尔[Antoine Loysel]的说法)表示国王具有教会和世俗王国的独立统治权,因此,国王能够管理教会所有空缺的教职。①

虔诚据认为能够博得神的眷顾,命好似乎是神眷顾的结果,或至少是审慎和勇气的结果,二者都能够产生权威。同样,皇宫中奢华的生活,人们前呼后拥,庄严肃穆,穿着不同于常人的绫罗绸缎,似乎既是上述美德的回报或命好的结果,也表示听从他们的人很多。

上述源泉产生了权威,但只有习惯最能使权威更加强大和获得认可。任何人也不会轻易怀疑或质疑自己与其他人生来就一直遵从和相信的人或事。即使这样做了,他也不指望或胆敢提出意见,[9]因为他知道,基本没人同意,而且所有其他人将捍卫已经得到认可的东西。因此,没人试图推翻现任政府,除非事先谋划,逐步获得新权威,并在某种程度上抹黑老权威,认为掌握权威的人表现了不良品质。后一种情况将引起意见的全面转向,涉及可能获得大多数民众追随的个人或党派,而民众是否

---

① 洛塞尔(1536—1517),法国法学家,支持王权。

跟随能够衡量他们力量的强弱。实际上，所有统治的强大或衰落在于民众对于统治者品质的普遍看法是高还是低。

在所有国内团体中，权力必须听从权威。如同身体的运动自然听从大脑一样，大多数人总是执行和从事自己相信的少数人提出的或建议的事情。从这种原则以及一些自然权威可以推出人类统治的真正起源，它胜过任何契约。

伟大作家谈起政治和法律时告诉我们，契约是起源。其中有些人认为，统治的基础在于人是社会动物，自然喜欢成群地居住在一起；其他人则认为，人类天生是捕食动物，总是处于你死我活的战争状态。因此，为避免第一种情况下的混乱和第二种情况下的暴力，人类发现必须一致同意建立秩序和规则，使每个人为了得到某种东西而放弃自己的公共权利，为了自己不受伤害和掠夺，也要放弃伤害和掠夺他人的权力。[10]他们认为，人类通过共同的契约，一致通过这些制度，同意通过共同的力量竭力执行；契约由此产生了所有的文明政府。

我不清楚，他们是否考虑过，什么使有些生物群居生活，却使另外一些生物更愿意独自居住和流浪或过小型群居生活。我认为，过群居生活的生物在自然界很容易找到充足的必需食物，如青草、树木和果实（地球上的常见食品）。无论到哪里，他们通常可以找到需要的食物，足够所有同伴食用，不用辛苦劳作或争斗。若生物倾向于独居，它们的食物通常是容易受到惊吓的生物，必须通过追逐和暴力才能获取，一次的猎物量很少，不能满足大量饥饿同伴的需要。这也有不适用的地方。比如，可以看到秃鹫在腐尸周围成群结队，狼结群猎杀一头鹿。不仅如此，食物充足时，他们安静地享用，越来越少时开始争吵，吃完了各奔东西，寻找新的猎物。此外，群居动物因为饥饿、配偶和其他方面都要争吵;牛羊似乎与狮子和熊一样容易暴怒和争斗。

因此,若是必须把人归类,我不清楚应该属于哪一类。考虑到不同的人在习惯与禀性上存在巨大差异,甚至同样的人在不同时期也不一样,我觉得不应该把他们分成不同的类别。我不明白,人类若是如同羊群,统治还有什么必要;若如同狮子,又怎么能忍受统治。我也没听说,哪里有大多数人通过共同契约建立国家制度,在战争的自然状态下一起开会,[11]每个人在任何事情上都有平等的权利。我倒时常听说,国家制度由某个人以立法者的名义智慧地提出,并得到他的权威认可,不是以这种方式产生的政府历史上尚未发现,包括史前。在流传至今的早期史料中,所有国家都服从于国王或君主或其他官员的权威。

此外,把契约原则当作统治的起源似乎是为了迎合某些古代诗人关于人的起源的叙述:数量众多的人类一次性来到地上,而且具有完美的身材与强大的力量。我们从世界不同地方繁衍的几处人类来推断,必然会想到,任何地方的第一批人认同的政治体制,不是召集所有个体开会,而是召集各个家族的代表,制订契约或普遍认同的协议,因此,这些代表在其家庭成员当中具有权威。

想想,假如一个人生育了很多孩子,操心为他们提供必需的食物,直到他们能够自立(这发生在多年以后,因此孩子需要长时间依赖父母,我们观察到的其他生物依赖父母的时间则要短得多);再想一想,不只是操心,假如他还必须辛勤劳作,采集自然界的果实或种植千辛万苦培育出来的果树,为无法自理的孩子们提供生计;还有,为了有足够的食物,假如他还必须捕捉温驯的动物,狩猎凶猛的野兽,[12]有时候还要鼓起勇气保卫自己的小家,与强大的野兽搏斗(这种野兽猎食他,如同他猎食那些弱小温驯的动物一样);假如他按照顺序谨慎地把现有的食物根据孩子们的饥饿程度或需要分配给他们,有时把今天多余的食物储存起来供明天食用,有时宁愿自己节省一些,也不饿着任何一个孩子;随着孩子长大成人,能够参与养家,他还要对他们言传身教,教他现在如何做儿子,将来如何做父亲;教导他们什么样的品质有害或有益于健康和生活以及公共社会(当然包括人们公认的美德与邪恶),热爱并鼓励向善的倾向,厌恶并惩罚向恶的倾向;当世间无法解脱苦难时就仰望星空;无论何时觉得自己脆弱,就求助于更高更伟大的神(nature);我们必然断定,这个人的孩子长大必然敬重他的智慧、善好、英勇和虔诚。他们若发现家庭一直富足,将认为父亲的命运也很好。

由此自然而然产生出父亲的权威,使孩子(至少在孩子长大成为父亲之前)相信他的教诲,接受他的建议,听从他的命令。

因此,父亲通过权威和自然权利成为这个微型国家的统治者。若是寿命够长,儿孙满堂(他的孩子也是如此),[13]他便成为国家的统治者或王,是名副其实的"国父"(pater patriae),最佳国王都是如此,也应该如此;不是如此的国王也希望这样称呼他。法国国王独特的称呼是Sire[陛下],在古法语里就是"父亲",指君王是民族国家(nation)的父亲。民族国家确切含义是数量众多的家庭,他们服从同一个政府和政治制度,出生在同一处地方,来自同一支血脉。如同祖国(Patria)指我们"父亲"的土地,荷兰人为了亲切,不称"我们的国家",而称"我们父亲的土地"(fatherland)。我们发现,圣经记载的犹大(Judaea)所有地区及其相邻的地方,在古代建立的国家都是这样的民族国家。希腊和意大利的很多地区开始有文字记载或口头传说时也是如此。恺撒时期,高卢的大片地区以及塔西佗时期的日耳曼地区无不如此。古代英国民族的多个分支和爱尔兰人的诸多氏族无一例外。非洲和美洲在初次发现时有数不胜数各种各样的民族国家,他们有不同的名称,不同的国王或君主,直到后来被更大的帝国所吞并。

这些似乎曾是世上统治的自然起源,即起源于众人心照不宣地遵从一个人的权威。通过他(如果是家庭或民族的父亲的话),长子以父亲的方式在弟弟们中间树立了某种权威,与父亲一起讨论和安排集体事务。此举再加上经验智慧产生的意见使得犹太人经常提及长子权威,[14]使斯巴达、罗马以及其他文明或野蛮地区在某种程度上都存在老人权威。意大利语、法语和西班牙语里表示"贵族"(Lord)的 Signior、Seigneur、Sennor 起初的含义就是年长者。他们在不同的政府和民族国家中逐渐具有了权威,在罗马帝国灭亡之后便在这些国家任职。

此举或许带来了一种风气:古人的意见具有权威性。这是错误的判断。我认为,古人对于当代可以有适当的权威,但并不是所有很久以前的古人都具有权威,一个时代不一定比另一个时代更智慧;如果真要比较,为什么不是现代比古代更有智慧呢,古人对生活个案的认识有优势,而现代人对世界的整体认识具有优势。

因此,一个家庭似乎是一个小王国,一个王国只是一个大家庭。

在继承的过程中,父权在偶然事件刺激下很可能分成学校里普遍接受的几个统治形式。治理井然有序的家庭自然会分成农业的几个行业:耕种、园艺和畜牧(其中的产品是最初的财富来源)。为了经营这些产业,使它们增值,[15]协助那位需供养二十个或一百个孩子(不太容易判断有几代人,因为古代大多数国家可以随意迎娶不定数量的女子)的父亲,必然需要雇佣仆人。仆人来自征服和俘虏;或者从管理不善的家庭中逃出的人,他们在原来家庭可能无法生活或不希望待下去,于是卖了自由,换取生活的温饱;抑或本性卑劣的孩子,他们天生就是苦工的料;或者想多劳动少操心的人,由此成为他们十分尊重的兄弟的仆人,早早地选择与他们生活在一起。

增长的家庭仍然完全在父亲的照料之下,虽然各个成员得到的照料不尽相同。他还需要提供按合同约定给仆人的东西或应该让他们享用的东西以及孩子的口粮。仆人(通过劳作完成了主人吩咐的活儿之后又)通过辛勤劳动或心灵手巧获得的东西应该算作他们的财产,如同分给儿子的地块和牲畜,也与后者一样受到保护。但仆人若是有过失,违反了家规,也就是违反了随着时间推移而形成的这个小国的制度,其财产将被剥夺。

家父或国父在法律和生活上对待仆人如同自己的孩子,与孩子们商量涉及公共利益的事务,因此得到所有人心甘情愿的拥护与顺从。我认为这就是学校里讲的君主(Monarch)。本性残酷、一意孤行、毫无节制、独断专行、对待孩子如同仆人的人就是他们所说的暴君(Tyrant)。前者认为自己很安稳,因为得到孩子的爱戴与顺从;[16]后者知道人们害怕他、痛恨他,在孩子中间也不得安稳,于是让他认为最听话的仆人掌管军队,这就是近卫军的起源。

抵御外敌,捍卫显而易见的利益,只能是携带武器的军人。公共安全是他们的目标;荣誉是他们的薪水。他们完成目标后,便回家过以前那种平和的生活。希腊和罗马军队在国家早期即属此类。法国招募的军人和英国的民兵队也是如此。需要一直支付薪水的常备军准确来说是武装起来的仆人,他们使用长矛和刀剑与使用镰刀和斧头没有区别,都要听命于供养他们的人。因此,军法是法律中最严厉的,因为统治者不是父亲而是主人。

这种统治产生了一种新权力,不同于上文已经描述的来自权威、令民众心悦诚服的权力。新权力在于能够掌握军队,使他们作为仆人必须执行领导的意志和命令。权威来自上面提到的品质,而这种新权力来自财富或财富观。能够拥有财富的人就拥有大批仆人。好君主只有迫不得已才使用这种力量保卫国家。抵抗邻国或敌人的强大武装,但坏君主使用这种力量是因为自己的权威已经衰落,需要支持,或因为他们丧失了自然和父亲般的纽带,逐渐把统治者与被统治者本该一致的利益划分开来。

这种力量似乎比民众的力量弱小得多,[17]因为军人的数量永远不可能与民众相比,如同国家的闲人不可能与辛苦劳作的人口相比。因此,民众若由于某种强烈的情感、共同的利益或根深蒂固的权威的英明指挥而团结起来,他们将是军队的主人。此外,军人感受不到民众的情绪,因此,通过近卫军扑灭大瘟疫如同镇压大规模骚乱一样。两种症状都具有传染性,会突袭防御者。此外,普通的薪水只能稍稍激起勇气与行动,而宗教、自由、荣誉、复仇或生存则不同,它们能使每位士兵与军官一样心怀不满,也曾引起世界上波澜壮阔的战争与革命。最后,没有了权威,军人的权力威胁着主人,使主人成为仆人,担心兵变,如同政府担心民众谋反一样。

父亲的统治审慎善好,也很成功,长子看起来继承了父亲的美德和优点,通过自然权利、父亲的权威和个人的品质继承了统治权。然而,长子若腐化堕落,失去了家庭的信任(以及权威),或者早逝并留下了子嗣,当父亲去世,孩子们开会讨论选举事宜,要么推举在世的长子,要么血缘很远的晚辈,前提是他具有自然产生权威的品质,使他获得了权威,能够最好地安排和保护家庭的公共事务。

父亲逐步丧失自己的权威时,很多年长的或有智慧的儿子也逐步增加自己的权威。双方达到一定程度时,统治的性质随时可能改变。当父亲死亡或全面撒手不理家事时,他们由于前车之鉴,全体反对选出一个人继承权威,于是共同继承了父亲的权威,也就是他们所说的贵族制(Aristocracy)。但权威本身会收缩(这似乎是自然现象,直至终结于个人统治),使统治权有时落入少数人之手,确立在几个家族之内,也就是寡头统治(Oligarchy)。若家族的孩子养成了仆人的习惯和品质,或许堕落到如同仆人一样的境遇和贫困,上述两种形式便逐渐失去了权威。当许多仆人通过勤劳和美德获得了财富和尊重,统治的本质走向民主或平民政治,非常接近混乱状态或无政府状态(Anarchy)。若非由某个人和某些人的支持或引领,这种统治将经常陷入无政府状态,而那些人或许没有爵位,也没有身居要职。

以契约为基础的统治可能取代了以权威为基础的统治,但前者应该是君主与国民之间而非地位与权力相同的人之间达成的契约。我认为,臣服(subjection)起源于两个民族国家(为生存、女人、土地)相争,一方战胜了另一方。有时通过一场胜仗,打跑了敌人,胜利者把俘虏变为奴隶,使之世代为奴,除非主人给予他们自由;有时通过杀戮或频繁的胜仗,胜利者使敌人吓破了胆,但大部分人仍然活着;无论是上述哪一种情形,被彻底击败的民族同意臣服于征服者,得到安全与保护,或许和征服国的普通居民一样能够拥有自由和风俗习惯;若是随着越来越多的胜利、人口和土地,一个民族国家就占据了广阔的土地,拥有数量众多的人口,便逐渐成了古代人所说的王国(kingdom)或现代人所说的帝国(empire)。

大胜之后,主要的征服民族由于瓜分土地、战利品和奴隶变得富有和强大。靠土地、战利品和奴隶成为显贵的人在自己的土地上称为领主(Lord),统治着领地上的居民,具有一定的权利或司法权,同时需要效忠君王。与其他悠久的惯例一样,让这些人担任要职和参与协商会议的惯例逐渐成为一种权利。

君王统治若能依据最初达成的臣服条款(有真实历史记录)和古代惯例,也就是最初的法律(依此建立和规范王位继承制、财产继承制和普通司法),就叫合法君王。打破和违反这些古代建制(特别是王位继承制)就被称为篡位者。

[20]自由民族国家指从未被征服或进入隶属状态的国家。被哥特和旺达尔人征服前的罗马人即是如此;现在的突厥人也是一样,他们从斯基泰被请来协助希腊帝国,抗击萨拉森帝国,结果却成了这两个帝国的主人。

有些国家由于周围是海洋、河流、高山、关隘以及广阔的崎岖难行、荒无人烟的不毛之地,变得更加安全,免遭外来入侵。这些国家的居民通常生活分散,居住在小村子里。

在入侵容易、道路四通八达、邻国强悍的地方,人们通常拥挤地居住在一起,其安全感来自团结一心的众人以及城墙和其他防御工事,后者使得很少的人能够抵御很多人的进攻,使得他们能够与对方势均力敌。这就是城市的起源。城市的富庶和重要性取决于它在肥沃国家的占地面积,或者旁边的河流和港湾,后者要超过最肥沃的土地,因为它们能提供大量生活和奢侈用品。

诸多家庭聚集在一起,周围筑起城墙,遵守着(由智慧的某个人或某些人建立的,由于发现对公共有用便被所有人接受的,或者从多年的实践中形成的)秩序与法律。这些城市享有财产,遵守制度,保护自己不受任何入侵,从未被迫听从任何征服者的意志,从未接受完全臣服的条件。这样的城市称为自由城市。古代希腊和西西里的许多城市就是如此,它们据推断来源于某个奠基人或立法者。[21]现在德意志的许多城市也是一样,它们只遵守自己和神圣罗马帝国的法律。神圣罗马帝国是许多主权国家的联盟,其制度的设计与建立得到了这些国家君王的商讨和一致同意。

共和国从起源上讲只不过是自由城市。然而,它们有时候通过秩序和制度或大量英勇的民众扩张成为强大的帝国(dominion),常常由于地理位置和贸易而积累了巨大财富,加上强大的雇佣军,成为强国。这些统治似乎更偏人为,而单个人的统治更为自然,因为它们必须通过智慧的发明、秩序和制度来弥补权威的欠缺。

一人权威比多人构成的权威更伟大,因为不同的人表现出的与权威相伴的那些品质可能参差不齐。

这些政府的设立有时得力于某个智慧和节制的立法者,他有足够的权威,使民众听从和遵守他的所有法令和建议,做选择时把他认为的公共利益置于个人利益或荣耀之上(比如斯巴达的吕库尔戈斯[Lycurgus]、雅典的梭伦和叙拉古[Syracuse]的堤莫良[Timoleon])。有时,许多家庭逃出遭到野蛮入侵的国家,一起躲进有天然屏障的地方,免遭狂暴的征服带来的灾难(如古代罗得岛、伊奥尼亚沿岸的一些小岛以及由于蛮族遍布意大利而建立起的威尼斯),由此建立起政府。最后,政府的设立是因为推翻或消灭了暴政。狂怒的受压迫的民众推翻了暴政,

[22]走向平民政府或至少走向与他们最近憎恶与痛恨的政府相反的某种政府:比如驱逐塔克文家族后的罗马和赶走西班牙之后的联合省。然而,没有权威的作用,这些政府不可能建立或持续,而权威的获得需要人们认可的上述美德。罗马的布鲁图(Brutus)和荷兰的奥兰治亲王威廉身上都汇集了这些美德。①

我不再详述或比较世界历史上和现在的不同的统治形式。较好的形式通常有较好的辩护人,或在评判员眼里具有不同于其他形式的优势,比如更新的善恶体验和印象:它们都具有自己的高峰与低谷以及优势与劣势,都能大幅改进,也容易腐败丛生。倾向似乎已经在上文给出:单个人是最初统治的自然来源,能够拥有最大的权威(这是世界上轻松、安全和有序统治的基础)。然而,最为合理的结论或许是:一国之中,最好的统治形式就是长期以来得到惯例和经验接受与认可的形式,同时能够包容民众多种多样的性情和习惯以及最为广泛与强大的思潮。

也可以得出这样的结论:由最好的人当政的统治是最好的统治。官僚制度的差异不在于形式而在于官员本人,这也是(认为智慧贤达之士就是哲人的)古人要说的意思:[23]在最好的统治里,王是哲人,或哲人王。

建筑的标准最能衡量统治架构的安全性与稳固性。我们知道,在所有建筑图形中,金字塔最稳固,遇到地震或风暴等灾害最不容易摇晃和坍塌;底部越宽,顶部越尖,则越稳固。

所有统治的基础是得到民众的同意,或大部分民众即最强

---

① 奥兰治亲王威廉(1533—1584),亦称"沉默者威廉",领导荷兰反抗西班牙的哈布斯堡王朝,使尼德兰联合省在1581年正式独立,被称为荷兰国父,在1584年被西班牙国王派出的杀手暗杀。

有力的那部分民众的同意。这种同意可能来自对过去的反思——他们和他们的祖先多个世纪以来都在一个权威之下繁衍生息；也可能来自当前的感觉——他们目前拥有舒适、充足和安全的生活；或许来自对未来的看法——他们害怕现任统治或寄希望于另外一个。通过其中一种途径或所有三种途径获得了大多数人的同意，最终使他们希望并决心拥护它，这样的统治可以名言正顺地认为具有宽阔的根基，占地面积最大，如果最终集权威于一人，同样可以说它具有最尖的顶部，因此如同金字塔一样最为稳固。

与此相反，若不顾及民众的感情，得不到他们的好评，侵蚀他们的利益，得不到他们大部分人的同意，相比前一种统治，这样的统治可以名言正顺地说具有更狭窄的根基。若这样做的目的在于实现某个统治者、两个共同统治者或更多共同统治者的野心，迁就他们的情绪，满足他们的欲望，加大他们的权力和利益，[24]那么，相比前一种统治形式，这种统治的确可以名副其实地说具有更宽的顶部。同样可以说，这种建筑的稳定性受到了削弱和伤害，从某种程度上讲，容易遭受风雨的侵袭，在某个特定时候必定自己崩塌，或遭到微弱的地震之后崩塌。

由此看来，在君主制下，君王的统治依赖于民众或大多数民众（即民众的绝大多数）的感情、意见和利益，因此，君主制是所有统治形式中最安全最稳固的形式。与此相反，平民统治的基础不是民众而是共同统治者的普遍情绪和利益，因此，它是所有统治形式中最不确定和最不稳固的形式，容易遭到频繁而轻易的改变。

君主制若顾及民众的意见和利益越少，考虑（除君王外，与民众相左的）特定人的意见与利益越多，将变得越来越不稳固，越容易遭到风暴或地震的威胁。共和制若越顾及民众的普遍情绪和喜好,越会走向受民众热爱与尊重的一人权威,也就越稳固,越不易遭到地震或风暴的威胁与改变。

的确,如果技艺高超能够保持平衡,且一直用心维护,加上周边风平浪静,倒金字塔可能立稳一段时间。[25]不仅如此,若下面承重部位坚硬结实,土壤松软,它可能慢慢钻入地下,倒是立得越久则越稳固。若顶部脆弱或松软,或泥土坚硬,金字塔绝不可能伸入地下而立得久远,最好的结果不是被自己压塌,就是因为外力偶然碰到了某个部位而倒塌。若依赖技艺保持平衡,平衡稍微失衡或掌握平衡的人稍微疏忽,金字塔都会倒塌;即使没有失衡或疏忽这两种情况,若出现外来风暴或地基下面发生了地震,使它发生了晃动,金字塔也将倒塌。

我通过这个方案不是去预言或判断那些统治将会出现什么情况。那是比我更关心此事的人的工作,他们的写作除了要发现和彰显真理,还要有其他谋划。我认为,任何人都可以从这个方案中推断出史书记载的世界上曾发生的几次大变革的原因。一些国家对另一些国家不可抗拒的武力征服不计算在内,因为前者在力量、勇气和数量上都压倒性地超过后者。然而,被征服的政府仍然组织了勇敢、长期、几乎难以置信的自卫,因为它们根植于本国国民的普遍情感、尊重与利益之中。因此,我们曾读到过长驱直入的征服,其助推因素很可能是被征服政府的衰弱。这种衰弱是由于民众的蔑视、不满和漠然,或由于民众身心的衰弱,[26]因为他们总是生活在软弱、放荡、罪恶和内讧的腐败国度里,内心永远不可能强大,因此也不会坚定,而民众强大坚定的内心是世界上所有统治的基石。

在米尔提阿德斯(Miltiades)和忒米斯托克勒斯(Themistocles)时期,小小的雅典城邦因此成功抵御了武力强大的波斯;在卡米卢斯(Camillus)时期,罗马击败了高卢人;(在伟大将领,但主要是在费比乌斯[Fabius]和斯基皮奥的领导下)罗马在布匿战争中击溃了来自非洲、西班牙和意大利大部分地区的庞大联军;面临突厥人举国兵力的三次入侵,小小的伊庇鲁斯(Epirus)在卡斯特里亚特(George Castriot,通常称为斯坎德培[Scanderbeg])亲王领导下固若金汤;里昂(Leon)和奥维耶多(Oviedo)两国遭到摩尔或萨拉森(Saracen)帝国多个世纪的攻打,依然毅然挺立;威尼斯遭到突厥人的进攻能够立于不败之地;瑞士人抵挡住了多位皇帝的武力进攻;荷兰人击败了西班牙的进攻。在所有这些战争中,民众团结一心,斗志昂扬,是因为他们都热爱国家、自由或宗教,或更确切地说是因为尊重和热爱他们的君王和领袖。

居鲁士征服吕底亚(Lydia),亚历山大征服波斯,罗马征服亚洲和埃及强大的国王,几个北方民族(通常被称为蛮族)征服所有罗马行省,摩尔人征服西班牙,法兰克人征服高卢,撒克逊人征服我们古代不列颠人。从这些征服显而易见可以观察到,抵抗很微弱,其原因或是民众柔弱的性情,因为他们成长在舒适的环境里,效仿他们自己既不尊重也不愿意听从的君王,过着邪恶或奢侈的生活;[27]或者因为他们痛恨和耻于目前的奴役状态,希望变换一种生活方式,无所谓哪一种;或者因为充满抱怨的民族内讧连连,无暇顾及战争,无法达成一致的方案和防卫,也没有一个受到民众普遍热爱与尊重的权威出来指挥。

统治的基础——得到民众在感情和利益上的一致拥护——变窄使统治发生动摇和改变,这种案例在历史长河中屡见不鲜。

雅典和罗马共和国由此产生了频繁的动荡、骚乱和争斗。

受到巧言令色的演说家和权贵的影响,政府采取的措施和行动违背了民众的普遍利益。

英国、法国和西班牙的几个王朝或君王因此被暴力推翻。

这种情况在亨利三世和一系列宠臣(当时的人这样称呼他们)当政时期的法国表现得最为明显。一切事务的办理都要依据国王几个心腹的个人欲望、情绪和利益,与更为广大的民众情绪与利益相对立。后来,亨利三世先是失去了所有人的尊重,后来也没人再听从他,他最后死于神圣同盟给他造成的灾难。①

路易十三年幼,由母后摄政这一段时间,法国同样受到一系宠臣的摆布,使国内一直动荡不安,导致大臣变动,按此发展下去,也一定会引起统治权的更替。[28]此时,黎塞留(Richelieu)在朝廷正好如日中天,做出谋划,先攻打胡格诺派(Huguenot),结束之后攻打西班牙。在两次战争中,黎塞留都与民众当时的情绪和性情保持一致。战争的大获全胜使他与政府抵御住了王国中重要人物的满腔痛恨与连续不断的阴谋诡计。

英国1660年和荷兰1672年的革命是最新近的两个例子。② 在英国,篡位的政权仅仅根植于或至少只关心当政者的情绪与利益。他们有六万多战无不胜的大军,有通过武力威胁

---

① 亨利三世(1551—1589)于1574年继承法国王位。在位期间,推行宗教宽容的君主制,遭到天主教与胡格诺新教派的反对,前者得到西班牙和教皇的支持,后者得到英国和荷兰的支持。1589年遭天主教狂热分子谋害。

② 1660年,查理二世结束流亡状态,回到英国,恢复王位。1672年,荷兰受到英国、法国、明斯特大主教、科隆大主教围攻,却生存下来,因此,这一年在荷兰史上既称"灾难年",也称"幸运年"。

征收来的巨额财政收入,有所谓议会通过的法制摆设,便认为可以高枕无忧了。然而,我们看到他们被迫服从民众的偏向与普遍情绪,赞同古老的合法政权。这支强大的军队突然之间失去了斗志和力量,抛弃了他们一直称之为事业和利益的东西,甘愿重新做人,成为民众。他们与全国的普遍倾向保持一致,促成国王光荣复位,使这场纷争结束时没流一滴血,虽然纷争的起始和进程给国家带来了致命后果。

在荷兰,奥兰治王朝上一位君主去世时,继位君主仍在襁褓之中,①其权威被暂时中止。他们的政治体制在平民官员手里持续了二十年。[29]十八年来,荷兰事务的主要管理者一直是德维特(De Witt)议长。② 他是荷兰有史以来最具权威和能力、最为专心和勤奋的大臣。在任职期间,他与他的党派削弱政府在他所在行省中的管辖权,还剥夺亲奥兰治家族的人在军队里的领导权,把这些权力给予那些坚定维护平民统治的人。这种情况持续了很多年,进展一直非常顺利,国内的贸易、财富和权力不断增长,使邻国不敢小觑。然而,民众普遍倾向于他们自己的政府即奥兰治家族领导下的政府,这种感情随着小王子的年龄与美德的增长而与日俱增,使革命无法避免地爆发了,但爆发前几年都已经有了苗头。我们看到,今年亲王满了二十二岁(制度规定他可以掌管常备军的年龄),③这种情绪高涨到顶点,虽然民众表面还很平静。此时本来可能爆发严重的叛乱,但恰

---

① 威廉二世 1650 年 11 月 6 日死于天花,其子威廉三世(后来的英国国王[1689—1702])刚刚出生两天。

② 德维特(1625—1672),荷兰著名政治家,缔造了荷兰史上的黄金时代,但由于荷兰在法荷战争中战败,被疯狂的民众私刑处死。

③ 指 1672 年。

好遇到外敌入侵,民众的愤怒便发泄出来,使全国动荡不安,结果造成几位重臣的死亡,所有疑似与他们有牵连的人都被免职,亲王的权威得到全面恢复,其程度超过他的任何一位祖先。然而,他们之前的方案和行动一盘散沙,使法国的征服行动轻而易举地取得了胜利,荷兰在两个月的时间里几乎丢掉了五个省,广泛流传的国家完全毁灭的预言成了现实。

论民众的不满

一

[29]有些好奇、好事之徒,准确来说是闲人,发现人类与同类生物之间存在一些不同或差异。对于大部分差异都存在争议,[30]很少有一致意见。

人们认定的主要差异表现在独特的形体、哭笑、语言和理智,但能够控制民众意见的人声称发现,狒狒具有与人相似的形体,至少他们称之为狒狒(drill)的那些生物与人没有什么差别,只有脸部特征和身上有毛与人截然不同。

他们观察到,雄鹿和乌龟在屠刀逼近时会流下眼泪(虽然不是面部扭曲地哭泣);他们离开世界时大哭,与人出生来到人间时一样。

就语言而言,他们声称,动物发出的多种声音可能具有多种含义,与我们更为清楚明了的单词一样,而且认为我们无法恰当地判断动物声音的多样性,因为在一些国家,特别是好望角附近及莫斯科北部地区,人们的日常用语几乎也没有什么多样性。据观察,他们在做皮毛生意时使用的词汇量不超过二十个,即使与懂得其语言的人交流也是如此。庞大的词汇量似乎并不自然，它产生于更为文明的国度里各种不同的欲望、行动、财富、事务和娱乐以及文明政府的长时间统治。

此外，其他生物也可以像人一样通过发出声音来表达它们的自然需求和欲望。这些声音是语言必需的。毋庸置疑，我们比狮子、马、牛和雄鹿更能生动地表达愤怒、欲望、爱与恐惧，比母羊对小羊的咩咩叫更好地表达慈爱，比乌龟对伴侣的叫声更好地表达体贴。我们在鹦鹉和其他几种鸟儿那里听得到清晰的声音和词汇。若说它们的语言是教的，我们的语言最初也要教给孩子。[31]我们通常认为它们只是在重复或模仿，但当今有人谈到了一些相反的案例。古代人曾使希腊语和拉丁语作者相信，在印度，人们都知道一些鸟不仅会像我们这里的鹦鹉一样说话，还会交谈。

至于理智，狗、马、猫头鹰、狐狸，特别是大象的理智是经常讨论的话题，没有必要举例。普鲁塔克（Plutarch）、埃里亚努斯①（Aelian）、蒙田和很多其他人都深入探讨过这个话题。任何人在一生中都会偶尔提起他们日常看到的此种情形，甚至会感到诧异。

因此，上面提到的，也是经常展示的差异，爱探索的人基本都质疑过，只有笑除外。

我认为，笑无法被质疑，据我所知，目前也没人质疑过，因为其为人类所特有。在这方面，人类与其他生物没有一丝相似之处。笑若总是表达好心情或高兴，我们理应为此更加看重自己。然而，发笑来源于截然不同的物品或感情，使得它得不到尊重。我们既因愚蠢而笑，也因智慧而笑；既因有时让我们烦

---

① 埃里亚努斯（170—235），罗马帝国时期的修辞学家和动物学家。

恼的偶然事件而笑,也因让我们喜悦的其他事件而笑;既因心存恶意的猩猩而笑,也因天真无邪的儿童而笑。让我们最愉悦的事情还倾向于使我们的脸部和内心产生其他动作,完全不同于笑的动作。

但仍然有一项差异,把我们与其余的生物区别开来,只是在此类常见的论述与探讨中很少有人注意。它似乎质疑了人类应得的无可辩驳的地位和权利,好像非常好的原因产生了非常坏的结果,[32]玫瑰竟然长刺!它大大贬低了人类声称的最伟大的理智特权。我指的是某种不安分的心智和思想,它似乎与我们的本性和身体全面地、不可分割地合并在一起。它使我们不满足于我们的现状或我们当前拥有的东西,疯狂地追求过去或将来的东西。它通过伤心、懊悔、欲望或恐惧扰乱和腐蚀着我们快乐的体验和想象、我们拥有的财富或我们理性最好的硕果,进而扰乱和腐蚀我们令人满意与幸福的人生。

这是个人不悦、国内抱怨和民众不满的真正自然的共同原因,困扰着我们个人的生活、境况和命运,甚至困扰着我们的文明国家和政府,造成个人和全人类的不幸。

人们对此抱怨良多,认为不幸来源于人生常见的行动和欲望,但更多来自古往今来频繁发生在世界上所有或大多数政府内部的内讧、叛乱、动荡和天翻地覆的革命。

在古代,斯巴达、雅典、迦太基和罗马都遭遇到这样的问题。伊庇鲁斯(Epirus)和马其顿这样的小国以及埃及和波斯这样的大帝国也是一样。遇到同样问题的还有非犹太的君主制、贵族制、民主制国家,甚至犹太的由神设立的神权制国家,以及许多其他由最睿智的凡人设计的国家。再后来,威尼斯、荷兰以及英国和法国也遭到了这些问题的困扰。西班牙的摩尔国和哥特的诸多王国也是如此。信仰基督教的政府和信仰穆罕默德的政府也不能幸免。[33]实行宗教改革的国家和信奉罗马天主教的国家都一样没有逃脱这些问题。

在人类身上,这种不安分的禀性自然而普遍,如同杂草,可以生长于任何土壤和地区,但在最好的风水里生长得最快,也最为茂盛。相比于更为粗糙和乏味的思想,较为活跃的智慧和更为丰富的想象更容易培养这种禀性。相比于意大利和希腊,几内亚(Guiney)和莫斯科等地区在这方面的问题就比较少。最喜欢深思的人也最有预见性和反思性,越具有创造性的人物越容易烦恼。

从这处源泉流出众多吵闹的小溪。在时间的长河里,由于某些事件的触发,它们冲毁了最英明的政府建制和法制,在很多情况下把最优秀的君王和最真诚的爱国者当成最恶劣的独裁者和谋反的首犯,把这些本应为之立碑的人送上断头台,以残酷的方式早早地结束了他们的生命,而他们本应活得最长最幸福。

若只有法拉里斯(Phalaris)、阿伽托克勒斯(Agathocles)、马略(Marius)、喀提林(Catinline)沦为派系争斗或民众怒火的牺牲品,①我们不应该惊奇和抱怨,但我们却看到最睿智、最优秀的人一直成为同类偶像的祭品。梭伦和毕达哥拉斯在当时及后来的时代都被认为是最睿智、最优秀的人,一个被流放,另一个被谋杀,原因在于有两位野心家在这两位优秀人物亲手建立起

---

① [译注]法拉里斯是西西里阿克拉伽斯(Akragas)的王,生活于大约公元前6世纪上半叶。遭到民众推翻后,被投进自制的铜牛里烧死。阿伽托克利斯生活于公元前3世纪,忒腊克王子,被诬陷后遭到处死。喀提林(公元前108—前62),罗马政治家,密谋发动政变,败露后出逃战死。

来的共和国内部制造了派系之争。① 最真挚地热爱祖国的格拉古(Gracchus)兄弟被不幸杀害。斯基皮奥和汉尼拔是当时甚或历史上最伟大最光荣的将领,也是两个伟大共和国最优秀的公仆,却被各自国家的党派流放或羞辱。[34]荷兰的巴内菲尔德(Barnevelt)和德维特(De Witt)以及英格兰的摩尔(Thomas More)爵士、埃塞克斯伯爵和雷利(Walter Raleigh)爵士被认为是当时最卓越的人才,②却在临近家门的时候双双沦为朝廷或国家派系斗争的血淋淋的牺牲品。

政府的错误和腐败以及官员的无能和问题是最宽泛、最容易的话题,也是最常见、最可信的说辞。心怀好意的人最容易接受和传播这样的话题,心怀不轨的人以最大的恶意尽量利用它们,达到深深掩盖起来的最恶毒的目的。历史上任何时代的任何政府都没能避免这类问题,将来也不可能避免,除非人人智慧、善良和容易知足。所有政治建制都不完美或万无一失,因为构成体制的人大部分有欲望、有利益、有偏心或考虑不周,而且普遍地天生不安分,不满足于现状和拥有的东西,渴望未来或想要的东西,因此总是倾向于并渴望变革。

这是所有政府首要的普遍问题,使得古代哲人不去寻求或

---

① 两位野心家分别指雅典僭主斐西斯特拉托斯(Peisistratos,? -528)和赛隆(Cylon of Croton)。前者倡导民粹主义,打击贵族,遭到梭伦的强烈反对。后者煽动民主运动,攻击毕达哥拉斯等当时的精英。

② [译注]巴内菲尔德(1547—1619),荷兰开国元勋之一,因政治和宗教原因被处决。德维特(1625—1672),荷兰著名政治家,缔造了荷兰史上的黄金时代,但由于荷兰在法荷战争中战败,被疯狂的民众私刑处死。埃塞克斯伯爵指德弗罗(Robert Devereux,1565—1601),带领英军与爱尔兰作战九年失败,回国后遭软禁,因政变失败被处决。

接受国家公职,不愿投入时间和精力去提升人类的理性,以缓和他们的感情,减少他们的欲望,使其发现自大、野心、财富和奢侈的虚幻与害处。他们认为,使国家幸福与安全的唯一道路是让人变得睿智、善好、公平和理性。然而,自然总是强过技艺,这些卓越人物的设计如同立法者创建的完美政府一样收效甚微。他们离世时,世界仍然和当初一样不安分,不断地发生变革与革命,[35]如同我们的心智总是感到不满,我们的身体总是遭受疾病的困扰。

造成国家动荡和对政府不满的另一个原因是不平等的境遇。在数量众多的不同公民中,必然有不公平的情况。在芸芸众生中,也只有少数人生于达官贵人之家,极少数人才能够担任公职或要职,只有少数人通过个人努力和行动成为富翁。每个人在做买卖的时候都讲到公平交易。所有人虽然不满意个人的财富,但对自己与自己的优点却十分满意。看到别人的条件更好,又觉得别人配不上,便将此怪罪于政府制度不好、君王的不公和性情以及官员的失职或腐败。普通人通常归罪于时代,有些人总要找到理由;商人指望和平致富,士兵依赖战争发财;牧人希望雨季,耕农希望旱季;城市挤满了人,乡间人去楼空;贸易在一个地方兴盛起来,在另一个地方就衰落下去。由于情况千差万别,人生道路各异,人们的意图和利益必然相互抵触,不能同时成功。赢者无论大笑与否,输者都将抱怨,不是抱怨他的技术或命运,而是骰子或赌伴或赌场老板。一人生气,必定有人犯错。无法纠正的季节错误、无法阻止的偶然事件以及无法预见的失败常常被算在政府头上,无论正确与否,都起到了相同的效果:[36]助长了民众的普遍不满情绪。

除了自然禀性、引发人类抱怨的不可避免的情况以及无常的命运之外,还有一些原因来自政府的本质。没有任何政府是完美的,肯定存在很多有理有据的反对它的意见。雅典、迦太基和罗马共和国闻名于世,它们的诸多战功和伟人都载入史册,但它们只是经历长长的混乱和兴衰枯荣史,永远在压迫的贵族、造反的民众、傲慢的士兵或专制的统帅支配下转换。世界上所有地方和时代都上演着同样的情况。到最远的中国和秘鲁,我们发现那里的政府具有世上最好的建制,却遭遇同样的动荡,由于内讧或外国入侵,时不时地陷入同样的政权更迭。

既然政府的观念及其实际建制一直遭到反对,它怎么能实际建起来呢?柏拉图的理想国、霍布斯的国家和大洋国的轮流执政都遭到批评,①被发现有很多问题或重大缺陷。不仅如此,关于政府的类型,争论一直没有停止过,不同的人在它们身上发现了同样的问题。君主专制使人民遭殃;有限君主制危及君主;贵族制导致争权夺利,压迫平民;民主制造成国家骚乱和动荡;专制通常导致民众骚乱,民众骚乱通常又会导致专制。[37]派系之争过于剧烈,使得他们互不信任,宁愿相信其他制度。

因此,对于完美政府制度的追寻永远没有尽头,也没有什么用,就像寻找万能药或点金石。我们永远也想不出来,也不可能拥有。

我们假定一个构想上或实践上很完美的政体,但它由于强大的偶然事件和时间的腐蚀必定衰败。在某些特定时间,由于出现了具有美德的或严厉的人物,这个政体必须更新或恢复到原来的制度。共和国的佛罗伦萨人把这种行为称为"复国"

---

① 哈林顿(James Harrington,1611—1677)的《大洋国》提出了轮流执政的思想。

(ripigliare il stato);罗马人常常通过制订土地法试图复国,但从未成功。他们宁愿通过富人和穷人之间的争斗给派系纷争火上浇油。

所有国家都有一种普遍的分法:无辜者与罪犯。另外一种普遍分法是:一类人在某种程度上满足于自己的遗产或通过自己的能力、劳动和节约而得到的东西,另一类人不满足于现状,不依靠清白的途径获取更多财富,一定要诉诸其他途径,从公平走向邪恶,从平和走向暴力。前者希望安全,保持现状,后者愿意冒险,希望取得别人的合法物品。一个热爱现在的政权和政府,尽力保证它的安全,另一个渴望结束这种游戏,重新洗牌,换一个新政府。一个喜欢稳定的法制,另一个喜欢随心所欲的权力。然而,第二类人在通过派系纷争和混乱攫取了足够财富之后,开始根据财富逐渐改变他们的观念,倾向于采用确定的秩序和稳定的法制。[38]因此,以前的诺曼人在瓜分了英格兰的土地和财富之后,大力维护古代撒克逊人的习俗或国家的不成文法,反对历届国王的侵占。近来的情形也是一样。看看克伦威尔的军官,他们起初火烧地契,平掉不属于他们的土地。然而,成了富人和地产阶级之后,他们也开始称颂英国的法律,像我们的祖先一样高度赞扬大宪章,腔调还更加动听。

法律在最初得到一致同意并通过之后,一直得到很好的执行,确保人人遵守秩序。不满、混乱和内讧频繁发生的原因在于缺少执行或执行不力,而非法律制订环节。有些优秀的立法者或立法机构可能提出某个优秀的政府建制,但无法保证其执行或保证维护该建制的官员一定睿智或善好,即使他们既睿智又善好,也不能保证他们勤勤恳恳、踏踏实实地做到尽职尽责。

假如政府建制不那么完美,法律不那么公平,而行政机关又有很多问题、无知或腐败、过于僵化或玩忽职守、过于宽松或严厉,那么,相比于政府建制思想或实践的缺陷,行政机关的问题使不满和抱怨能够找到更为正当的口实。

人们或许可以像讨论类似话题一样振振有词地得出结论,最优秀的人治理的政府通常是最好的,无论建制是什么样,坏人通常担任要职并治理的政府就是坏政府。然而,[39]这是太阳下的弊端,凡太阳下的事物由于偶然或很难改正的自然禀性都无法避免这个弊端。我们读到,历史一直如此,只有古代中国政府例外,因为其建立的基础达到了史无前例的深刻和睿智。

君王怎么能总是选对人呢?人们的倾向很容易看错,能力也是如此;外表很具有欺骗性;人们声称的信仰与实际往往不符;他们的原则隐而不露;他们的性情多变。很多人私德很好、很受人尊重,但做官就变坏,遭人痛恨;有人穷时诚实知足,富时贪婪残暴;有人前一天胆大鲁莽,第二天小心谨慎;有一段时间积极向上,其余时间游手好闲;有时追求远大理想,有时贪图眼前享受。不仅如此,一些伟大的将领曾以亲身经历和观察告诉我,有些士兵一天英勇,另一天却懦弱。庄重被当作智慧,机智被当作能力,随口一说被当作心里所想,大胆的言辞被当作勇敢的心灵,然而人们常常发现,它们之间迥然不同。很多人担任重要公职之后都露出了本来面目,他们的心智弱点若一直隐藏在私人生活领域,永远也不会被人发现。

此外,君王或国家不可能跑遍国家的各个角落,搜罗适合担任公职的人才。他们本身没有千里眼和顺风耳,大部分时间必须借助其他人的眼和耳去看和听。因此,他们只能在很小的范围内选择最为熟悉的人。[40]这些人上朝觐见一般是为了更多的荣耀和财富以及更高的职位,却通常是最没有资格的人,因此,他们为自己而非为国家效力。穷人、野心家、蠢人、傲慢和贪婪之人以及很多其他不满足于家庭生活的人都急于担任公职。那些冒失的、忙碌的、鲁莽的、自鸣得意的人追逐猎物常常更加急切、努力和专心,因此常常能够在优秀的人失败的地方成功。根据长时间的观察,我发现,在追求更高的地位和更多的财富方面,人类最具优势的才能是狂乱不安、孜孜以求的精神。无论什么人,只要一心一意投入到某件事上,就从来不会想会失败,或认为失败的概率很小。然而,所有这些人都打着最为高尚的名义或以高贵名言为托词掩盖自己的目的,比如他们说,人不是为自己而生,必须要为人民献出自己的时间、健康和生命;这样想的人总是把这些美好字眼挂在嘴边,使得真正相信这些字眼的人几乎羞于承认自己的信仰。同时,那些高尚的、智慧的、富有的、谦卑的人具有随遇而安的心境,通晓世界,了解自身,不在意甚至厌恶担任公职,除非迫于国家的需要、君王的命令或朋友的极力劝说。自荐并孜孜以求的人不配公职,而最配得上公职的人既不自荐,或许也不接受委任。遇到这种情况该怎么办?

另外还有一个困境,它的来临如同国家出现季节反常或大饥荒。[41]有的时代产生了很多伟人,却没有出现重大事件;其他时代则相反,出现了重大事件,却没有产生伟人,或伟人数量很少。国家有时会遇到这种情况,布莱得罗德(Brederode)的傻瓜一语中的。他在田地里种玉米,有人问他在种什么,他说种傻瓜。对方又问:"为什么不种哲人呢?"他回答道:"土养不活他们。"在有些地方和时代,人类堕落可能由于出生缺陷、父母的疾病或不和,也可能由于邪恶或粗心的教育,青年人纵欲的习俗,君王、父母和官员的坏榜样以及向人民普遍灌输的纵欲和邪恶观念。如此一来,优秀的君王和大臣难以找到适合担任军队统帅和国家要职的国民。合适人选很少,人们总会找到非常正当的理由批评和抱怨政府,虽然其建制达到前所未有的完善。

这些自然或偶然的缺点或缺陷产生了另外一个更加人为但却最为危险的缺陷。在有些情况下,在善意的人们中间种下的抱怨与不满的种子,必将由自私自利的坏人培育长大。这些坏人以公众的名义掩盖自己的目的,打着为国家利益服务的旗号却旨在为自己的利益服务。这是无赖利用了傻瓜,狡猾的骗子利用了纯真善意的人们。后者乐意跟随,结果掉进陷阱,前者布下诱饵,捕杀猎物,让别人承担辛劳与危险,[42]让自己独吞收益与猎物。

坏人吹起偶然落下或不可以避免的火星,或把火星扔到他们发现有干麦茬的地方。他们无论在哪里都要发现问题,没有问题的地方也要捏造出来问题;他们先挑剔官员,再挑剔君王或政权,有时挑剔执法,有时挑剔制度,无论这些制度多么古老和神圣。他们把恐惧当成危险,把表象当成真理,把不幸当成错误,把蚁丘当作高山。在说服民众、乔装成爱国者的同时,他们破坏了政府的信用和权威,自立山头,从而在两类人之间产生了内讧:支持政府的人与毁灭政府的人,或准确来说,从政府那里得到了荣誉和利益的人与以改革为幌子却旨在或主要旨在使政权换一换手而不在乎其他方面如何变化的人。

这类火一旦点燃,两边都火上浇油。所有公共福祉都被搁置一边,只有派系的利益才是追求的目标。任免官员不再考虑美德,而只要求忠于党派。必备的唯一才华是要激进、冲动、对另一方残暴。风起云涌之时,哲人或好人要么遭到羞辱,要么被搁置或自动隐退,任由那些最为渴望或最为积极的人登上舞台或寻找更多帮手,帮他们登上舞台。

从这些种子中产生了民众的骚动,最后引起了叛乱,[43]经常致使最优秀的政府在猛烈的动荡与革命中灰飞烟灭。很多时候,叛乱产生了叛乱的始作俑者或鼓动者从没有料到的新制度和新秩序,并常常导致不得不决定是要在国内建立独裁还是引入外来征服。派别之间的敌意和仇恨越来越深,他们愿意服从任何一种势力,最为独断的势力或国外势力,而不愿意听从国内的对手。这与我们邻国的一位伟人的观点相同。他说,在这种紧要关头,如果必须被吃掉,他宁愿吃他的是狼而非老鼠。

这与当初引起内讧洪流的潺潺细流已经相差甚远,因为细流后来得到了精心照顾,辛勤培育,并正好遇到了欣然接受它们的人。君士坦丁堡的绿党(Prasini)和蓝党(Veneti)之争与意大利的圭尔夫(Guelph)和吉伯林(Gibellin)之争一样的猛烈和致命,①前者起源于关于两座剧院的分歧,后者是关于任命主教的权力是归皇帝还是归教皇。无论这些争论最初是什么样子,主要参与者的结局和目的都是一样:戴上不同的面具上演同一出戏,以公众的名义满足私欲或追求私利。

在探讨了人类的禀性和政府的境遇之后,我们自然更加同情而非嫉妒君王和大臣们的运气和显赫,更加倾向于放过和理解他们的小错,或至少要放过或原谅他们的不幸,而非通过歪曲使其雪上加霜。[44]每个君王都应该把自己放在国民的位置,按照自己希望被统治的方式进行统治;反之亦然,每个国民都应

---

① [译注]4世纪末,罗马参与赛马运动的不同队伍发展成为绿党和蓝党,前者支持地方自治,由上层商业和手工艺者控制,信仰基督一性论。后者由官僚贵族把持,支持集权和基督人神二性论。在13到14世纪,意大利的圭尔夫党支持教皇,而吉伯林党支持神圣罗马帝国皇帝。

该把自己放在君王的位置,按照君王希望被服从的样子去服从。这种己所不欲勿施于人的道德原则毫无疑问是世界公认的最无争议的原则,无论个别人在践行时出了什么样的问题。

上述反思将使君王和国家感到政府管理前景惨淡、困难重重,就此打住令人于心不忍。因此,在结束本文之前,我提出几条建议确保他们的安全,设置一些标志物,就像海岸上的灯塔,引导船只至少避开已知经常造成沉船或危险的礁石或险滩,而对于来自上天的风暴或上述灾难时期的危险,世人只能听天由命。

君王和国家的第一条安全措施是避免变革自古以来确立的秩序和法律,特别是在自由、财产和宗教方面的法制(这是人们最在意的财富),从而使已知通行的正义之路畅通无阻。

第二,在实现治下国家真正的共同利益时不支持任何一个派别的利益。若国内形成了政党,君王必须加入一个,那就选择和赞成最受民众欢迎的党派,因为民众中的大多数参与其中。政府的目标似乎就是"民众的安全",因此,政府的力量来源于民众的认同,这就产生一句名言:民众的声音就是神的声音(vox populi, vox Dei)。也就是说,[45]占人口少数的统治者必须永远服从人口占多数的被统治者的力量,无论被统治者是人民还是军队,因为他们需要通过这些被统治者实行统治。

第三,在国家范围内全力支持和倡导勤劳和节约。节约和勤劳的人通常不闹事,并支持当前政府,但游手好闲、大手大脚的人由于性情或生活所迫就很危险。

最后,提防国外入侵的危险。外国的入侵危险将在国内引起恐惧,民众的恐惧导致人们嫉妒君王,诋毁他们的能力或好意。人通常对自己、自己的国家、能力和力量感觉良好,一旦面临危险,便把问题归咎于统治者的软弱、管理不善或腐败、国家的秩序混乱、官员选拔错误或军队缺乏训练。使国内的不满或叛乱变得足以毁灭政府的力量莫过于国外的入侵或可能入侵。

国家这辆马车在上述四个轮子上跑起来似乎一路轻松安全,至少不会因为常见的不平路、人们的不同性情或平常的偶然事件而大幅度地颠簸,但不能保证在其他情况下也是如此。有些大火在初期常常可以发现,有些火只要用心,可以轻易地扑灭,但有些火来自远方,没办法发现,还有些来自天上。很难确定有些星座或燃烧的流星或彗星是否强烈影响人的身心、身心的紊乱与疾病、[46]普通人心灵的火气和性情以及最易受到影响的人们的骚动和叛乱。遇到这些情况,起火的时候,要尽快抽离有可能助燃的全部东西,动用一切方法扑灭它,修补烧出的窟窿,弥补损失,平静地接受不可避免或补救的损失。

我结束民众的不满这个话题的时候,禁不住反思和悲叹,我们不幸的祖国因为民众不满及其致命的后果遭受了内忧外患以及数不尽的悲惨和苦难,而且还有继续下去的迹象,他们多次杀害或改变了国王,使英勇的国民血流成河,使世上最壮丽的岛国山河破碎、一片狼藉。我国拥有优越的地理位置、温和的气候、肥沃的土地和数量众多天生勇敢的人民,按照神与自然的安排,在国内应该享有最大的幸福和安全,在国外应该给邻国立法,至少让他们保持力量均衡。

民众不满及其引起的派系纷争促成了罗马、撒克逊和诺曼征服。爱德华三世以前的几位国王在任期间,因为王权与自由或王权与民权之间的纷争导致军阀混战、血流成河、满目疮痍。[47]从理查二世到亨利七世,兰卡斯特和约克两大家族争夺王权的红白玫瑰战争使得国家一直处于动荡和内战之中。当时民众的不满促成了新的王位觊觎者继承王位,他们完全没有考虑权利或正义。权利和正义只是这些人执意变革的遮羞布。

亨利八世统治期间开始的宗教纷争把国家撕裂成两大阵营,分别是教皇派和新教派。它们在国内的斗争导致了各种各样的事件,产生了许多重大后果、毁灭性的影响和更为毁灭性的危险,一直到1588年发生了西班牙入侵。

之后,派系之间在力量和数量上相差悬殊,使伊丽莎白时代余下的时间归于平静和安宁。伊丽莎白去世之前,新的派系在国内开始出现并壮大起来,仿效日内瓦或斯特拉斯堡(Stratsburg),以进一步改革的名义反对国教。他们的头目们曾经为躲避残酷的玛丽女王待在斯特拉斯堡。他们在这里得到了庇护,吸收了新观念,反对教会的权力和威严以及一些教会礼仪,如白色罩衣、祭台、十字架和其他无关痛痒的东西。

在整个詹姆士一世时期,这个派系人数大增,受到民众的欢迎和尊重,似乎要危及或伤害到王权。朝廷于是努力在教会和国家层面推行与清教徒或分离派的观念完全相冲突的思想,如使国王具有更多独断权力的君权神授以及国民要绝对服从。[48]这些思想或托词把国家分成两个数量与力量相等的派别,一个是当前政府,另一个是民意。两派之争在1641年到1660年间给国王和国家带来了长时间的灾难和毁灭性的变革。1660年,国王顺利复位,似乎终于终结了这个国家所有新近的动荡以及所有足以引起新争议的不满。

自那以后,派系之争如何再次复活,并迅速壮大的,其目的又是什么,对于国家的安全、荣誉和力量有什么样的影响,让那些睿智而高贵的设计师和鼓动家对着神或人来回答吧。

在担任公职期间,我可以说在竭力维护国家团结。发现派系斗争之弊已入膏肓,我便离开了繁忙的政治舞台,不再参与其中的争论。我当时深受国王和命运的青睐,处于职业的顶峰。真诚的医生发现疾病已经无药可治时,可以放弃他的病人,病人要来看病,只能收他的钱,而不能装作理应收费或可以助他恢复健康。

在所有国家,一个弱小的派系或许可以激起政府的活力,但等到它壮大到与政府平起平坐,或在力量和数量上与之比较接近,而且敌意无法化解,它的终结只能通过某种国家重大危机和动荡;假如外国势力此时抓住国家内讧无暇顾及的机会乘虚而入,它的终结通常伴随着新革命,或许是政府的灭亡。

[49]但是,无论过去还是将来,民众不满给这个岛国所造成的毁灭性后果将适于写成更好的历史著作,而非上述的英格兰简史。我在这里仅仅为我们的不满和纷争所导致的一个不良后果感到叹惜。这个后果将一直伴随着不满和纷争,即使后者的暴力或危险程度还不足以扰乱我们的安宁。也就是说,不满与纷争使我们伟大的议员无法摆脱党派偏见,无法集中精力商讨和制订对国家的公共利益和公共福祉有益又必需的法案和制度。党派偏见使所有内讧时代和议员为其忙得团团转。

因此,我将在本文中记录这方面的粗略想法。一直以来,它们在我脑海里频繁闪现,但我苦于找不到恰当的时间深入探讨,而且近些年来,我也觉得一生中不会有机会写这些事了。既然早就不再担任公职,我将在写完本文后,不再对任何公共事务发表观点。

鉴于我国的安全、荣誉和财富主要依赖海军,我认为,第一个用途最广、用处最大、即便不是必需的举措是,议会通过立法,设立专门的常备军费,足以使五十艘战舰和一万名海军一直游弋在海上或在港口待命,随时准备出海。不同海军舰艇的比例应该恰到好处,可以在和平时期保护我们的贸易,免遭突厥海盗的劫掠或邻国的突袭或威胁,维护海峡的主权和安全;在战争期间,与补充的三十艘主力舰一起构成强大的舰队,[50]在神的保佑下,在正义的旗帜下,可以和我们邻国声称能派出的最强的舰队打一场硬仗。我认为,人员配备齐全的战舰加上优秀军官的指挥以及英勇的海军,任何时候都敢于迎战最强大的邻国来犯。我们坚固的军舰和英勇的海军比世界上其他国家更适合也更擅长近距离的战斗。

五十艘战舰每年平均开支可能达到六十万英镑,若小于这个数目,多余的钱可以用于维修旧军舰或建造新的。这里面一半的费用可以从关税中抽取,另一半来自针对每个教区的住宅或土地的独立税种,由教堂执事负责每半年收取一次,转交给郡治安官,再由郡治安官上交给海军财务处。这个部门应该设在城市的某个地方,由三名带薪工作人员管理(不收取管理费)。他们必须宣誓,军费拨付只能用于上述用途,否则以叛国罪给予处罚。这个税微乎其微,仅算免役税,每个人都将乐意支付,以保卫领海。这种税收只是在国内流通,并能确保和增加我们的贸易带来的巨大财富。然而,它给我们国家节约的财富却难以估量,因为它可以阻止邻国像过去那样欺负我们海上没有军队或供应不足,避免很多战争或冲突。这样一支经常养护的舰队对于压制国内派系纷争或不满具有重大作用,[51]至少能够使我们在解决内部分歧或争端的时候没有外国势力的危险介入或入侵。

鉴于任何国家的力量和财富主要在于居民的数量和财富,激励这两项的增长需要确保人们通过勤奋和节约能够获得一定的地产,或者保护外国人在祖国遇到危险或厌恶祖国时希望从国外带入的东西,因此,第二项举措是土地公开登记,清楚地记录所有买主和抵押权人在交易时的开支情况。我在当大使期间如果提出了安全简单的途径,保证所有者的金钱安全,不敢冒昧地说可以转入巨额资金,但很多人如果得到这点正当的激励,就会决心效仿以前的人。我非常清楚,有些人会提出很多理由来反对这样的法案,主要是律师,因为他们的暴利来源于这条制度可以规避的诉讼和争议。因此,律师们将永远用诸多困难和油嘴滑舌的推理阻止这条提议,甚至声称这不可能实现。我在这里不浪费功夫一一反驳我听到的或相信他们可能就此话题发表的反对意见,只借用一句俗话予以回复:存在就是合理。

我们知道,自从查理五世以来,这种措施在西班牙和尼德兰联合省已经实施,带来了无穷无尽的好处。毫无疑问,我们的政府若有同样的理智、决心和公心,它同样可以在我国实施。[52]法国有个类似的制度叫"依法买卖",使所有争议一扫而光。苏格兰也是一样。因此,认定在邻国长得沉甸甸的果实在我国长不好,这是对我们地区的极端诽谤。

此外,不用做别的,实行自愿土地登记就可以避免可能产生却不易注意的小问题。选择登记的土地与选择不登记的土地之间的价值差别不久会证明这个举措及其吸引外国资金的益处。

我遇到的有些人看重自己和自己的国家,怀疑王权,因此提出异议,说国王的权力会由此增加。为了不让这个举措失败,也要考虑各方顾虑,每个郡的登记官可以由郡法院选出。只要品行良好,都可以得到委任书。

无论是在健康季节还是疾病易发季节,我们的建制必须或可以接受另外一项举措:建立制度,把每年筹集的用于救济穷人或可自由用于此类慈善事业的巨额资金更好地利用起来。目前,这种资金中的大部分被征收员和其他官员贪污、浪费和吃喝掉了,或者被用于增加而非减少穷人。资金若是用于在每个郡建立劳动救济所,或饲养牲畜,使愿意工作的人一直有活干(但愿能够发现更快的方法养牲畜),不仅可以救济没有劳动能力的穷人,也可以强迫游手好闲但有劳动能力的人工作,[53]想要工作的其他人也可以找到工作。如果主要着眼于我们的羊毛生产(如同亚麻是爱尔兰的主业,羊毛应该永远是英国的主业),这个行业不久就会壮大起来,卖的产品超过邻国,可以大幅度增加出口商品的数量,反过来增加国家收入,使其超过往年的已知总量或通过其他方法可能达到的总量,不会产生庞大的进出口贸易逆差。所有其他使资金流入的谋划或设想即便不是完全徒劳,有时甚至有害,也微不足道或只是权宜之计。

我常常在想,应该找到比我们当前普遍使用的方法更有效的途径去阻止或杜绝普通盗窃和抢劫(它们经常威胁和扰乱居民,骚扰国家的贸易)。在这些非古代的案件中采用血腥的法律与我们政府在其他方面推行的温和与宽厚政策不一致。

此外,这些法律使我们失去很多国民。每年有大量的人被处死,但他们本来可以有益于国家,因为国家的力量在于居民的人数、财富和劳动。这种制度最糟糕的地方在于其没有效果,既没有消除此类犯罪,也没有减少我们中间的罪犯数量。人们的确也没有对它抱有这样的希望。

众所周知,我国国民普遍比其他民族更加不怕死亡和危险,不愿忍受辛劳或苦难,[54]无论是在物质匮乏之时,还是在生产他们认为维持生命或身体的健康、力量和活力所必需的食物和服装时。这种现象也出现在我们的驻外部队身上,的确是他们的软肋,使得统帅最当紧的任务是填饱士兵的肚子。只要吃得好,部队就打得好。

因此,在我国,防止或消除偷盗与抢劫更为自然有效的方法是,把原来轻松的瞬间死刑改为某种痛苦难过的有期徒刑,让他们觉得更难忍受,更不愿意或害怕忍受。因此,法官和陪审团至少应该有自由裁量权,根据不同的犯人、犯罪和情况实施死刑或剠刑和黥刑,给他们留下羞耻的印记,无论是时间流逝还是手艺都无法消除。这些人要么流放到国外的种植园当奴隶,要么在国内劳动救济所当苦力,根据罪行轻重决定判无期徒刑还是有期徒刑。另外,明显的罪行烙印不仅是永远的耻辱,还可以在他们逃跑时被人发现,警告其他人注意危险。

我认为,议会有时间完全可以考虑上述法律,至少在紧急事务之余,远离这个时代高墙之内稀松平常的党派纷争和敌意,心平气和地进行讨论,[55]不再关心和争论永久性的公共制度,而在很大程度关注我们政府在前行、变化或动荡的时候针对当下或紧急情况而制订的权宜规定。

我还想在本文中探讨其他一些制度。我既不是胡思乱想,也不是贸然起意,因为我认为,在我们的时代和国家,无法订立这些制度,更不用说让它们发挥作用,它们只能供我们的时代去责难和嘲笑。无论人们如何说我幻想和冒失,我也要承认,我认为这些制度在当今或以后对国家建制具有重大影响和普遍益处,因为将来必然是法制社会。我将把它们留给下一个乌托邦蓝图,其设计师应该和已经不在人世的那位一样好、一样有才华。①

---

① [译注]指著有《乌托邦》的摩尔(Thomas More,1478—1535)

第一,本国的任何人不能同时拥有一个以上的文官或武官职位。这是基于一个原则:所有法律的生命力在于恰当的执行,所有政府的生命力和完善也在于恰当的执行;执行的不同程度比原来不同制度之间的差异更能拔高或败坏其对应的不同制度形式。

因此,下面这句话或许可以成为政治格言:"最好的政府得到最好的执行,所有担任公职的人都具有名副其实的卓越品德和处理公务的非凡能力,能够专心、诚实地把事情做完美。"

在我这个时代,这句话似乎使我们的政府乏善可陈,[56]不仅在于君王和大臣以自己的喜好选任不具备通常要求的优点的官员,而且在于这些被选中的人都野心勃勃或贪得无厌。当选的人几乎没有一心一意在办公,而是把心思放到谋求下一个和再下一个职位。有三个职位的人不安分、不满意,因此成为惹是生非的觊觎者,与当初一无所有没有差别。若每人一次只能拥有一个职位,他将全身心投入工作,努力达到可能适合他的更高职位的要求,从而有助于他的晋升。

除了那些针对个别问题的反对意见之外,我只知道一个普遍的反对意见:国家的很多职位收入微薄,不足以养活这位官员或让他完全履行职责。然而,所谓的足够程度根据不同人的性情和观念也有不同。职位收入再少,也有人愿意去做,为了金钱,为了信用,或者为了工作或消遣。对于有些人,这三个目的可能同样重要。此外,若一人只能担任一个职位,国家可以雇佣更多的人,剩下的不安分子更少。不安分子常常煽动个人不满,打着公众利益、改革弊病、伸张正义的名义挑起内讧,使之发展成为史无前例的动乱和革命。

[57]我幻想的三条制度之中的第二条产生于以下思考:我

们辽阔的领土和肥沃的土地所提供的生活必需品和便利条件还能使居民数量增加多少。我们的人口减少不仅由于过去五十年爆发了许多国内国际战争和一场凶猛的大瘟疫,还由于大批的英国人迁移到刚刚沦为废墟的爱尔兰。这些只是使人口暂时减少,如同向房产征收战争税一样,只是偶然事件,在特定时期还会发生。

有些原因则是一直存在的,如我国居民每年支付的经常税,派人去有大量种植园的西印度群岛殖民,派人向东向南进行大航海,那些地区的水土与生养我们的水土截然不同,对于我国同胞有致命的危险。此外,我们延伸至世界各个地区的海上贸易、严酷的季节、变化莫测的狂暴的天气以及热爱冒险的水手每年使这个岛国失去了很多英勇的生命。如果待在家,他们就可能服务于当前这个时代或为下一个时代补充人口。要恢复因此而减少的人口,唯一的办法是邀请外国人入籍,增加当地居民。

简化入籍手续,使团体享有轻松自由的环境,在不危及政府的情况下,允许不同的宗教信仰自由,就可以吸引外国人进入。通过土地登记,轻松保障外国人带入的资金安全,但主要还是靠智慧、稳定和可靠的政府,方可以使人们纷至沓来。[58]来的人有的苦于独断专行的法律和税收,有的则是所在国受到狼子野心的强大邻国频繁的侵袭。

增加本地居民数量在我们国家似乎是自然而然的事情,如同过去很多其他法治国家一样,特别是古代犹太人和罗马人,他们占领的叙利亚和意大利分别成为人口最稠密的国家。

这个问题可以简化为两点:奖励与惩罚,这也是所有法律的核心。奖励是从公共财富中拨付抚养费给孩子多的贫困家庭,使他们不至于负担过重。劳动救济所可以是一种救济形式,提供工作给愿意工作的人,或强迫游手好闲或犯罪的人工作,大幅度增加国家的财富。这种财富来自人的劳动而非土地产出。惩罚的核心需要规定,所有满二十五岁尚未结婚的男子应该上交收入的三分之一为公用,用于建造船只和搭建劳动救济所以及为支持前两项而饲养牲畜。在我们的时代,这似乎显得更有必要,因为现在的很多男性(由于放荡)选择晚婚或不婚。这项措施不仅能增加人口,还可以把自然情欲转变为合法繁衍,前者受到所有不同政府的排斥,后者则得到鼓励和表彰。

上面讲如何增加普通民众的人数,接下来我将就这个公共话题讲讲如何提升我们的贵族和绅士。[59]我不敢说他们在近四五十年来受到了很大削弱,虽然听到有些人在观察了他们参加的多届议会后发出过这样的悲叹。然而我想,贵族和绅士毫无疑问可以提升,既可以像其他生物一样由家庭抚养,还可以通过公共制度进行培养。儿童身心缺陷不仅归结于父母的素质,还要归结于没有爱情、选择或互相爱慕的婚约对于生育的恶劣影响(博物学家的理论与实际观察也证明了这一点)。婚约的达成只是男子贪恋结婚对象的嫁妆。这种情况在我国愈演愈烈,超过了或平抑了所有其他考虑或欲望,导致我们的婚姻如同日常的买卖,只考虑赢利,完全不顾及爱情、尊重、出身、美感,而这些因素才真正能促成幸福的婚姻和儿孙的高贵。在英格兰,这种风俗的历史并不长。根据我的记忆,最近五十年,第一批贵族家庭仅仅为了金钱与城市居民联姻,逐步形成了令公众反感的风俗,从此,嫁女必须赠送巨额嫁妆,使很多庄园消失;婚姻缺乏温情和活力,也没有互相爱慕和选择权,使生育的后代软弱卑劣,从而削弱了很多家庭;继承人的反感也断送了很多伟大的家族。据我所知,要治愈这道顽疾,天下没有妙方,只有法律。要让法律规定,[60]只要不是继承人,任何女子的结婚嫁妆不得超过两千英镑;每年收入超过两百英镑的女子禁止嫁给长子。

通常希望靠娶妻致富的男子由此将转向其他门路,致力于对公众有益的事业;年轻女子不会因为缺少财富而受到轻视,不会担心嫁不出去;贵族家族不会因为在嫁妆上与地位卑微的人竞争而消亡。建立婚姻的基础应该更加自然、更加高贵,而非仅仅过度地考虑肮脏的利益和财富的累积。身材与美貌、出身与教养、机智与体贴、温柔的本性和怡人的性情、荣誉感和品格对于所有人及其后代总是施加着巨大影响,因此,它们在婚约中也必须占有一席之地。不仅如此,应该采取一些措施,抑制那种有害的性情和普遍的错误:把所有幸福寄托于无穷无尽的财富上面。财富超过每个阶层适合的数量之后,既无助于健康,也无助于欢乐。爱财是所有罪恶之源,这是道德与政治、哲学与神学、理论与实践一致同意的真理,它常常扰乱个人生活,妨碍政府:

> 可恨的对金子的渴望啊,你把人类赶向何方?①

据我所知,在我们古代所有制度中,上议院的司法权在最近及平常执行时最受抱怨。这种司法权若再向前走一步,[61]被下议院发觉,同样会遭到他们很多议员的憎恨,可能在某个时间造成两院之间的决裂。这种情况在任何时候都非常危险,在某些重大时刻可能给国家的公共事务和利益带来致命的后果。

至于这种司法权是从征服者威廉时期传下来的,还是在伊丽莎白女王驾崩之后一直用于民事诉讼,我不做探讨。据我所知,两种观点都有智士支持。然而,无论其久远与否,抱怨又是

---

① 《埃涅阿斯纪》卷三,行56-57。

否正当,我认为,司法权事件的发展或司法权的滥用只能由上议院来改变或解决。鉴于此种以及其他多种原因,明智大方的做法是根据上议院自己的规则消除由此产生的不满。至于是根据数量或内容,还是根据法官的意见或声音,从而限制呈交给上议院案件的数量,我交由更精通上议院规章制度的人去解决。然而,必须承认,伊丽莎白女王之前的贵族和之后的贵族或当前的贵族在数量、素质以及在全国的威信上已经大不相同了。在古代,他们数量少,地位显赫,通常拥有大庄园,使他们不易于腐败。他们更乐于让拥有更大庄园的大人物决定他们的权利和财产,因为他们这些大人物执政不善可能危及他们自己的庄园。

[62]上议院和下议院之间除了关于权利或权利年限以及其他一些小事儿的争论外,下议院反对当前这种司法权的实施还有如下理由。一、贵族的数量相比以前大大增加;二、很多年轻的贵族审理最严重案件,缺乏审案必需的知识和实践;最后,很多上议院议员只有很少的庄园,或许在英格兰没有庄园,与最初的制度相矛盾。

如果上议院愿意订立院规,规定议员三十岁以下不能参与审判任何案件,或许可以解决前两个抱怨。最后一个问题的解决只能依赖时间以及国王授爵的恒定决议。决议可以规定,男爵在获授爵位及世袭期间每年需要有四千英镑的收入,子爵五千,伯爵六千,侯爵七千,公爵八千。通过这种方式,英格兰贵族的威信在某种程度上有可能恢复,不仅在司法权方面,还涉及在人民中间的利益和影响。正是通过利益和影响,英格兰贵族一直以来在睿智的开明君主当政时期支持君王,在君王软弱或佞臣当道的艰难时期维护人民的自由。

这些思考,虽然天马行空,却至少基于国家真正永久的普遍利益,没有考虑党派以及政府特定时期的需要。英格兰这种永恒的利益贯穿了一代又一代的君王以及更迭的朝代。[63]其中最必需、最普遍的当属强大的海军、保持邻国力量均衡以及通过消灭内讧实现我们自己的团结。英国人民伟大而勇敢,任何力量都无法征服,只能毁在自己手里。假如它的数量和力量集中作用于一处,即使遇到史无前例的变革,英格兰依然会安然无恙,因为所有公共制度的目的就是安全,如同罗马法:"人民的健康是最高法。"为此目的,持有不同的观点、欲望和利益的所有人扬起风帆,骄傲得像涨水的小溪,穿过不同的河道,急速冲向普遍安全的大海,这里据说是他们小溪的发源地。若非有此共同目的,他们将漫出两岸,一路冲毁经过的地方。没有了这个托词,任何派别也无法傲慢到危及一个国家,因为所有人为了提升自己党派的人数与力量,都声称为了公共安全,在沿着最确定、最笔直的道路迈向目标。

国家与行船的比较已经由众多诗人和演讲家阐述过,很难找到二者的不同之处。然而,他们却在以下方面相左:在遇到狂风暴雨惊涛骇浪的情况下,若所有人和货物冲到一边,船会由于它们的重量而有侧翻的危险;在国家的大风暴中,若全体人民以及全体庄园冲到一起,国家将会平安无事。在其他方面,国家与行船的相似之处仍然适用。一艘装着大批货物的船出发,驶向指定的港口,大量的船员要负责货物与船的安全。天公作美,风也正好!然而,[64]在行驶途中,普通海员们认为看到了海平面有个缺口,并确定其来自岩石或沙滩,若舵手不改变方向,将危及船只安全。若船长、舵手和其他长官认为他们愚蠢无知,建议不当,并且说没有危险,那么长官们有权按照自己的意愿或安全判断选择航向,普通海员只负责遵守命令。然而,若是普通海员坚持说感觉到了危险,长官也坚持自己的航向,直到操作的水手不愿坚守索具和船帆,无法容忍舵手继续按自己的意愿航行,这时会发生什么事儿?船长及其他长官要么说服普通海员,要后者相信他们的技术和谨慎以及航道安全,要么必须听随普通海员的感觉和性情。否则,他们最终必然扭打起来,互相把对方扔下水。若遇到恶劣天气,由于缺少人手,他们只能任凭大船随风航行,或许任其毁灭。

国家也是如此。虽然都是为了共同的利益或安全,但观点分歧如果走向极端,使双方都热血沸腾或顽固不化,最终必然是大打出手和内战,最后获得胜利独揽权力的必然是最强的而非最明智、最优秀的一方,当然,最后也可能是灾难性的外国入侵。然而,只有把各个党派在一个共同的目的上团结起来才能挽救国家于惊涛骇浪之中。包括长官和普通海员在内的每个人都像关心自己的安全一样关心船只的安全,只有这样,才能真正地使他们参与进来。

到此,我写完了这些政治上的胡思乱想,[65]也结束了所有公共思考与参与。很遗憾,我的思索和实践没能为国家做出更大的贡献。对于国家,我确信没人比我对它更热爱或更尊重,但我自己的禀性与国家的问题使我于己于人都过早地离开了服务岗位。现在,我的年龄、禀性和早就下定的决心使得我难有作为,还是让位给更加年轻有为的一代,祝愿他们不忘初心,更上一层楼,但愿重大情况更加有利于高尚的公共思考与设计。

论古今学问

——走近古典源头

［444］谁要是浸淫于古书，就很难会喜欢上新书，当然，这些新书在闲人的闲暇中也必定占有自己的一席之地，其中很多作品既有美的地方，也有瑕疵。故事或真实叙事无论在形式还是内容上，都有其价值；无论故事讲得如何平庸，各种各样的事件很少不带有娱乐或训导。其他类型的写作只是因为作者的机智（wit）、学识和天赋才有些价值，此外便一无是处了。［445］此类作品很少有精品出现，因为它们只是在走古人的老路，或者在古人的基础上进行评论、评析和发挥。它们至多算是古人原作的复制品。有些作品不在此列，因为它们探讨了古人从未论及的问题，比如一些国家的不同的宗教法制和统治以及由此而产生的一切争论。

在所有论述这些问题的作品中，有两部最近让我感到非常有意思：一部是英文著作，论及洪水之前的世界，另一部是法文著作，探讨了多重世界的问题。① 前者为教士所著，后者出自一位绅士之手，但二者在各自同类的作品中算是佼佼者，它们对于

---

① 分别指伯内特（Thomas Burnet）的《地球的神学解释》（*The Sacred Theory of the Earth*，1684）和丰特奈尔（Fontenelle）的《关于宇宙多样化的对话》（*Entretiens sur la Pluralite des Mondes*，1686）。

问题的论述也非常精彩；若换作普通人的作品，肯定是粗劣不堪。我对第二部非常欣赏（我的意思是欣赏它的形式，而非其老掉牙的内容），于是，我查了这位作者的其他作品，发现了一篇诗学短文。① 我理应偏爱上述两位作者，但我反感他们写的一些东西，比如这篇短文。前者总在学术论文的结尾通过比较现代与古代，赞颂现代学问和知识；后者全然反对古诗，偏爱新诗。我一读到这两类腔调，就感到愤愤不平。最易让我产生如此反应的就是人类的自满——人类傲慢和无知最糟糕的结合。在当代，并不是只有这两位在捍卫这些观点，因此，有必要探讨一下理性或经验在多大程度上能够支持或维护他们的立场。

就这一问题而言，我在言谈和写作中遇到的最有力的观点是：[446] 首先，我们的知识肯定多于古人，因为我们既可以利用古人的知识，也可以利用我们自己的知识。人们通常用一个比喻来阐明这一点：站在巨人肩上的侏儒比巨人看得更多更远。其次，自然界还是老样子，智慧或天赋在所有时代大体上是一个水平，至少在同一个地区是如此，如同通常动植物的生长和大小一样。他们认为，承认这两个事实，目的就达到了。然而，我不知道为什么竟然可以得出这样的结论：我们可以利用我们古人的知识，古人就不会像我们一样利用他们古人的知识。印刷术的发明或许增加的不是图书，而是图书的复制品。若相信托勒密图书馆曾拥有 60 万本藏书，我们任一个图书馆，或许我们所有图书馆加在一起，都不敢说与其不相上下。我的意思是，这么多的原创作品，它们已经经历了一些时间，因而也证明有人认为

---

① 丰特奈尔在 1688 年发表《论田园诗的本质》（*Discours sur la Nature de l'Eglogue*），其中包含《论诗》以及《漫谈古人与今人》两篇文章。

它们值得收藏。三流文人(Scribbler)不计其数,像蘑菇或苍蝇,在很短时间里就会生出一群又死掉一堆,而图书像谚语一样,经历了岁月的磨砺和评价才获得自己的主要价值。我们在一些书中了解到了这座亚历山大图书馆,以及小亚细亚和罗马的那些庞大的图书馆。很多这些我们称之为古籍的书还常常提到古代的作家,包括哲学家和历史学家。的确,除了《圣经》上关于犹太民族的起源和历程的记录之外,我们世界其他地方在特洛伊战争之前发生的事件,要么沉没于时间的深渊之中,包裹在神秘的寓言里,要么由于证据缺乏和作者不明,显得极其模糊不清,让我们无法做出评判。[447]关于中国的记载、曼涅托(Manethon)关于古埃及的残篇、尤斯丁(Justin)关于斯基泰(Scythian)帝国的叙述以及希罗多德和狄俄多罗斯(Diodorus Siculus)关于众多其他地方的描述大大超出了圣经给我们提供的时间段,因此,我们不允许讨论它们。在很大一部分世界基督化之后,这种不一致可能导致很多古代作家遭到遗忘。所罗门告诉我们,即使在他那个时代,仍然有大量的著述出现;现在很多人认为《约伯记》早于摩西,而探讨该书主题与风格的任何人都会认为,《约伯记》写于并不缺乏书籍或学问的时代和国家,其作者谈起那时的古人及其智慧时和我们现在的所作所为没有什么区别。

然而,有人自以为是,草率地认为,在我们现存的或有记录的书籍之前基本没有什么书籍,但这并不能证明,书中简要叙述的那些时代之前没有知识或学问。书籍或许有助于学问和知识,使其更为普及,但我怀疑,它们是不是必需,除了专门记录事件和时间之外,它们是不是能够大幅度推进其他知识;即便是记录事件和时间,或许也可以不需要它们,依赖专司此职的家族一代又一代细心、精确的口传,一样能得到长时间的保存。因此,在墨西哥和秘鲁,在文字出现之前,他们几个时代以来一直记得这些强大的国家和政府发生的事件。据说,爱尔兰的学问和图书事业在高卢或大不列颠取得很大进步之前已经非常繁荣,[448]但是现在,英国亨利二世征服爱尔兰之前的史实基本上都找不到任何蛛丝马迹了。从这个奇怪但又浅显的例子中可以看出,文明与野蛮、知识与愚昧在世界上的一些国家可能交替出现;一个国家的传统可能比另一个国家的书写更好地记录历史;我们多亏有了希腊语与拉丁语这样的学问语言,否则,人们所知道的西方世界历史基本不会超过五六百年,此前的历史也不会有确凿的东西留到今天。

实际上,在东方的每个国家,似乎曾普遍存在祭司制度。这些祭司或出于自愿或由政府指派,一直记载着知识和历史。记录历史这项工作唯独在中国被专门委派给某些政府官员。每个新皇帝登基之后都要重新任命新史官或续聘原来的史官,让他们清楚地记录每个统治时期的年代和重大事件。在埃塞俄比亚、埃及、迦勒底(Chaldea)、波斯、叙利亚和犹太(Judea),这些任务则完全被托付给祭司,他们记录年代和事件的那种努力不亚于他们研究自然科学与哲学并将之代代相传的勤勉作风。无论是通过书本或口传或同时用两种渠道达到了此目的,可以肯定的是,古代的祭司团体是巨大的知识库,他们中间出现的伟大人物或卓越的天才通过观测或发明将知识的细流注入这个知识库;库中的任何东西都不会流失,因为保存别人的劳动成果,无论是知识还是帝国,既简单又平常,[449]但获取它们既艰辛又罕见。

这些土壤中曾培育出天文学、占星学、巫术、几何学、自然哲学和古代历史的参天大树。众所周知,俄耳甫斯(Orpheus)、荷马、吕库尔戈斯(Lycurgus)、毕达哥拉斯、柏拉图以及其他古人都汲取了所有这些知识库或学问库中的营养,使得他们流芳百世。我对知识(knowledge)与学问(learning)作了区分:得到最初发现者或受到教育的后来者首肯,并被公认为真实可靠的东西,我就称之为知识;学问是指了解前人迥异的、相互冲突的观点,在这方面,他们或许在任何一点上都没有达成过一致意见。这样的区分使古人显得伟大,现代人显得渺小。

在真理与自然的广大领域里去探索和发现时,古人与今人哪一个取得的进步可能最大呢?为做出判断,有必要探究一下,他们在这些崇高的前行与探寻过程中借助了什么样的向导,付出了什么样的劳动。

现代学者通常借助自己国家的大学,个别可能借助邻国的大学,即寻找一些书而不是人作为他们的向导,虽然人是活的向导,而书相比之下是死的向导。书像刻有字的指示标志,能够指向正前方,但不像一位曾走过此路、可能对此路了如指掌的向导,书既不能告诉你前方的转弯处,不能解决你的疑惑,也不能回答你的问题。在我们的行进中,哪些人是我们需要求助的已故向导?[450]他们至多是从希珀克拉底(Hippocrates)到安东尼(Marcus Antoninus)的六百多年间少数几个流传到现在的希腊或拉丁作者,而那段时间内实际却有大批的希腊和拉丁作者。我对这段时间之前的东西除了一些诗人、寓言和书信外一无所知,而这段时间之后,据我所知,几乎没有人敢称作家,他们只是古代学问的抄写员或评论人。现在思考一下,我们的古人从哪些源泉汲取学问之水,又是怎样的呕心沥血。毋庸置疑,泰勒斯和毕达哥拉斯是希腊哲学的创始人,前者开创了伊奥尼亚(Ionian)学派,后者创立了意大利学派。后来希腊和罗马的所有著名学者都来自这两个学派。泰勒斯是第一位智术师,即希腊智者,据说他在从家乡米利都到埃及、腓尼基、克里特和德尔斐的旅途中习得了天文学、几何学、占星术和神学。毕达哥拉斯为哲人和美德之父,由于节制而选择了爱智慧,而非爱智术。他第一个为四大美德命名,并为之排序,流传至今。两位巨人没有任何作品流传至今。正如众多西比尔和古代诗人的许多残篇以及一些冠有古人名字的完整诗篇一样,很多归到毕达哥拉斯名下的佳诗均被斥为伪作;至于他是否曾给自己的学生或同代人留下过文稿,人们是否只是通过耳听和记忆向他求教,他为后世留下的所有东西是否是通过口传,这些问题尚无定论。然而,无论他们是否曾著书立说,后来的希腊哲人都是从这两个源泉汲取水流,[451]浇灌学问界的研究,由此产生出众多派别浩如烟海的作品,这些派别的人后来统称哲人。

我们称之为古人的人有向导,这些向导也应该有自己的向导,他们在自己的研究领域长途跋涉,经年累月地辛勤耕耘。

人们最为公认的看法是,希腊人的学问追根溯源来自埃及或腓尼基,但是,他们的学问是否由于与埃塞俄比亚人、迦勒底人、阿拉伯人和印度人的交流才繁荣到这个程度,就不那么一目了然了(尽管我倾向于这样认为)。为寻找学问和知识宝库,一些希腊人曾到过上述大部分地区,更不用说俄耳甫斯、吕库尔戈斯、缪塞俄斯(Musaeus)、泰勒斯、梭伦(Solon)、德谟克利特、希罗多德、柏拉图以及那位自负的智术师阿波罗尼奥斯(Apollonius)这些人的远途旅行了。我仅追溯毕达哥拉斯的游历。在所有人当中,他似乎走得最远,带回的东西也最珍贵。他首先到了埃及,在那儿待了二十二年,在孟菲斯、忒拜和赫利奥波里斯(Heliopolis)的祭司团中进行学习和交流。为了获取当地最主要的学问与知识,毕达哥拉斯习得了他们所有的神秘宗教。他在巴比伦停留了十二年,受教于迦勒底的祭司。这两个地区在古代均因学问而闻名于世;一位作者根据当地的统计说,这些地方世世代代都对毕达哥拉斯有过评论。除了在上述两个地区逗留很长时间外,毕达哥拉斯还以同样的方式游历了埃塞俄比亚、阿拉伯半岛、印度、克里特、德尔斐以及这些地方的所有知名神庙。

[452]是什么样的凡夫俗子竟让他不远万里来求教?我将根据关于印度婆罗门最古老的叙述尽力作一追溯,因为其他国家的贤哲更多的是出现在传说之中。① 这些婆罗门全部属于一个部族,与其他部族不通婚,从而保持纯种。他们完全献身于神的事业,研究智慧和自然,向君主献策。他们的出生和教育,甚至尚在母亲腹中的时候都受到特别的照顾。若是得知其中的一位女性怀了孕,人们千方百计安排好她的饮食和娱乐,让她在怀孕期间有着美好的想象,保持最佳性情、心平气和以及睡眠香甜。我认为这一点超出了所有希腊智慧,甚至超出了希腊假想的立法者所立的制度,因为后者只是在人们出生后才开始关心他们,此前没有任何表示。婆罗门同样关心自己的教育,他们要花二十七年的时间用于教育、研究、祭司团训练以及在森林和旷野中过独居生活。他们的学问和制度没有文字记录,只依赖不间断的代代口传。

在自然哲学方面,他们认为世界是圆的,有起始,也有结束,但二者都需要无限长的时间;造物主是一种精神(Spirit)或心灵

---

① 坦普尔关于婆罗门的叙述几乎完全来自希腊地理学家斯特拉波(Strabo)的《地理志》(*Geographica*)15 章第 1 节。

(Mind),弥漫于整个宇宙,散布于宇宙的各个部分之中。婆罗门相信灵魂转世说,一些人认为有阴间存在,在很多方面都类似于柏拉图的观点。[453]他们的道德哲学主要是防止身体生各种疾病,因为他们觉得疾病会导致精神错乱;其次还要抚慰心智,使其免于所有烦恼,因为他们认为,对过去与将来的烦恼和忧虑与众多的梦没什么两样,不必放在心上。婆罗门不重生死,看淡快乐与痛苦,或至少认为它们完全无关紧要。他们极其公正,堪称典范;他们还非常节制,以大米和蔬菜为生,不食动物。婆罗门视生病为不节制的表现,病人常常因羞愧和抑郁而死。他们很多人活到150岁,有些人甚至活到200岁。

人们非常敬重婆罗门的智慧,因此,他们中的有些人常常被雇来跟随国王左右,在所有重大事件上向国王提出建议,教导他们要公正和虔诚。正因为如此,在亚历山大征服印度的一位王之后,卡拉努斯(Calanus)和其他一些人据说就跟随了亚历山大的部队。据传,他们的神秘表演非常精彩,要么完全受到拒斥,要么极易赢得人们的信任,我们在那些讲述印度故事的人身上常常可以发现这一点。最为重要的是,他们有令人敬佩的坚强意志,可以忍受所有不幸、痛苦和死亡;有些人可以在烈日下整天整天地站着、坐着或躺着,一动不动;还有一些人整夜整夜地单脚站立,双手还举着重重的木头或石头,不移动半步(有时要做他们常做的忏悔,也会动一下)。婆罗门结束自己的生命常常是根据自己的意愿,[454]而非被迫。

大多数人通常选择自焚;至于死亡原因,有的是疾病,有的是不幸,还有的仅仅是厌腻了生活。亚历山大时期,卡拉努斯就是因为年老体弱而当众自焚。奥古斯都在位时,若曼诺夏吉斯(Zormanochages)一直都很健康快乐。为避免寿命过长,陷入病厄之中,他选择了死亡。这就是古代留下来的关于婆罗门的叙述,与我们当代的表述(因为航海和贸易向我们揭示了这些辽阔国家的大部分地区)作一比较,很容易做出推断:现代婆罗门从过去的婆罗门那里获得了许多风俗和观念;两千年之后,这些风俗和观念仍没有什么变化。在没有外来征服的情况下,一个国家在多长时间内能够传承自己的风俗、制度和观念而不发生改变,可以从秘鲁人、墨西哥人、中国人以及斯基泰人的历史中很容易看出来。希罗多德说,斯基泰人总是住在马车上,通常喝马奶,今天在辽阔的北方生活的鞑靼人据说也是如此。

人们通常认为,毕达哥拉斯从埃及人那里习得了他绝大部分的自然哲学和道德哲学,其实不是,他很可能习自那些著名的印度人,因为在毕达哥拉斯之前,我没有发现有埃及人信仰灵魂转世说。俄耳甫斯据说从埃及带回了他所有的神秘神学以及有关冥河、喀隆(charon)、阴间判官的故事,后来的诗人往这些故事中添加了克里特传说,把它们融入异教,长期为希腊人和罗马人所笃信。[455]显而易见,这迥异于毕达哥拉斯的转世说,他的转世说虽然在后世的一些哲人中一直在流传,但从来没有进入到希腊或意大利的民间信仰。

埃及人自己的很多学问似乎也可能来自印度人,因为有人发现,埃及有些作家曾从埃塞俄比亚人那里借鉴过不少东西;我想,历史学家会一致认为,这些埃塞俄比亚人是古时沿印度河而来的侨民,在非洲居住下来,后来称那个地方为埃塞俄比亚,很可能是他们把印度的学问和风俗带到这里。腓尼基人同样据说是来自红海的侨民,在地中海沿岸定居下来,他们的学问和航海使他们声名远扬。

因此,大部分的学问来自遥远的古印度或古中国,为支持这种猜测,可以用有力的证据来证实。虽然我们对亚历山大之前的古印度知之甚少,但最古中国的任何一点都有令人满意的记载。那些耶稣会传教士认为,①中国历史要远远超过四千年,而且有不容置疑的铁证。这些教士发现中国历史与《圣经》纪年相矛盾时并没有怀疑自己的真理,而是乐意接受旧约上的纪年,去解释中国历史纪年。中国的一位皇帝野心勃勃,妄图让历史从他开始,命令把除医学和农业书籍之外的书全部焚毁,使得我们今天无法知晓,在那片广阔区域的远古时期,[456]学问曾向何处发展,又曾发展到何种高度。医学和农业书籍之外的图书(其中有一本记录王位更替的历史书)能流传到现在,要么靠运气,要么靠个体的勤奋,才免于那场众所周知的大灾难。

那些学者的观点现在明摆在那儿。从中可以看出,他们在古时候分为两派,一派持灵魂转世说,另一派持物质不灭说,后者把世界看作巨型金属块,其中有些部分不断被制成成千上万的事物,过几个时期之后,它们又重新融入原来那块金属。古代中国人就自然哲学写了大量的著作;他们伟大而知名的孔子与苏格拉底差不多同时代。与苏格拉底一样,孔子也开始致力改变人们对自然无休止、无意义的思考,让他们转到道德思考上来。然而,他们有一点不同,希腊人的重点似乎在于个人和家庭的幸福,中国人则重视王国或政治的良好状态和幸福。众所周知,这种政治已延续了数千年了,完全可以称之为学者的政治,

---

① 坦普尔的中国知识似乎大部分来自两位耶稣会传教士:著有《中华帝国史》(*The History of the Great and Renowned Monarchy of China*,1655)的曾德昭(1585—1658,Álvaro Semedo)和著有《中国新史》(*New History of China*,1688)的安文思(Gabriel de Magalhaens,1610—1677)。

因为其他人无权管理国家。

我本人倾向于认为,不仅毕达哥拉斯从这些遥远的地区获取了他自然哲学和道德哲学的首要原则,[457]德谟克利特(他曾到过埃及、迦勒底和印度,后来的伊壁鸠鲁改进了他的学说)也可能从这些地区获得了自己的学说。在这两者之前,吕库尔戈斯也曾到过印度,从那里带回了闻名于世界的法学和政治学的主要原则。

任何读了上述关于古印度与古中国学问介绍的人会很容易发现,所有下面这些希腊成果和制度都可以在他们那里找到来源:毕达哥拉斯的灵魂转世、四大美德、学生必须长时间静修、学说传授依赖口传而非文字、禁食动物肉,伊壁鸠鲁的物质不灭而形式不断变化、身体无疾、心灵宁静;吕库尔戈斯在斯巴达规定的孩子一出生就要接受教育、严格节制饮食、耐心忍受苦难、看淡生命、只在庙宇中使用金银、维护与外乡人的贸易等等,所有这些似乎全是印度货,与希腊当时及以后出现的任何思想都迥然不同。

将学问追溯到通常被认为是野蛮、不知礼仪的地区看起来可能是个悖论。不错,东方国家的大多数人都野蛮不讲礼仪,他们的生活全部依赖于农业、手艺或商业,但这并不能妨碍某类人或某些人的后代(他们的思考与时间全部给予了学问和知识)成为书中所描述的那类人,[458]也不能妨碍他们成为人们尊敬的人;在高卢人、哥特人、秘鲁人那里也曾有过这么几类人,他们叫德鲁依(Druid)教士、吟游诗人(Bard)、阿玛乌塔斯(Amautas)、卢恩(Runer)以及其他粗俗的名字。①

---

① Amautas 是印加人对哲人的称呼,Runer 是哥特人对吟游诗人或哲人的称呼。

另外，我不知道还有什么比严格节制、纯净的空气、平等的氛围、长期稳定的国家或政治更能推进知识与学问的发展。我们可以理所当然地把这些优点给予那些东方地区，而非我们熟悉的其他地方，至少在鞑靼人最近几个世纪征服印度和中国之前应该如此。然而，从这些地方获取部分学问的行为，就如不远万里去学习象棋一样，是可以原谅的。有些好奇的学者通过两条道路把象棋带到欧洲，一条经波斯传到希腊，一条经阿拉伯半岛传入非洲和西班牙。

我想就说这么多，让人们知道我们古人的古人是或可能是什么样的贤哲或学者。现在要想了解我们的古人是谁就很容易了。立法者兼哲人吕库尔戈斯之后，我们所熟知的最早的希腊人是七贤，虽然在克罗索斯（Croesus）祥和的统治初期，①宫廷常常有希腊智术师光顾。七贤中有些人似乎曾把埃及和腓尼基的大部分知识，特别是天文学、占星术、几何学和算术，带回希腊。希腊与意大利的毕达哥拉斯（他似乎带回了自然和道德哲学）和他的追随者紧随其后。[459]但这些人都没有作品流传到现在，使得希珀克拉底、柏拉图和色诺芬是有作品逃脱时间冲刷的第一批哲人。

但我们不可下结论说，我们读到的第一批希腊作者就是最早的希腊哲人。我们通过考察发现，按照他们的地位来讲，更早的希腊贤哲似乎是更杰出的人物。他们通常是自己国家的君主或立法者，至少是因为受让和受邀而成为自己或其他国家的君主或立法者，因为这些国家希望他们能够设计或改革政治体制。一般而言，他们都是出类拔萃的诗人和伟大的医生。他们在自

---

① 克罗索斯（前560—前546），吕底亚的最后一个国王。

然哲学方面具有很高的造诣,不仅能够预测日食、月食,还能够预测地震、海上风暴、大旱、大瘟疫、一些农作物的丰收与歉收;更不用说有些人还会魔法,能够平息风暴、起大风、平定暴乱和阻止瘟疫。这些能力无论有无事实依据,因被人深信不疑,才使他们在当时及以后的时代中得到不同寻常的敬重和荣誉。

现在可以回答,我们现代人与古人哪一个的向导更好、更伟大,哪一个在追求知识的过程中更为辛苦和勤奋。我认为,我们从我们的古人获得的东西可能并不多于他们从他们的古人获得的东西。

然而,我怀疑,[460]造就卓越的才智和知识如同造就世上的权力和帝国一样,可能终究只能依赖某些个人纯粹的精神力量和天赋,而非依赖从他们那里承传的力量,无论这种力量通过承传增强了多少;这样卓越的才智和知识可能只能自然天成,而不能通过技艺来提升。因此,尼努斯(Ninus)、瑟米拉米斯(Semiramis)、亚历山大和帖木儿(Tamerlane)征服的领土在我看来历史上无出其右者,在征服者本人治下如日中天,但他们的后继者非但没有增加领土,也没有保住原有的疆域和强势。帝国在后继者手中每况愈下,或四分五裂,后来在帝国几片小小的废墟上出现了伟大的君主。随着时间的流逝或名字、家族以及政治形式的改变,帝国逐渐萎缩、消亡或湮灭。

同样的命运似乎也伴随着我们所记载的最耀眼的学问和知识。在我们的世界,泰勒斯、毕达哥拉斯、德谟克利特、希珀克拉底、柏拉图、亚里士多德和伊壁鸠鲁是第一批征服无知的巨人,他们在多个知识领域取得的进步大大超过了任何后继者所能达到的程度。这些后继者只能去学习古人所教的东西,记住古人的发明。由于不能理解古人,后继者依赖伟人的施舍,自立为作家,或者仅仅满足于为古人的作品作注,根据原作写出最好的复制品。

我一直认为,个人不同的能力——我们称之为处理公共或个人事务的智慧或明智——直接来自他们出生时带到这个世界的那点智力或理智;[461]智力的缺陷则源于怀孕或出生时就有所欠缺。

> 造物主在我们出生时就已告诉我们可以了解的一切。①

教育、研究、谈话和工作可能在某程度上增加或减损我们的心智,却无法超越天生能力的范围,正如生命不能超越由种子质量决定的寿命一样。

若这些想法正确,那我就不知道,我们现代人的知识在哪些地方超越了我们从古人那里获得的知识;不仅如此,有了古人的知识,现代人可能不是有所收获,而是有所失去;对古人的依赖可能阻碍现代人创造力的发挥和成长;若满足于前人的知识,就可能产生不出自己的知识。因此,只会翻译的人永远无法成为诗人,只会模仿的人永远无法成为画家,总是借助救生圈的人永远不会游泳,完全寄托于别人慈善、不愿付出辛劳的人永远都穷困潦倒。此外,学问可能抑制一个天才,大量的其他人的思想和观念可能成为重负,压制了天才,使他的思想无法发酵,他也就不能做出发现。谁又说得准呢?就如柴火,木柴堆积太多或过于密集就会压制住本来可以成为熊熊烈火的火苗,有时甚至完

---

① 来自罗马诗人卢卡努斯(Marcus Annaeus Lucanus,39—65)的《法萨利亚》(*Pharsalia*)卷九,行575。

全把它压灭。身心力量的增长来自锻炼而非衣物产生的温暖，而且过多的外来热量让人们感到头晕目眩、身体羸弱，[462]还不如不要这些热。无论如何，我们若是侏儒，即使站在巨人的肩上仍然是侏儒；我们若是天生短视，或对周围情况不像巨人那么了解，或由于胆小和迟钝在高处感到晕眩，我们就是站在巨人的肩上，也比巨人看到得少。

在身心的成长过程中会产生大小不同的普通成果，引不起人们的注意和惊奇。世界上的确有或曾经有侏儒和巨人，但并不一定每个时代都有，不一定每个国家都有。我们不能确定他们出现的时代和国家，因此，不能因为在当今世界至少在当今知识或探索领域没有巨人，就否认曾出现过天才。我认为，在世界上的某个地点、某个时间可能出现过巨人，或身高类似的人，在后来的几千年内的其他任何地方可能都无人能比，因此，在机智（wit）和知识领域也可能有巨人，他们知识之渊博，几百年内在任何地方都找不到。

我确信，卢克莱修认为伊壁鸠鲁就是这样的巨人，并把他描述成一位前无古人、后无来者的具有创造力的知识奇才；我搞不明白，其他古人为什么就不能在自己的领域内同样伟大呢？虽然基础不同、谋划不同，为什么他们就不能建造出同样的高楼大厦呢？在昂布瓦兹（Amboyse）有一硕大的鹿头，在蒙莫朗西（Memorancy）有一张由粗壮的葡萄树制成的桌子，难道因此就可以认为，在每个时代，每座大森林里都有这样的鹿，每个大型葡萄园里都有这样的大树？[463]或者万事万物由于自然没有变化就必须保持不变或几乎保持不变？在历史上，一项成就难道不是多种条件共同作用的结果么？其他成果就没有同时具备这些条件。树的生长依赖于种子的内在力量，这种力量取决于种子的种类、种子成熟的程度以及种子母亲的健康与活力。在能够抵御各种危险之前,树木扎根的土壤的贫瘠程度、土壤的合适程度、水土与坏境的突然变化、季节的急剧改变都会极大促进或扼制树木的成长。所有这些条件,或许还有很多其他条件,加上适宜的地区和树木生长的时间可能孕育出一棵历史上著名且独一无二的橡树、无花果树或榆树。

难道历史上的天才不也可以以同样的方式出现么?与那些促成高大树木和庞大动物成长的条件相比,促成天才出现的条件要多得多。在古希腊和意大利,在绘画、雕塑、建筑、哲学、数学、医学、演讲术、诗歌方面,不是出现了至今无人能及的创造和学问天才?并且,没人怀疑过他们无与伦比的巨大成就。

学问与艺术有自己的循环周期,在世界的不同地方有不同的繁荣期。人们通常认为,它们从东方走到西方,[464]始于迦勒底和埃及,后来转移到希腊,再由希腊到罗马,并在罗马没落。多年以后,学问和技艺又从这些废墟中复兴,又在意大利和欧洲比较靠西的地区出现。迦勒底和埃及是学问和文明中心时,希腊和罗马与现在的埃及和叙利亚一样,很久以来都是野蛮之地。希腊和罗马走到艺术和科学的巅峰时,高卢、德国和英国如同现在的希腊和土耳其一样愚昧和野蛮。

在历史的长河中,国家革命、军队破坏、残酷的征服、受奴役民族的不幸、严重的洪灾、肆虐的瘟疫在世界上的不同国家造成了这些变化以及其他更大的变化。这些偶然事件有时把国家彻底摧毁,等这些国家重新崛起时,由于起点低,它们看起来仿佛是脱胎于人类原始阶段的崭新国度,除了几段短暂的历史外,没有任何记录或回忆留下。因此,广阔的挪威大陆据说是被八九百年前的一场瘟疫完全毁灭的,随后几十年都是一个荒凉的地方,处处树木丛生。苏格兰人和丹麦人的征服让爱尔兰沦为蛮荒之地,基本上没有任何历史或传说留下来告诉我们,这个岛屿在五百年前是什么样子,人们又如何在这里定居和治理它。发生在低地国家沿海地区的强风暴和海潮带来了哪些变化,我们很难确定,也很难相信传说,同时也很难确定,这些灾害在多大程度上让我们无法知晓现在这一小段时期之前发生了什么。

[465]若不是希腊语和拉丁语,许多其他国家的历史很可能走不出时间的深渊和无知的阴霾。我们正是依赖它们才有了学问和古代历史。我们是否拥有真正远于奥古斯都时期的有关古代迦勒底、希伯来和阿拉伯的东西,我深表怀疑;然而,庞大的亚历山大图书馆的藏书大部分很可能是用这些语言写成的,还有一些埃及、叙利亚、埃塞俄比亚的书籍,至少是在埃及国王或祭司的组织下翻译过来的书,这和旧约的翻译一样,当时雇佣来的七十二人随着那部著名的译本而留名于世。

的确,在过去的一个半世纪里,欧洲西部地区在学问和知识上取得了巨大进步,但这并不是说,它们一定超过了过去那些在学问和知识上繁荣时间更长的国家;这只能证明,我们过去的水平有多低,而不能证明我们现在的水平有多高。

罗马帝国灭亡后,几乎所有的学问都埋没于其废墟之中。靠数量征服罗马帝国的北方民族非常野蛮,他们在疯狂中摧毁了雕塑和建筑。对于幸存的学问和文明,他们也是一样的粗野。阿拉伯人在征服了埃及、叙利亚和希腊之后,带回了大量的战利品,既有财富,也有学问和原汁原味的知识,这些知识在阿拉伯繁荣一时,[466]一直被许多阿拉伯作家传抄,因为他们的知识均来自臣服国;在学问、文明和道德方面,在这么短的时间内,没有哪个地方比阿拉伯帝国发展得更快;也没有地方比曼苏尔

(Almanzor)当政时期的阿拉伯更为繁荣,因为在他的指挥下,摩尔人征服了西班牙。相比之下,蜂拥而至的哥特人、斯基泰人以及其他族人跨过多瑙河和易北河,把整个欧洲踩在脚下,长时间地肆意破坏一些地区的所有学问和人文,这些学问和人文在罗马人的保护和引导下曾盛极一时。在征服过程中,这些北方民族更易于接受他们的臣服者的宗教,还心甘情愿地把最高权力、税收和自由献给神职人员,无论这些人员是在俗还是在寺。在受压迫的当地人中,大量的有识之士发现了他们的这个特点,在找不到其他途径免于这些粗野主人的伤害和侵扰的情况下,便担任神职或加入各式教会组织或兄弟会。正是这些人在不同的国家保存了流传至今的一点点学问。

但这些优秀人士或满足于信仰,或满足于安静的生活,或处心积虑维护和提高教会的名望和权威,因为这个教会关系到他们的安全、安逸、财富和名誉。他们取得了巨大的成功,结果征服者反而由被征服者统治,最伟大的君王听命于最低微的牧师,[467]胜利的法兰克人和伦巴第首领们拜倒在罗马的教士脚下。

在这些教士忙于自己的思考时,另外一些优秀的平信徒决然拿起武器,为荣誉而战。那些下等人或辛勤劳作,或打家劫舍。君王们或互相混战,或发动圣战,或因为教会和世俗权力问题发动战争,支持教皇或皇帝。这些平信徒、下等人和君王不学无术,除了律师之外,没几个能够读书写字。在后来的几个世纪里,希腊语在西部欧洲完全失传了,纯正的拉丁语只剩下流传于僧侣之间的一些混合语,因为那些僧侣毕竟还是有些文化的;一些大学里的学生也会一些这样的混合语,因为这有助于他们得到罗马的提拔或从事神职工作,除此之外,这种语言基本没什么用。

大约两百年前,突厥人攻占了君士坦丁堡,随后占领了整个希腊。由于惧怕这些残暴的统治者,可怜的当地人大量逃到与他们毗邻的基督教世界,一部分由奥地利进入德国,另一部分由威尼斯进入意大利和法国。有些希腊人随身携带了不少希腊文古代典籍。其中有少数希腊学者开始在上述国家教授希腊语,刚开始是为了养家糊口,后来是为了博取君王或大人物的青睐,因为后者也开始以资助学者为乐事或荣耀。这些地区由此开始了以希腊语为媒介的学问复兴。罗伊赫林(Johann Reuchlin)、伊拉斯谟(Erasmus)开始了更为纯正的古拉丁语的复兴。此后,布坎南(George Buchanan)在我看来把复兴推到了一个任何现代人都无法企及的高度。① [468]由于他的努力,僧侣们的拉丁语受人耻笑,不再有人一本正经地使用,如今只有在德国和波兰的乡村旅馆里才可听到。由于这两种高贵语言的复活及由它们写就的著作(许多君王和教士都热衷于收集这些著作)的重新面世,各式学问开始在西部地区繁荣起来。考虑到此前人们极其愚昧的状况,此后的一个世纪可能比我们所知道的任何时间取得的进步都要大。

从这一点上讲,我觉得人们没有丝毫理由认为,现代学问全面超越了古人的学问。假如一个三十岁的身体健壮的人染上了肺结核之后,直到五十岁都是极度虚弱,此后逐渐恢复健康,到六十岁时和同龄人一样的硬朗,在这种情况下,我们或许可以说,他的力量在过去十年内的增长超过了他一生其他任何时间

---

① 罗伊赫林(1455—1522),德国人文主义者、古典学者。布坎南(1506—1582),苏格兰学者和史学家。

段,但不能说,他比自己三十岁时还要健壮。

然而,我们可以声称我们的知识在哪些方面超越了前人呢?在过去的一千五百年内,除了笛卡尔和霍布斯之外,我不知道还有哪个哲人能够具有这么崇高的地位。对于笛卡尔和霍布斯,我在这里不做评判。我仅仅是要说,按照当今学者的意见,他们两人绝没能掩盖柏拉图、亚里士多德、伊壁鸠鲁和其他古人的光辉。在文法或修辞上,尚没人质疑古人的成就;就我所知,在诗歌方面基本也是一样,只有我上文提到的那位新近的法国作家提出了不同意见。① [469]我认为,反驳他的最有力证据莫过于他自己的诗歌和论文合集了。

在天文学方面,除了哥白尼学说,没什么新东西敢与古人一比高下;医学方面除了哈维(Harvey)的血液循环学说之外,也是一样。但这两种学说是现代的发现还是来自古人,这尚有争议,它们正确与否,也仍有待证实。理智似乎支持它们是正确的,排斥相反的观点,但感觉很难接受它们。它们必须正确,同时对于感觉来说行得通,这样才能让人相信它们。即使它们是正确的,它们对天文学的成就和医学实践也没什么影响,或许只是增加了作者的名气。

音乐常常以其魅力让人与兽、游鱼与飞鸟以及猛蛇入迷,并改变其本性。音乐让人们变得极端狂野,又会突然让他们平静下来。因此,音乐的魔力的确能够让人变成雄狮或羔羊、饿狼或雄鹿。那么音乐现在是什么情形呢?学者们认为,古人崇尚的那种音乐艺术如今已荡然无存。我们现在的音乐来源于可怜的托钵僧,他在吟诵晨祷时突发奇想或是经过观察得到了一些曲

---

① "新近的法国作家"指丰特奈尔。

调。无知的托钵僧和野蛮的哥特人给我们带来了音乐与诗歌。因此,音乐与诗歌这两朵神圣的奇葩在今天只不过是胡捣或胡诌的结果,这正好与上述二者的无知和野蛮相匹配。

流传到现在的巫术又有多少呢？印度人、迦勒底人和埃及人的巫术闻名于世,[470]其所产生的出色效果让常人感到惊奇,于是人们便求助于神灵或超自然力量来解释他们的行为。我所说的巫术指的是关于自然的不同凡响的知识、这些知识的结晶所具有的能力和品质,以及运用某种药剂治疗某些病人时由于某些药性而产生了常人无法理解的效果。无知的人们用巫术或法术之类的词去称呼它们。一般学者则聪明地称之为交感(Sympathy)、相克(Antipathy)、特应性(Idiosyncrasy)、辟邪(Talisman)等,或采用埃及人或希腊人称呼古代巫术的一些名词。然而,巫术这门知识与其他知识一起似乎完全失传了。

令人稀奇的建筑学知识或技能流传到现在还有多少呢？正是由于建筑学,古代巨大的建筑才拔地而起,才产生了世上众多的建筑奇迹,简直超出了现代建筑学的能力,也基本上超出了我们的想象。巴比伦的城墙和宫殿、埃及的金字塔、摩索拉斯(Mausolus)的陵墓、罗德港的巨人雕像、希腊和罗马的庙宇和宫殿都不用提了。在建筑方面,有什么能比罗马的剧院、排水系统、桥梁更令人钦佩呢？横跨多瑙河的图拉真大桥大概是古代建筑学的最后一部杰作。这门科学所取得的巨大成就证明,古人的数学已达到很高的水平。若这还不具有说服力,不用提别的,只要看看叙拉古(Syracuse)的防御战就会令人心悦诚服。面对罗马军队,叙拉古能够组织起强大的防卫更多的是依赖于阿基米德杰出的学问和技艺以及他的机械装置的神奇力量,[471]而非坚固的城池或居民的数量和勇气。

据我所知,此后最伟大的发明应该是指南针,航海技术由此得到最大的提升。然而必须承认,古代的船只战舰在建造和数量上也有惊人之处。从推罗人(Tyrian)和迦太基人著名的航海记录可以判断那些舵手的本领:在晴朗的天气里,他们能够通过观察星辰确定方向。然而,正是因为指南针,我们才发现了古人知之甚少的众多地域辽阔的国家,与之进行贸易,同时也从实践上证明了大地是球形,这在以前仅仅是猜测,但是后来,勇敢的航海家怀揣财富梦,走遍了整个地球。

基于这个伟大的偶然发明以及其所带来的后果,我们必须承认,后来的地理知识有了长足进步。幅员辽阔的中国、东印度、西印度、非洲长长的海岸线及其数不尽的附属岛屿从此为我们所了解,进入了我们的地图。我们的财富与奢侈品由此急剧增长,但我们的知识仅仅限于知道这些国家的面积和地理位置以及这些新民族的风俗习惯。我们称他们为野蛮人;我确信,我们基本上没有把他们看作人类的一员。我认为,若换作是希腊人或罗马人,这些征服或发现毫无疑问会产生更伟大更崇高的结果,因为那时的人们对知识和名誉的渴望与我们现在对财富至死方休的追求一样强烈,[472]但他们会做出什么样的更伟大的发现倒很难估计。

我们的发现虽然伟大,但肯定有缺陷。自从使用指南针以后,航海事业曾取得了一个又一个的进步,但如今似乎已陷入停滞很长一段时间。若按过去的速度去探索和发现,地球很可能是另一副样子:我们由西北航线曾到过鞑靼人统治的东方和中国北部。人们对这条航线常常充满了期望,而且信心十足,但结果是基本上一无所获。麦哲伦海峡对面是通向南极的陆地,没人确定它是个大岛还是个辽阔的陆地。通往这片土地的航线早已发现,但我们对它仍知之甚少。日本以及其北部鞑靼人的国度是岛屿还是大陆至今没有定论。人们仅仅沿位于东北的北海道海岸航行过,但它是不是与美洲大陆相连,仍然有人表示怀疑。

但是,我们更大的问题似乎在南方。南纬35度以南的地方,我们基本上一无所知。只有到东印度公司去,我们才绕道好望角。然而,南纬15度以内——大约一个爪哇岛的距离——早就发现了一个大陆,在地图上标注为新荷兰。它到南部、东部或西部有多远,没人知道,然而,学者一致认为,地球赤道两边在某种程度上一定对称,从南纬35度一直到南极不可能全是海洋,因为我们在北纬65度以北已经发现了陆地。[473]但我们的航海家一直囿于贸易路线,我们的发现也围绕着如何赚取财富。我听荷兰人说,他们的东印度公司长久以来都以最重的刑罚禁止他们进一步探索那个大陆,因为公司在这些地区的贸易已经忙不过来了,并且,公司也担心欧洲某些人口众多的国家可能在这些尚不熟悉的地区建立大型的贸易机构,破坏公司在印度的既得利益。

我们本来认为,指南针的运用会大大完善地理学,但现在看来,地理学仍然不能令人满意,而且在过去一个世纪里基本没有进步。我们远远没有改进从古人那里得到的知识。自从最近的文艺复兴以来,我们起初似乎飞得最高,后来,翅膀突然沾湿了,使我们无法飞过某些高山。绘画与雕塑艺术与学问一起在欧洲开始复兴后,也只是昙花一现。在过去的一百年间,在这两个领域,我们中没有一位艺术家能与复兴初期那一小段时间内比较活跃的艺术家相提并论。

我们自身,甚至现代学问,也是同样的遭遇,想起这一点就让人感觉是奇耻大辱。学问的增长似乎与身体的生长一样仅有很短的时间,无法超越,过了特定时间就开始走下坡路了。学问在一个国家或时代没落了,会在其他国家或时代重新兴盛起来,但永远不会超过一定的高度。一人或一国在某个时间、某些知识领域内取得了长足进步,[474]在另外一些知识领域则大大倒退,而这些知识也具有同样的实用价值。最大的容器也有容量限制,满了还要添加,它无论如何都要溢出。一边溢出的多,另一边就溢出的少。因此,一个人记忆力再好,超过了一定限度,只能记住一些事情或语词,而忘掉另外一些。最深邃、最强大的思想对一些问题探索得越多,对其他一些问题忽略得也越多。

此外,几乎没有人在各方面的能力都出类拔萃。记忆力特别好的人可能欠缺创新能力,可能缺乏判断力,不会运用他们记住或发明的东西。勇敢的人可能缺少谨慎;审慎的人可能缺少魄力,但这两种品德是伟大的统帅所必不可少的。有些人天生血气旺盛,有些人天生头脑冷静、性情温和,因此,又怎么能希求一个人在各方面都出类拔萃呢? 人的能力肯定在某些方面有所欠缺,就像你睡觉时盖的毯子太小,拉上来盖住肩膀,脚就露在外面,拉下去盖住脚,肩膀就露在外面。

除了全能的上帝给予我们的东西,我们还希望有什么呢? 我们的身高可能是六七英尺,却希望是十六英尺;我们能活到一百岁,却希望活到一千岁。我们生在地球,却希望冲上蓝天。我们无法理解种子的生长、蚂蚁或蜜蜂的构造;对于一些人的智慧或另一些人的勤奋,我们感到惊奇。而且,我们希望了解所有这些壮丽的天体,它们的物质、形状、轨道、影响以及出现的目的。[475]我们声称清楚地解释了雷电(全能的上帝威力巨大的炮火)的产生,却搞不明白人的声音是如何来的,虽然我们每次说话时都发出微不足道的声音。对于有些天文学家而言,太阳的运行规律显而易见;对于另外一些天文学家,地球的运行规律不言而喻。然而,我们谁也不知道到底是太阳还是地球在旋转。无论哪一个在旋转,看起来都有很多于理不通的地方,让人感到难以理解。我们不知道运动为何物,同样,在把石头投掷到街对面时,我们也不清楚石头是怎么从手中飞出去的。对于所有这些现象,那位最早的宗教作家在一篇短小的讽刺作品中作了最贴切的总结:"虚妄的人希望有智慧,但他天生就像野驴的驹子。"①

然而,他的傲慢高过他的无知;他的自满使他不觉得知识有所欠缺。他尽可能向四处张望,却得出结论说,所有东西看过了;他到了自己测量线的终端,就说到了海洋的底部;他射箭射出了自己的最好成绩,就确信以前和将来也不会有人超过他。他自己的理性是衡量真理的标准,他自己的知识是判断世界上何为可能的标尺。虽然他自己的心智和思想、力量与外貌每七年一改变,虽然他的意见每周每天都在变化,他还是坚信,他目前的思想和结论合情合理,正确无疑,不可能搞错。人在一生当中注定要遭受很多不幸,但有一样东西可以在所有年龄段和所有事务上安慰他,支持他:每个人都总是正确的。[476]十五岁的孩子比四十岁的父亲更有智慧,最卑微的国民比君主或长官要聪明;并且,由于在过去一百年内非常好地修习了自己的功课,现代学者也比自己的老师即古人更为睿智。

即使理论上有充分的理由可以证明上述说法,实践上果真

---

① 《约伯记》11:12。

如此么？在研究、创作和成就上，格雷沙姆（Gresham）学院或巴黎最近的一些学院超过柏拉图和亚里士多德的学园、芝诺的画廊、伊壁鸠鲁的花园了么？哈维超越希珀克拉底了么？威尔金斯（John Wilkins）超越阿基米德了么？① 达维拉（D'Avila）和史特拉达（Strada）的历史超过希罗多德和李维的历史了么？② 史莱登（Sleyden）的历史超过恺撒的历史了么？布瓦洛（Boileau）的创作超过维吉尔的作品了么？若所有这些问题的答案一定是肯定的，那我也会自欺欺人地把冈狄伯特（Gondibert）凌驾于荷马之上，把现代法国诗凌驾于所有古人的诗歌之上。而且我认为，也同样可以振振有词地说，摩尔菲尔兹（Moorfields）的比赛超过了奥林匹克运动会，威尔士或爱尔兰在弹奏竖琴上超过了俄耳甫斯和阿瑞翁（Arion），伦敦的金字塔超过了孟斐斯的金字塔，法国歌剧和颂歌也让我们相信，法国对佛兰德斯（Flanders）的征服比亚历山大和恺撒的征服还要伟大。

诗歌问题应该单独来谈。对于现在的散文来讲，我们熟悉的哪些作品具有能够超过古人作品的精神和力量？即使我们的机智（wit）、文采、知识或创造力能够胜任，我们的语言也不行：它们没有任何一点能够长久流传；过一个世纪，它们就面目全非了，以前的风格也不容于后来的风格。[477] 因此，与古人的语言相比，我们的语言经不起时间的检验，就如精美的雕刻在木头上不如在大理石或黄铜上持久一样。

---

① 威尔金斯（1614—1672），英国切斯特（Chester）主教。
② 达维拉（1576—1631），意大利历史学家和外交家，1630 年出版《法国内战史》；史特拉达（1572—1649），意大利历史学家，著有《低地国家战争史》。

三种现代语言最受人看重:意大利语、西班牙语和法语,这些都是高贵的罗马人的方言,都有缺陷。起初,众多不同的野蛮民族长期侵扰罗马帝国时,他们刺耳的词语和后缀进入这些方言,使它们不再纯正;后来,经过大众长期使用,这些来自拉丁废墟上的方言成了几种不同的语言,也成了那些长期统治这些地区的野蛮民族(如西班牙的哥特人和摩尔人、意大利的哥特人和伦巴第人以及高卢的法兰克人)的主流语言。除此之外,还有高卢和西班牙土著语的混合语,这些土著语在罗马征服当地、建立起政权之前都已经存在。另外,在比斯开地区或阿斯图里亚斯(Asturias)可能还流传下来了一些方言,但我怀疑法国是不是还有古代高卢语,因为这个地区曾被罗马人和法兰克人基本上全部征服。我发现,无论是罗马人、哥特人还是阿拉伯人都没有完全臣服或统治西班牙北部山区,正如罗马人、撒克逊人和诺曼人在征服我们的岛屿后并没有完全征服整岛。因此,相比于罗马人和哥特人曾经征服和统治的其他地区,比斯开地区和英国的古代语言保存得更为完整。

因此,很容易想象,这么构成的现代语言很有问题,因为它们杰出的源语言掺杂了野蛮人或奴隶的发音和概念。[478]拉丁语就不同。历史上最高贵民族的思想和使用造就和美化了它,同时它又得到希腊文化的丰富,而希腊是唯一能够与罗马相媲美的国度。显而易见,每个国家的思想和语词、概念与语言之间必须有一定的关系,这种关系肯定大大影响到书籍的优劣评判,也肯定会让人倾向于希腊语和拉丁语书籍而非用现代语言写就的作品。

还有一点可以断定古人更伟大,即我们现有的古籍在各自的类别中仍然是最佳的。在那些世俗作家的作品当中,我所知道的两部最古老的散文作品是《伊索寓言》和《法拉里斯信札》。伊索、法拉里斯(Phalaris)、居鲁士(Cyrus)和毕达哥拉斯基本是同时代人。人们从过去到现在一直都认为,伊索是最伟大的寓言作家,其他寓言都是在模仿他的原创;同理,我认为,《法拉里斯信札》比我读过的其他同类的古今作品更独特、更灵气、更充满智慧和创造力。① 我了解到,几位学者(或通常以批评家的名义佯装学者的人)并不真正推崇它们。波利齐亚诺(Politian)和其他一些人认为它们是路古阿诺斯(Lucian)的作品。② 但我认为,波利齐亚诺肯定不懂绘画,才没有发现这是原作。《法拉里斯信札》表现了由各种战争、人生境遇以及朝代更迭导致的种种爱恨情仇,其人物思想狂放不羁,表达汪洋恣肆,对朋友慷慨大方,对敌人嗤之以鼻,尊崇学者,看重美德,看透人生,蔑视死亡,却本性残忍,报复无情。只有具备这些特点的人才能再现出来。[479]我想,路古阿诺斯既不能做出也不能写出法拉里斯的事情。在一个人的作品里,你看到的是学者或智术师;在另一个人的作品里则是暴君和统帅。

按时间顺序来排,接下来是希罗多德、修昔底德、希珀克拉底、柏拉图、色诺芬和亚里士多德。对于他们,我只说我认为是大家公认的评论:他们在自己的领域无与伦比。恺撒、撒路斯特

---

① 这一段导致了古典学者本特利(Richard Bentley)和《法拉里斯信札》的编辑博伊尔(Charles Boyle)之间的争论。那些信札被错误地认定为西西里暴君法拉里斯的作品,但这种看法在文艺复兴时期广为流传,信札先后被翻译成拉丁文、意大利文、法文和英文。本特利纠正了这个谬误。

② 波利齐亚诺(1454—1494),意大利学者和诗人,曾把《伊利亚特》译成拉丁文,有"小荷马"的美誉。路古阿诺斯(120—180),罗马帝国时期用希腊语创作的讽刺作家。

(Sallust)和西塞罗也是一样。① 若非老卡图写了一些关于乡间琐事的文章,他们就是最早的拉丁作家(我谈的仍然是散文作品)。

纯正的罗马风格高峰大体始于朱古达(Jugurthin)战争,大约结束于提比略(Tiberius)时期,最后一个以罗马风格写作的似乎是帕特库卢斯(Velleius Paterculus)。② 纯正的希腊语持续的时间要长得多,一直延续到图拉真(Trajan)时代。当时,普鲁塔克仍在用希腊文创作,他的希腊文比同时代人塔西佗的拉丁文更令人钦佩。从此以后,我认为,没有任何作品能与前人的作品、特别是奥古斯都时代的作品相比,因此也配不上拉丁文。若一定说有,那就是斐里克斯(Minutius Felix)。③ 我们现在保存的直至图拉真末期的所有拉丁文书籍和直至安东尼(Marcus Antoninus)末期的所有希腊文书籍真正具有极高的价值。那以后的作品,在我看来,只不过是我喜闻乐见的纪事,或只不过是关于宗教和法律的论争,这也是纷扰的世人所一直忙碌的事。

我认为,现代的伟大才子(wit)包括意大利的薄伽丘、马基雅维利和保罗(Padre Paolo),[480]西班牙的格瓦拉(Guevara)和创作了《堂·吉诃德》的塞万提斯,法国的拉伯雷和蒙田,英国的锡德尼、培根和塞尔登(Selden)。我不提西班牙和英国作家最为熟悉和擅长的神学作品。流行于当今的现代法国作品有瓦杜尔(Voiture)和罗什福科(Rochefoucault)的回忆录、比西(Bussy)的《高卢英雄传》以及其他一些短小的纪事或回忆录。

---

① [译注]撒路斯特(前86—前35),也译"萨路斯提乌斯",罗马共和末期的史学家。
② 罗马历史学家(约前19—约35)。
③ 公元2世纪的罗马演说家、政治家。

它们趣味十足,讨人喜欢,似乎把法语高雅化到一个不可超越的高度。作品经过推敲越多,越会丧失自己的力量,所有作品都不例外。我不确定法国作品是不是这样。不过,当今的法语比其他语言更为优美和流畅,我因而认为,在蒙田时期,法语曾具有更多的力量、灵气和音乐性。

从上文得知,几个偶然因素使欧洲西部几乎消亡的学问又复兴起来。我接下来应该提一提阻碍学问进步的因素,因为学问复兴在第一阶段取得巨大进步之后却没有像预期的那样按原速度前行。一个重要原因可能是,学问进入基督教世界之后不久,许多新学者开始探询并争论许多宗教问题:教会在过去七八个世纪里所建立起来的生活方式、准则和体制;圣经和传统的权威;教皇和大公会的权威;古代神父的权威;近代经院学者和诡辩家(Casuist)的权威;教会和世俗权力的权威。人们一味地探究这些神秘的或错综复杂的问题,[481]同时又与各个君主和党派的利益和欲望纠缠不清,从而产生并加剧了无穷无尽的争论,使得整个基督教世界陷入白热化的动荡状态。不久,罗马大主教在多处遭到失败或改革,新的教会或世俗体制在多个国家建立起来。

从此以后,这些体制在几乎整个欧洲西北部得到确立。一些君主出于利益的考虑而支持这些无休止的争吵,使得当时所有或大多数优秀人才、思想最为深邃的学者和最有学问的作家把他们的探索、研究、实践和努力都花在了这些争吵上。许多杰出人才和最敏锐的天才本可以在其他学科上做出令人景仰的成就,却因为完全陷入宗教争论的深渊而不能看到或思考其他问题。紧随文字论争的是战争。在过去一个世纪年里,一些强大的君主和大臣野心勃勃,满怀宗教狂热或以宗教为幌子,不断发动国内战争或侵略战争,使基督教世界深受其害,其产生的喧嚣和骚乱是缪斯的死敌,因为根据古代寓言,这些缪斯居住在安全幽静的帕纳索斯山上,远离下面的喧嚣与骚乱。①

另外一个阻碍学问进步的因素是,伟大的国王或君主不再喜爱或支持学问。学问最初作为一位陌生的美人来我们中间时,[482]所有人都喜欢见到她,欢迎她,把她安置在宫邸而非地窖里。当时最伟大的国王和君主要么出于内心的喜爱向她献殷勤,要么出于虚荣而赞美她、喜欢她的一切。意大利、德国、英国、法国、教皇和皇帝的宫廷都以大数量和高质量的学者为荣,以这些学者所取得的知识和技艺的进步为荣。他们被从各个地方邀来,为国王提供帮助和娱乐,为王子提供教育,为朝中重臣提供建议和辅助。总之,支持学问是当时的风气和时尚。弗朗索瓦一世、查理五世和亨利八世(这三个是宿敌)除了在这方面相同,在其他地方没有任何共同点。许许多多的贵族也不遗余力地追随这种做法,并取得了很大成功。比如,意大利贵族米兰多拉(Picus de Mirandula)本可以成为非凡的学者,只怪他的研究和寿命没有古人的那么长,因为有好多著述流传到现在的人,我认为他们的寿命都比较长,而米兰多拉死时只有三十三岁,他这么年轻却这么有知识,让世人景仰。这些时期过后,我在现代历史上尚未发现任何一位强大的君主因为支持学问而闻名于世。他们赞助学问只是为了达到自己的目的,合理化他们的要求和争吵,为他们歌功颂德。如今,王公贵族让荣誉屈从于利益,而过去的王公贵族则把所有的利益、威权和征服屈从于自己的荣誉。

---

① 奥维德在《哀怨集》首先提出诗歌最重要的是宁静(卷一第1首,行39)。

少了王公贵族的影响和青睐,学者的研究工作会受到多大的抑制?我们最好从奥古斯都时期的反面来做出推测。[483]那时,罗马的学问如日中天,从某程度上讲,不仅要归功于丰裕的帝国与和平的时代,还要得益于皇帝及皇帝的宠臣米西奈斯(Maecenas)的慷慨与扶植。

在任何时候、任何国家,只要金银具有流通价值,贪财的习气就一直存在。财富增长了,追求财富的欲望也膨胀了。若在某些人身上是如此,难道整个时代的风气不也可能是这样么?自从西印度群岛的发现和殖民,在很长一段时间内,人们不是越来越贪得无厌,让巨大的财富一浪高过一浪地流入我们欧洲西部?没人富有的地方,也没有人关心财富;有许多人富有的地方,许多人都渴望财富,并且,大多数人最终都会觉得,财富是必需之物。这种观点一旦被一个国家的人所接受,荣誉的殿堂就会被摧毁,所有人,商人与士兵、农夫与学者、律师和医生、政治家和教会人士,都对财神顶礼膜拜。

我认为,在战争和发明方面,荣誉是比财富更为重要的一条原则。在这个世界上,没什么比这更显而易见的了。贤哲和勇者只有受到荣誉的激励和褒奖才会做出所有这些伟大和崇高的成就;诗人美好的想象和创作、哲人的深邃思考和研究、皇帝的征服和英雄的功绩毫无例外都来源于荣誉。贺拉斯诀别自己的抒情诗、伊壁鸠鲁诀别自己的哲学创新与奥古斯都诀别自己的帝国和统治也是一样的道理。[484]人们记住他们的一生,将使他们流芳百世,因此使他们的时代感到欣慰,使他们的去世不那么残酷。

在另外一方面,贪财是所有欲望中最污秽、最迷失人心的一种,它使人沾满了污垢和废料,因而无法振翅高飞,以摆脱污浊的味道。钱财是普通士兵的薪水,而荣誉则是统帅的薪水。然而,在这些人当中,与有掠夺财富欲望的人相比,那些受荣誉或宗教激励的人走得更远。因此也难怪学问一直没有什么进步,因为它变得唯利是图,尘世的忧虑束缚住了它前进的步伐,求富怕穷的心理打乱了它的脚步,而古代哲人、印度的婆罗门、迦勒底和埃及的祭司都从中解脱出来,无忧无虑。

一些学者嘲笑学究,这是让学问惨受重伤的最后一个原因。这些学者浅薄自负,遭到了罪有应得的嘲笑,因为他们在所有地方、所有场合、所有时间都谈论学问,自我封闭在私室或地下室里,结果无法适应其他事务,在学问以外的谈话中显得荒谬可笑。城市里发生的传染病首先感染儿童、体质虚弱的人或容易受到疾病侵袭的人,但传染病会逐渐传播,感染那些最为健康和强壮的人。当传染变得普遍起来之后,附近的人都不愿意进入这个城市,他们不仅害怕那些病人,也害怕那些健康的人。[485]学问领域也是如此。一些体质弱的人首先染上卖弄学问的毛病。这种传染病最后传染到健康人身上。外国人听说该国有瘟疫,不敢来此地,既不愿意与病人交流,也不愿意与健康的人交流。这种厌恶或恐惧,像所有担心一样,演变成痛恨,再演变成蔑视。邻人们刚开始是抱怨那些学究,后来就嘲笑他们。真正的学者开始担心遭受同样的命运。鸽子被当作寒鸦,因为二者在同一个鸟群里。群中最低下、最卑鄙者傲气凌人,最优秀、最富有者却开始觉得羞愧难当。

一位布鲁塞尔的聪明的西班牙人认为,堂·吉诃德的历史颠覆了西班牙这个君主国,因为在此之前,爱情与英勇行为在他们那里全部作为传奇来写:出场的每位骑士都要把自己的一生首先献给荣誉,其次再献给恋人。他们的生与死都是用传奇的笔调来写;那个老艾尔瓦(Alva)公爵在最后一次远征葡萄牙时有一位年轻的恋人,他把那次战功的荣耀献给了她。他通过这种方式,而非通过他那些与青春一起失去的东西,去衡量自己的价值。堂·吉诃德的出现,以无可匹敌的智慧和幽默嘲弄了这些传奇式的荣誉与爱情。① 他说,西班牙人开始为二者感到羞耻,嘲笑战斗和爱情,至少开始追求财富或满足贪婪的欲望。这位布鲁塞尔的西班牙人认为,此举给西班牙人生理和心理造成了很大影响,是导致西班牙的毁灭或导致其强国地位与权力丧失的重要原因。

不管嘲笑游侠对这个君主国产生了什么样的影响,我认为,嘲笑学究对于学问界的影响很坏。[486]奚落学问、虔诚、荣誉、美德以及所有庄严和优秀的东西,但愿这种风气对其他国家没有产生更为严重的影响。这是我们时代和地区的风气,大街小巷都可以看到它的足迹。它厚颜无耻地走进国会两院,如入寻常茶肆一样。它不仅进入了私人言谈,还进入了会议辩论之中。我一生中曾认识一两个国务大臣,他们宁愿讲俏皮话也不愿意做一件明智的事,宁愿让同伴大笑,也不愿让国家欢乐。但这也足以解释我们时代学问的弊病,批评那些自鸣得意的学者。我希望,不要过度解释这篇为古人所作的短小辩护,以免伤害现代人。

我用睿智的阿拉贡王阿尔方索斯(Alphonsus)的话作结:②

> 人们一生中要拥有或要追求的许多东西中,有价值的只有好烧的朽木、好喝的陈酒、谈得来的老友以及好读的旧书。

---

① 塞万提斯和堂·吉诃德以嘲笑断送了西班牙的骑士精神,坦普尔的这种提法后来得到英国很多文学家的认同。

② 阿尔方索斯五世(1396—1458),文艺复兴早期的著名人物,龙骑士团成员。本处引用他的话改编自圣克鲁兹(Melchor de Santa Cruz)的《西班牙格言笑话集》(*Floresta Espanola de Apothegmas*)。

伊壁鸠鲁的园子

[202]理性使人类获得巨大的优势和特权,远远高于其他创造物,但同时似乎也造成了人性的最大缺陷,使人类比任何同类生物更容易烦恼、受苦或至少是不安,因此使我们有了人类特有的各种各样的情绪和随之而来的需求和欲望。这些因素再加上无穷无尽的设计和永无休止的追求,在大多数人天生不安分的思想的推动下,使得人类的生活状况与其出身相配。所以,只有人类哭着降生,抱怨着生存,失望地死去。

既然无法逃避理性带来的追名逐利和思想困惑,我们别无他法,只能竭尽全力压抑或转移它们。转移困惑是普通人日常做的事儿,他们从事各种娱乐、放荡、赌博或工作来达到此目的。然而,前两者持续短暂,很快就会让人厌倦或失去动力和欲望,[203]只有恢复之后才可以重新开始。没有获利希望的刺激,赌博也变得索然无味。因此,人类普遍的转移模式似乎是工作或以这样或那样的方式追求财富。这是一种比其他方式更具优势的消遣,贯穿人的一生,直到生命终结,因为年纪再大也有积累财富的想法和愿望,无论为自己、为朋友还是为后代。

在每个国家最朴素的初期,人类的环境和生活似乎与其他生物非常亲近。他们的生命按小时或按天计算,饿了或渴了,就利用路边的野菜、果实和泉水解决。他们也可以依赖自己的速度或强力、双手、技巧、陷阱,以及运用智力或因生活所迫而发明的工具去捕鱼、打鸟和猎取野兽。一个人当天吃够了,把剩下的储存起来,留作明天之用,这样可以一天劳动,一天休息。受此诱惑,他在身强力壮、猎物丰富的季节,尽最大努力储存多天的食物,为自己,也为太小而无法出去觅食的孩子。

然后,他着手种植粮食和放牧家畜为整年提供食物。在此之后,他将土地按照这些用途加以分配,先在儿女之间分配,再在仆人之间分配,并为自己保留了一部分土地收益,形式可以是土地的产出,也可以是等价物,从而也就产生了金钱。金钱一旦出现,人们都没有满足的时候,唯恐自己、家人、他的后代和家人的后代不够花。[204]因此,我认识的一位大人声称不看重任何租契,即使其有效期是一百年或一千年,也不看重不能永恒持有的财产或土地。

可怜的凡夫俗子从微小的开始发展出如此庞大而疯狂的设计,却没人能回答裸体印第安人的问题:儿孙们可能一生都安全无忧,人为什么还要一辈子辛辛苦苦,在海上和陆上冒险?得过且过的信条在世上仍然切合实际,但似乎把人类带回到他们自然和原初的生活状态。然而,通过种种方式,不断积累财富逐渐成了人类永恒和普遍的消遣或事业。

每个国家都有少数人目标更高,即追求荣誉和权力,并为此献出了他们的财富、辛劳、思想和生命。这些追求通常打着为国家服务、为公共利益服务的旗号,最能吸引人,让人们为之忙忙碌碌。但是,真正地为公众服务需要很多的操劳和心思。有品德有智慧的人受到君主或国家的召唤可能不会拒绝这项任务,认为自己不仅仅是为了糊口,但他很少或者从不主动寻求官职,常常把它留给别人,而其他人以公共利益为幌子追求自己的财富、权力以及随之而来的可耻荣誉,而不是追求德性唯一的真正奖赏。

野心并不普遍,却像积累财富一样永无休止和疯狂,因为任何人都不会认为自己的权力或帝国够大了:有哪位君主伟大到在生活和统治中已没有过多的欲望和忧虑,[205]回归到普通人的生活,享受各种多寡不同的私人财富所能提供的快乐,享受人性能够享受的一切?

感官享受变得更加精致,想象力的乐趣转向装饰人们的居所。安逸、方便、典雅和华丽首先运用于建筑,然后再运用于房屋或宫殿的装修。其中的绘画、雕像、挂毯和其他艺术成就都是对自然的出色模仿。最强烈的感官享受在于花园的设计和植物的栽培。园中的果实、鲜花、树荫、喷泉以及经常在这片乐土上莺歌燕语的小鸟似乎让不同的感官都感到快乐,并使快乐达到完美,至少是自然而然的完美。

第一批亚述(Assyrian)王在征服了尼努斯(Ninus)和瑟米拉米斯(Semiramis)之后,就以这种方式生活,直到他们的帝国落入米底人(Medes)之手。埃及的哈里发们被他们的奴隶马穆鲁克(Mamaluke)废黜前也是如此。伟大的斯基皮奥(Scipio)、卢库勒斯(Lucullus)、奥古斯都(Augustus)、戴克里先(Diocletian)也以这种方式度过了余生。法国国王亨利二世在结束了与西班牙的战争之后,也把他不凡的思想转移到花园上。摩洛哥现任国王在镇压了所有竞争对手之后,生活在一座乡村别墅,在处处是潺潺溪流的橙子林中接受觐见。现在的法国国王在议会或军队取得了所有成功之后大大提升了自己的地位和权力。繁忙之余,他在乡村别墅和花园搞建筑、做绿化、装饰场地或从事此类生活中常见的娱乐活动,[206]度过那些更轻松悠闲的时光。有些强大的皇帝不满足于这些普通人的快乐,变得疯狂或狂妄。

他们自称是神或变成了魔鬼,比如卡里古拉(Caligula)、尼禄以及历史上家喻户晓的很多其他人物。

人类一般都采用上述方式寻找事做或享受快乐,但有一部分人,或靠本事或靠运气,被人们一致认为是最有智慧的精英分子。他们选择了另一条不同的道路。他们没有采用普通人那样的方式去满足物质与情感需求,也不会无休止地去满足它们。相反,他们选择了自己认为能够更快也更可靠的道路达到轻松幸福的生活,即尽力压抑或至少缓和情绪,降低物欲,仅满足自然状态下的需要。世上由此诞生了哲学,或至少被称为道德的东西。其悠闲幸福的生活目标不仅是每个人的希望,而且在某种程度上也在人性的力量范围之内。哲学有个部分被称为自然哲学。据我所知,它没有别的目的,只是让人的大脑没有目的地忙碌,或者满足大多数人天生的虚荣心:使其以这样或那样的方式超出与自己出身条件平等的人。这种出人头地,或由于财富,或由于权力,或由于知识,就获得了世人的尊敬和掌声来说,都是一回事。在我看来,自然哲学风靡世界上千年,但人类从它的进步中获得的益处仅此而已。当然,说句公道话,我们从数学中一直获得了益处。[207]这种益处在文明国家里比在我们所称的野蛮国家里看起来更有价值,当然那些国家可能不野蛮,或者只是比我们野蛮。

这种自然哲学在世上的古老程度很难知道,因为我们现存最古老的哲学文献经常提到这种古代哲学家。第一个发现自然哲学所致之虚荣的人似乎是所罗门,可以从他在《传道书》里留下的精彩诗篇看出来。接下来是苏格拉底,他把驱赶自然哲学当作自己一生的事业,并用我们所说的道德哲学取而代之,使人类心灵专注于更好的目标。上述两人以及安东尼努斯(Marcus

Antoninus)①都曾说过,凡人狂妄自大,竟试图了解自然的原初状态和运行规律。事实上,研读他们三人的相关论述可以省去大量的操劳并得出正确的结论:这些事情的知识不是我们的猎物,(就像小猎犬追逐大雄鹿一样)它们可能让我们感到愉快和厌倦,但永远不会被捕获。然而我认为,自有史书记载以来,上述三人可以名正言顺地被称为最有智慧的三个人。

苏格拉底没有留下任何作品。在他之后,许多学派的哲学家开始遍布希腊,他们大胆进入了自然哲学和道德哲学两个领域。自然哲学分歧最大、争论最为激烈的第一个最重要的问题是:世界是永恒的还是在某个时间创造出来的?若是创造而来,造物主是出于某个目的、某个永恒的心灵(Mind),还是凭借原子偶然的聚合或永恒物质的某些粒子?世界有一个还是多个?人的灵魂属于某种空灵和永恒的物质,[208]还是属于物质的?若是永恒的,它的永恒是发生在进入肉体之前,还是仅仅从中出来之后?关于宇宙的运动、天体的大小、心灵的能力以及感官的判断也一样存在争论。但是据我所知,所有古往今来不同的自然学说,不论是柏拉图的、亚里士多德的、伊壁鸠鲁的、笛卡尔的、霍布斯的或其他人的,似乎都有一个共同点:缺乏有力的证据或不能说服有思维能力的正常人。一种学说看起来比另一个更可能,只是因为前者的提出者或辩护者更有才华或更为雄辩。就像魔术师玩的把戏,把戏的真实程度取决于魔术师的灵活度和技艺。若我们能够了解真相和自然,那么这些优秀的学说就像胡乱射的箭,有近有远,但都离靶心很远,可能靶心都没看到。

---

① [译注]即奥勒留(Marcus Aurelius),罗马皇帝(公元161—180),著有《沉思录》,具有廊下派思想。

除此之外,哲人在自然哲学方面还有其他类似的分歧与争论,但他们在道德哲学上似乎有更多的共同点。在探究人类的终极目标即幸福时,哲人的争论或差异似乎是在用语上,而不在于他们的意见是否合理或他们流派的开创者真实的意图是什么。所有人都认为,幸福是首要的善(good),应该是人类的终极目标;它也是智慧的目标,因此,智慧是通向幸福的道路。那么问题来了,这种幸福的内容是什么?廊下派和伊壁鸠鲁学派之间的争论最为激烈。在这一点上,其他学派都在表述上以某种方式支持其中一方。[209]廊下派认为,幸福在于美德,而伊壁鸠鲁派则认为,幸福在于快乐。然而,最合情合理的廊下派哲人使得美德带来的快乐成为最大的幸福,最优秀的伊壁鸠鲁派哲人认为最大的快乐在于美德。这两者之间的区别似乎不容易发现。所有哲人都同意:最优秀的性情即使不是完全控制住强烈欲望和运用理性,也是极度的幸福状态;生活中不要有欲求、担忧或欲望引起的心烦意乱;应把需求很少而非拥有很多当作真正的财富;真正的快乐是节制,而非感官的满足;面对日常的享乐和人生的偶然变故,应能够泰然处之,面对命运或上天的致命打击,能够坚定不移;不要让对过去的悲伤回忆或对未来的忧虑或胡思乱想扰乱我们的心灵;不要让死亡的恐惧惊扰生活,也不要让求生的欲望惊扰死亡;在生死以及所有其他事情上,遵循自然似乎是他们最认同的思想。

因此,理性似乎仅仅用于消除其本身引起的那些疾病,治愈自己的伤口,声称让我们变得睿智,其实是让我们变得麻木。这至少是许多严格的廊下派学者的信仰。这一派哲人没有任何强烈的欲望,也没有任何痛苦和愉悦,在疾病和苦难中,在健康和安逸中都能怡然自得。在我看来,这种信仰违背普遍人性和常识,简洁一点说,等同于告诉我们,成为哲人就是不要做人。[210]这种说法可能更简单易懂,但和前者一样难以做到。

相比之下,伊壁鸠鲁学派在概念上更为明白易懂,在语言表达上更为成功。他们认为,人的幸福是心灵宁静和身体健康。虽然我们由这两方面构成,但我怀疑它们是否必然影响我们感觉的好坏。讲不同语言的人用不同的措辞说同样的事物。因此,在不同的时代、国家、法律和宗教中,同样的事物似乎由迥然不同的语词来表达。廊下派所说的"恬淡寡欲"(apathy, dispassion),怀疑论者称之为"清静无为"(indisturbance),莫利纳主义者(Molinist)①称之为"静默"(quietism),普通人称之为"良心的安宁"(peace of conscience)。它们都指心灵的极大安宁,尽管其来源五花八门,如人类的智慧、清白的生活或服从神的意志。高利贷老手也有同样的观点。虽然不知道"良心的安宁"除了真正的心灵安宁和满足之外还意味着什么,但他会说:"挥霍尽家产的人绝不会有良心的安宁。"无论如何,我想所有人都认为这是对人类幸福的最佳说明。没有良心的安宁,任何人都不可能声称幸福。

我经常感到纳闷,在伊壁鸠鲁之后的几百年,人们通常用尖刻恶毒的语言攻击他,但他出色的机智、巧妙的表达、杰出的天性、甜美的谈吐、节制的生活和视死亡为不可避免的观念使他受到朋友的爱戴、学者的景仰和雅典人的尊敬。这种不公首先可能因为心怀嫉妒和恶意的廊下派,其次是因为那些声称属于他这一派系的庸俗之人(他们把快乐仅限于肉体)所犯下的错误,

---

① [译注]西班牙耶稣会神学家莫利纳(Lois de Molina,1535—1600)创立莫利纳主义,试图调和天命与人类的自由意志。

[211]接下来是虔诚的早期基督徒,他们尊重伊壁鸠鲁的自然哲学观念,而这些观念比柏拉图学派、亚里士多德学派或廊下派还要更加不同于我们的宗教观念。然而,我承认,我不知道为什么人们竟然认为卢克莱修关于众神的叙述就比荷马的更为邪恶,因为在荷马笔下,众神总是反复无常,还一直忙于那些最龌龊或最卑鄙的人类勾当。

然而,伊壁鸠鲁已经有了伟人倡导他的美德、学问和创新,不再需要人手了。仅拿拉尔修(Diogenes Laertius)来说,其证言真实公正,①毋庸置疑,无需现代作家的襄助。即使这一切都没有说服力,他门派中各个时代的杰出人士,特别是历史上在某个方面最伟大的人士,都会给予强有力的捍卫。我不需提太多,恺撒、阿提库斯(Titus Pomponius Atticus)、梅克纳斯(Gaius Maecenas)、卢克莱修、维吉尔、贺拉斯在自己的领域都各领风骚,甚至前无古人。②

从各个方面来讲,恺撒是人类有记载的历史以来可以名正言顺地问鼎头把交椅的人。作为高尚和卓越的政治家、首领、演说家和史家,他超越了他那个国家和时代的所有人,只有他本人才能与自己相提并论。此外,他在闲暇时还是诗人和哲学家。他深谋远虑,又雷厉风行,无人能出其右。其出身、人格、举止之高贵,无人能望其项背。在令人发指的挑衅、残暴和复仇场合,他表现出的宽宏大量无人能及。的确,他破坏了国家的法律与

---

① [译注]拉尔修,大约生活于公元3世纪的传记作家,著有《名哲言行录》(*Lives and Opinions of Eminent Philosophers*),是一部古代希腊哲学史。

② [译注]阿提库斯(约前110—前30),古罗马银行钱庄老板、编辑和文化赞助人,著名的伊壁鸠鲁信徒。梅克纳斯(大约公元前70—前8),屋大维的同盟、朋友和参谋,文化赞助人,曾资助贺拉斯和维吉尔。

制度,但在此之前,已经有很多人已经开始改变和违反国家的法制,[212]程度还非常严重。因此,他的所作所为是要阻止他人,而非实现自己的图谋。他野心勃勃,但达到那样的高度只是因为敌人的傲慢无礼,而非他自己的禀性。他天生渴望真正的荣耀,为此,他要积德行善,建立丰功伟绩,征服野蛮民族,拓展罗马疆域。他首先捍卫平民的自由,反对始于苏拉终于庞培的派系之争。在其一系列的胜利中,他寻求一切机会,赏赐朋友,宽恕敌人。

阿提库斯似乎是最睿智、最优秀的罗马人之一,学识渊博不浮夸,为人和善不虚伪,慷慨大方不图利,乐于帮助苦难的人,不趋炎附势,热爱所有人,也受到所有人的爱戴。他一生的大部分时间,国家都处于烽火连天的内乱之中,但这些美德和性情却使他安然无恙,不受影响。他从未参与任何公共事务或某个党派,但是从苏拉到奥古斯都的所有人都青睐他、尊敬他和讨好他。

梅克纳斯是最睿智的顾问、君主和国家最真诚的朋友、最优秀的罗马总督、最快乐和最有能力的谈判家、学问和美德的最佳裁判、朋友圈中最好的朋友,因此也是言谈最让人感到快乐的人。我认为,奥古斯都所有闻名于世的丰功伟绩都应当归功于他的文韬和阿格里帕(Agrippa)的武略。①

[213]在我看来,卢克莱修、维吉尔和贺拉斯应是他们国家或时代最好的诗人,也是最伟大的哲人。前两个在诗歌方面超

---

① [译注]阿格里帕(前62—前12),罗马执政官、政治家和军事将领,也是屋大维的朋友和女婿,曾在公元前31年亚克兴海战中打败安东尼和克利奥帕特拉的舰队。

凡脱俗,也是非常伟大的博物学家,并且道德高尚。贺拉斯的抒情诗甜美优雅,他其余的作品表明他是人生的主人,掌握了人生的真谛。据我所知,没人在生活方面超过他。奥古斯都最需要他担任秘书的时候,他却拒绝了,这并不说明他的哲学卑鄙。所有不同的哲学派别似乎都一致认为,哲人不应参与公共事务,这也是毕达哥拉斯的告诫"远离豆选"的意义所在,因为雅典的公共事务由豆选决定。他们认为,这种公务过于粗放和具体,不适于他们精微、抽象的思想;公务还过于肮脏和矫揉作态,不适于他们清白简朴的举止和生活。他们不愿参政做错事;他们非常清楚,人的本性和欲望使他们无法达成任何完美的好事。因此,他们认为,为自己的国家所做的一切就是提升某些人的生活和举止。一旦国家陷入内讧,他们认为,好人只有疯了才去插手公共事务。此时,他们会把思考和消遣转向公务以外的事情。比如,赫拉克利特在公民的派系斗争中离开了城邦政府,自娱自乐,去和寺庙门廊里的孩子们玩耍。他问那些对他的行为感到诧异的人,与这些孩子玩难道不比统治这些人更好么?[214]但最重要的是,他们认为公共事务最影响心灵的安宁,而后者是人类唯一真正的幸福。

出于这个原因,伊壁鸠鲁在自己的花园里度过了一生:在那里学习,在那里锻炼,在那里传授自己的哲学。事实上,没有任何其他类型的居所能够达到他的两个主要目标:宁静的心灵和无痛苦的身体。香甜的空气、怡人的气味、碧绿的草木、干净的粗茶淡饭、工作或散步运动以及最重要的无忧和独处都有利于提升冥思和健康,愉悦感官和想象,从而使身体和心灵达到宁静和放松。

据说伊壁鸠鲁是第一个在雅典城拥有花园的人。在此之前,雅典公民在城外的庄园或农场上也有花园。然而,花园似乎是被人类利用的最早、最普遍的财产,要早于玉米种植或养牛,用于培植更为简单、更为爽口也更为天然的食物。国王和哲人都倾心于花园,同样,公众和个人也都喜欢它。它带来的快乐最大,却很少让人操心。人们不分贵贱,都可以把它当作工作或财物。

若相信圣经,我们必然承认,全能的神认为,在他安排的人生中,在花园的人过得最幸福,否则他不会把亚当放在伊甸园。伊甸园是纯真快乐的地方;人类堕落之后,带着悔恨过着艰苦的农业和城市生活。

[215]对于乐园(paradise)在哪里,人们一直争论不休,几乎没有一致意见,但却很容易推测出它的样子。"乐园"似乎曾是波斯语。据色诺芬和其他希腊作家记载,那些东方国家的王经常光顾此类快活之地。斯特拉波(Strabo)①描述耶利哥(Jericho)城时说:

> 有一处棕榈园,里面有大量的棕榈树,也有很多其他花草,诸如绣球花。棕榈树林有两公里。整个地方灌溉良好。王就在这个芳草园里。

他提到的另一个地方是"黎巴嫩附近的乐园"。据记载,亚历山大在乐园看到居鲁士的坟墓呈塔状,也没那么气派,周围绿树如荫。因此,乐园似乎是一个偌大的地方,装点着用于美化的各式树木,包括果树和林荫树,有的本来就长在那里,有的则是后来栽种的。有些园子被建成花园,供人乘凉和散步,其间有泉

---

① 斯特拉波(前64—24),希腊地理学家、哲学家和历史学家。

水或小溪以及林林总总的当地常见植物，处处馥郁芬芳，美不胜收。有的园子用作公园，圈养形形色色的野兽，或供人享受骑马和散步的乐趣。当初下令建园的君主禀性各有不同，园子也有大有小，娱乐功能各不相同。

瑟米拉米斯据说是第一个在她的整个帝国利用园子的人。她酷爱园子，大兴土木之处必建园子，在她征服的每一个省，从巴比伦到印度，也都建造有园子。亚述人的王继续延续这种传统和关切，准确来说是乐趣，直到其中一位王开始采用更小、更普通的花园。这位王娶了一位他喜欢的妻子。在她原来的省份，人们大量使用这样的乐园或花园。亚述王通常把妻妾们关在巴比伦的后宫里，[216]但这位乡下的贵夫人无法适应后宫的氛围和局促。这位王于是在宫院里为她建造园子，有的位于泥筑的高台上，有的在宫廷拱顶上，有的甚至在最高塔的顶部，里面种植各种果树，以及其他国人最喜欢的花卉和植物。因此，它们至少是世人听到的最通风、最昂贵的花园。这位夫人很可能来自克什米尔（Chasimir）或大马士革省，这些地方没有地区优势，但依靠肥沃的土壤、山区地势和四通八达的溪流一直以来都最适宜东方水果的生长。很可惜，我们尚未看到克什米尔史。伯尼耶（Bernier）先生曾向我保证，他已从波斯语翻译出了克什米尔史，并打算出版。他精彩的莫卧儿王朝史已经让我们看出了端倪。

我们接下来读到的是所罗门的花园，园内种植着各种各样的果树，由喷泉浇灌。尽管缺乏它们的详细描述，我们仍然可能会发现，所罗门在那里打发闲暇和欢乐的时光。园里上到房屋，下到地面都装点得赏心悦目，雍容典雅。他最宠爱的妻妾在那里休憩和娱乐。斯特拉波提到的乐园很可能是由这位伟大而睿智的王所建。但是,园林的构想一定要非常好,才能符合园丁的想法,园丁必定把大量的操劳和研究甚至的他的闲暇和思考,[217]都投入到了这些乐园上,因为斯特拉波写到了从雪松到灌木所有的植物。

至于赫斯珀里得斯(Hesperides)的花园①是什么样子,我们没有记载,但有人提及它们,证明在远古时期,人类都需要和利用它们。

荷马笔下的阿尔基努斯(Alcinous)花园似乎充满了诗情画意,②仿佛按照画家意愿画出来的,就像位于荒凉小岛腓尼基(Phenicia)或科尔弗(Corfu)上的浪漫宫殿一样。然而,这位卓越的天才用渊博的学识和丰富的想象打造每一部分,使阅读他的读者获得教诲和快乐。这个花园连接宫殿的几个大门,方圆四英亩,里面有高大的林荫树、水果树和两处泉水,一处用于花园灌溉,另一处为宫廷用水,一年四季鲜果不断。这些特征也许是建造最佳园子的最佳指南。荷马很可能根据他在伊奥尼亚目睹的生活绘制了这幅美景。伊奥尼亚是这位神一样的诗人的祖国和常住地,以最为高雅的乐趣和享受以及发现和机智而出名。对花园的喜好和习俗可能早就从大马士革、亚述和这些东方帝国的其他地区传入小亚细亚,但比较晚才进入希腊和罗马,改进也不大,至少与其他的发现以及乐趣和享受的高雅程度不能相提并论。

这两个早期帝国长期的繁荣与和平促进了早期的学问和文明的兴起与增长,[218]由此使建筑和园艺更加辉煌和优雅。

---

① [译注]希腊神话中赫拉的苹果园,由女仙赫斯珀里得斯看护。
② 参见《奥德修纪》卷七。

然而，希腊和罗马几乎常年陷于国内外的争端和战争，忙于阳光下的战斗，忽略了树荫下的行动。这些温和的民族创造了乐园，却毁于上述两个帝国的刀剑之下。后者的征服带回了堆积如山的财富和奢侈品，但由此失去的东西可能多于战利品。

此外，在气候更为温和的地区，园艺取得小幅进步可能是因为那里的空气和土壤易于生长出最好的水果品种，不需要通过精心劳作去培育。在更热的和寒冷的气候里，必须依靠辛勤和技艺才能增加在更为温和的地区自然生长的许多水果。无论如何，在古希腊或古罗马，提到花园时，很少人出于好玩或漂亮的目的，或出于好奇或劳作的目的，想到引进外国水果。他们满足于本地品种，如葡萄、橄榄、无花果、梨和苹果。我记得卡图（Cato）就是如此。他们的花园是他们农场的必要部分，专门生产容易种植的常见农作物，供从事农业生产的仆人或奴隶食用，因此主要栽种常见的植物、蔬菜或法国称之为豆类的作物，适于提供正常需要的营养。但 hortus［花园］这个词来自 ortus［开始］，因为它永远为世界生产新东西。

在米特里达特（Mithridatic）战争之后，[219]卢库勒斯（Lucullus）首先将樱桃从蓬托斯（Pontus）带到了意大利，受到普遍欢迎，在各个地区都很容易种植。在大约一百年的时间里，樱桃随着罗马征服向西传播，远到莱茵河，接着传入英国。在征服非洲、希腊、小亚细亚和叙利亚之后，罗马人把他们各种各样的 mala 带回意大利。我们起初将 mala 只解释为苹果，可能没有其他含义，但它后来用于指许多其他外国水果：来自帝国的杏被称为 mala Epirotica，来自波斯的桃子叫 mala Persica，来自米底（Media）的香橼叫 Medica，来自迦太基的石榴叫 Punica，来自希腊海域一个小岛上的柑橘叫 Cathonea，他们最好的梨则来自亚历山大、努米底亚(Numidia)、希腊和努曼蒂亚(Numantia)。从不同的名字可以判断,他们的李子来自亚美尼亚和叙利亚,但主要来自大马士革。在尼禄(Nero)的时代,这些水果包括无花果估计有近三十种。它们在罗马受到热烈欢迎,风靡一时。那些把水果带回来的高级将领和执政官用自己的名字为水果命名,并深以为荣(他们由此在罗马出名了很长时间),以此纪念他们为国家所做出的杰出贡献或带来的快乐。因此,不仅法律和战争以人名命名,连一些品种的苹果和梨都被称为曼里恩(Manlian)、克劳迪恩(Claudian)、庞培恩(Pompeian)、提比里恩(Tiberian)以及其他类似贵族的名字。

因此,在大约一百年的时间里,罗马的水果都来自被征服国,像学问、建筑、绘画和雕塑一样,大约在奥古斯都时代的意大利取得了长足进展。[220]维吉尔在《农事诗》卷四描述了一位科里基亚(Corycian)老人的花园。从中可以推断,在维吉尔时代,或者至少在他年轻时,典型的花园中最需要什么东西。该处的开头这样写道:

> 我回想起,在艾博勒斯(Oebalus)王的城堡下面。①

……在花卉丛中,玫瑰占第一位,特别是一年盛开两次的品种;除了水仙之外,这里没有提到其他品种,尽管紫罗兰和百合非常普遍,在名气上也排在第二位,尤其没有提到夜来香(breve lilium)。他提及的植物有 apium[芹菜],通常解释为"欧芹",但仍然包括各种芹菜,其中旱芹(celery)是其中之一。cucumis[瓜]指包括黄瓜在内的各种瓜类。olus(蔬菜)包括各种蔬菜和

---

① 维吉尔,《农事诗》卷四,行125。艾博勒斯是传说中的斯巴达国王。

豆类植物。verbena［马鞭草］指用于装饰祭坛的各种甜味或神圣的植物。acanthus［莨苕］包括月桂、橄榄、迷迭香和桃金娘，似乎是我们所谓的 pericanthe。但是，我无法猜到他们的 hederae 指的是什么，竟然也在花园里种植，可能他们有各种我们不熟知的常春藤。我也不清楚他的 vescumpapaver 具体指涉，因为我们这儿的罂粟不作食品。提到的水果只有苹果、梨和李子。橄榄、葡萄和无花果这些水果来自田地，而非花园。遮阳树有榆树、松树、柠檬树、悬铃木或梧桐树。相比其他树种，梧桐树的树叶和树荫最受欢迎。对于这个从波斯引入的树种，希腊人和罗马人情有独钟，常常用葡萄酒代替水去浇灌它。他们和那些常常在树荫下饮酒的人认为，这种树喜欢酒。这是一种了不起的心态和习俗，或许通过观察树的生长或宽大的叶子产生了另一种风俗：[221]大量的葡萄酒酒水四溢，泼洒在根上。

遗憾的是，维吉尔似乎在这里过于匆忙，使他未能进一步详细说明或指导园艺。他说他本可以做到的，他似乎也非常重视和热爱园艺。维吉尔像绘画大师，大笔一挥，用四个字勾勒出一幅令人叹为观止的快乐老人图：

富可敌国①

他在几英亩贫瘠的土地上，只有几处小小的园子，却拥有轻松、满足和自由的心境，足以比肩国王的所有财富和奢华。

我认为，人们普遍把 mala aure［金色果］当作橙子是不对的。在当时作者的作品里，没有任何描述使我相信，罗马人认为这些水果不是来自东方。在我看来，应该把他们的 mala aurea

---

① 维吉尔，同上，行 132。

当作某种苹果,原因在于其是金黄色的,就像我们的苹果一样。橙子树太过高贵,其果色香味俱全,其花幽香四溢,具有药用价值,其叶终年郁郁葱葱。无论用于娱乐还是健康,它都很出色。在这样一个特别讲究各种快乐和奢华的时代和国度,作家不可能不专门提到它。

关于幸运苹果的迷人描述,维吉尔必定打算用它来表现生长在米底的香橼或某种柑橘。这种植物不能在其他国家生长,只适于米底(就如某种无花果只适于大马士革),换了土壤就失去了药效,[222]或者它只能解这个国家常见的毒药。没听说过有其他人注意到这种水果,我禁不住要引用维吉尔《农事诗》卷二的一些诗行:

> 米底带来毒草和平淡的幸运苹果。世上难觅如此及时的良药,若继母杯中下毒,会立即将其排出。其树巨大,色似月桂。若非馨香四溢,与月桂无甚差异。其叶遇风不落。其花不群,米底人用于清新口气和老年喘吁。①

这种树像月桂,果实味道平淡无奇,有解毒功效,这似乎描述了香橼。其花具有芳香和药效,治疗口臭和老人气短,似乎与柑橘类植物最相似。如果 flosapprimatenax[其花不群]仅意味着该花优于其他所有花朵,②那么这可能是指柑橘花。若它的意思是大部分花开在树顶上,那么说的可能更像是香橼。因为我曾出于好奇,从小果核开始,培育了一棵香橼树。它长到十二年

---

① 维吉尔,《农事诗》卷二,行 125–136。
② [译注]坦普将这个短语翻译成 The flowers all excel[其花不群],但有学者将之翻译成 the flower clings close as may be[花紧紧贴在枝上]。

时开始开花。我观察到,所有的花都生长在树顶的树枝上,但没有橙树那么高或香甜。另一方面,我总是听说橙子汁能够使病人康复,[223]保护人们免遭瘟疫即某种毒液的伤害。因此,我不知道,我们应该把这种美丽的幸运苹果归到哪一类。但是没关系,在当时或很久之后的意大利,若有人知道的话,橙子和香橼二者也都不同寻常。当然,现在这些水果在那儿的田地里到处都是(至少在一些地方如此),成了园艺中寻常但让人开心的一环,其至还传到了北方的寒冷地区。

的确,香橼、橙子和柠檬这些高贵的水果土生土长在亚述、米底和波斯这些高贵的地区。它们虽然被移植到欧洲并在多地传播,但在美观、味道和药效上还不能完全等同于原产地的水果。希腊人和罗马人都注意到,东方水果大大优于西方同类水果。几位作家在消磨时间的时候,推断出造成差异的原因是太阳升起时其影响更为有益和强大。然而,对于对地球稍有了解并愿意思考的人来讲,这种原因的错误不言自明。位于我们东方的地区也会处于有些地区的西部,在同一纬度,太阳升起的方式一样,在刚升上地平线时,其热量、效果和速度也一样。此外,若说东部水果更好是由于位置,那么印度的水果应该优于波斯水果。然而,比较关于这些国家的叙述却找不到证据,反而可以看到,亚述、米底和波斯一直被当作、将来也一直会被当作世界上最优、最高贵水果的真正出产地。个中缘由只是当地水土富饶,恰到好处,[224]由此延伸的整个地带都非常适于各种果树生长。这个地带大概分布于纬度 25 度和 35 度之间。现在位于波斯帝国(包括古代亚述和米底的大部分)的这些地区包含多个省份,它们拥有富饶的广阔平原,四面都是高山,北部尤甚,提供水源的有众多天然河流和大量的人工建造的小溪流,由此形成的国家,各种条件都最适合、最易于生产最好和最高贵的水果。然而,查看西方世界位于纬度25度到35度之间的地区,我们会发现,它们要么延伸到地中海上、大西洋上,要么是非洲贫瘠的沙漠国家。欧洲大陆也没有向南延伸到纬度35度的地区。这或许有助于找出真正的原因,解释人们为什么总是观察到并一致认为东方水果好于西方水果。

在我们西北地区中,我们的花园非常不同于过去希腊和意大利的花园,也不同于现在西班牙或法国南部地区的花园。各国最普遍的行为习惯产生于各自的地区特点、水土或境况以及由此导致的必要情况和劳作,花园也是一样。

在较温暖的地区,品种最好的水果和鲜花稀松平常,栽培简单,因此,它们都生长在田地里,不值得花钱把它们圈起来,也不必过度精心培育。另一方面,这些地区最让人心旷神怡的是凉爽,[225]一切事物看起来都很凉爽,使人们摆脱尘土飞扬的街道或炎热的田野之类令人不快的景象。因此,这些国家的花园的价值主要在于大小(更大则使其更好玩、更开阔)、树荫、有活水的小溪或泉水的多寡、视野、塑像以及散见的柱子和方尖石碑,所有这些东西一起使这个地方看起来清新凉爽。相反,更靠北方的地区很少高温,几乎没有准备遮阳的东西,不在乎树荫,也不太关注喷泉。好雕塑只有少数人负担得起,平庸雕塑总是遭到名正言顺的鄙视或忽视。但是,好水果或鲜花没有本地品种,在我们这里不常见(同样,我们也没有适合花园与厨房用的最好的植物、药草和蔬菜)。若没有围墙和栅栏反射我们接收到的太阳的微弱热量,最好的水果在这里也无法成熟。我们的花园面积较小,很少超过四、六或八英亩,四周有围墙,布局完全有利于水果和鲜花,有利于厨房和花园需要的各种草药、蔬菜、植物和豆类,也发挥了餐桌的日常用途。

英格兰和荷兰的花园通常是这个样子,意大利古老传统的花园属于前一类。在法国较温和的地区和(我认为园艺达到巅峰的)布拉班特,两类花园都有,比我们的面积更大。它们的部分土地用于种鲜花,其他用于种水果。有独立的主干树,有靠着围墙或栅栏的树,还有一些林木和乘凉的小树林儿。有些地块任其自然无序,有些则很有条理,其间分布着大量喷泉。

在闲聊了那么多古代和偏远国度之后,[226]我们回来思考一下英格兰园艺状况和特点。花园似乎已发展成为时尚,在当今陛下统治的二十三四年里得到了大幅度的进步。因此,无论是在花园的优雅程度上,还是花园植物的数量上,几乎没有国家走在我们前面。我还相信,花园里可以理直气壮地称为好水果的种类也超过了任何其他国家,从最早采摘的樱桃和草莓到最后成熟的苹果和梨,使得一年中每天都有水果供应。对于我们所认为最好的水果的味道和完美程度,我可以坦白地说,有些法国人吃过我在年份不算坏的时候种在西恩(Sheen)的桃子和葡萄,①他们一致得出结论,葡萄和他们在法国枫丹白露(Fontainebleau)地区吃的一样好,桃子和加斯科尼(Gascony)的一样好。② 这里我指的是那些可以剥离桃核的、名言正顺的桃子,而不是那些硬的、被称为帕菲(pavie)的桃子,因为它们不能生长在太热或太冷的地区。它们在马德里比在加斯科尼生长得要好。意大利人都认为,我的白色无花果与意大利的同类品种没有差别。早期无花果品种是白色的,后期品种是蓝色的。在蓝

---

① [译注]西恩即现在伦敦的里奇蒙(Richmond)地区。
② [译注]加斯科尼是法国南部一地区。

色品种方面,如同芳庭(Frontignac)葡萄或麝香(Muscat)葡萄一样,我们没有那么温暖的地区。

我的橘子树和我年轻时在法国看到的一样高大,但逊于枫丹白露的橘子树,也大于我在低地国家看到的橘子树,奥兰治亲王(Prince of Orange)的一些非常古老的橘子树除外。我的橘子树开满了鲜花,不逊于任何其他同类,如我所愿地,它挂满了橘子,味道与通常进口的橘子一样好,那些来自塞维利亚(Seville)和葡萄牙最好的品种除外。

我说了这么多,就是为了捍卫我们这个遭到所有外国人频繁非难的国家。[227]他们从未亲眼目睹,即使来过,也可能仅限于客栈、酒馆和快餐店。他们因为自己的问题却指责我们的国家,恶评我们的花园和住宅,连我们的性情、修养、风俗、生活方式和朋友都不放过,把我们比作他们观察到的更为刻薄和卑劣的一类人,这或许是因为他们想把自己归为好人之列,无论是在命运、出身方面,还是在性情、德行方面。

我必须补充一点,为我们的国家说句好话。我自国王那里听到这种说法,认为其新颖又正确。他真正像一位热爱和重视自己国家的英格兰国王。当时,一些朋友严厉批评我们国家,赞扬意大利和西班牙或至少是法国,他回应说,他觉得英国是最好的国家;如果他有机会住在国外某个地方,快乐地或至少没有事务烦身地度过一年中的大多数日子,度过一天中的大多数时光,他认为,这个地方应该是英格兰,而不是他所知道的任何其他欧洲国家。我认为,在炎热和寒冷地区,甚至包括法国和低地国家与我们相邻的地区,炎热、寒冷和四季更替真的都比我们这里要剧烈。

实际上,我们地区不需要热量来出产优质水果,它唯一的缺陷是热季或夏季短暂,很多日子没那么热,使我们并不完美。但我们这里所有在八月底之前成熟的水果可能都与其他地方的一样好。这使我认为,英格兰真正的花园区位于伦敦周围十英里的区域。[228]在这里,来自这座大都市的火与蒸汽不经意间发出的热量使得水果和玉米成熟期大大提前,超过南面整整小一纬度的汉普郡或威尔特郡。

除了地区的特点之外,我们还有两样特殊的东西:路上的沙砾和我们优质的几乎常绿的草皮,它们对于我们美丽与优雅的花园起着重要的作用。第一个在其他任何地方都不为人所知,这使得其他国家所有干燥的道路既不雅观也不舒服。另一个在法国或荷兰都找不到像我们这样的。在夏天的大部分时间里,荷兰的土壤长不出细细的草叶,法国的太阳导致草地没有那样的绿色。它只存在于我们最好的土壤中。

要开建花园,首先应该考虑土壤,因为水果和豆类,甚至药草和蔬菜的味道将完全依赖土壤。土壤的缺陷没有补救措施。即使你采用想要的土壤做成所有的垄,栽种果树,但必须两三年更新一次,否则会变成和本地土一样的性质。老树根的延伸令人防不胜防,花园有多大,延伸可能就有多远。周围的土壤不好,空气在某种程度上也不会好,从而影响到水果的味道。贺拉斯以"菜茎"(caulis)的名义谈到厨房和花园的东西时所说的话适用于所有最好的水果品种,为所有的花园规定了如何选择土壤。

> 旱地植物优于城里植物,
> 浇水的东西味同嚼蜡。①

---

① 贺拉斯,《讽刺诗集》卷二,第 4 首,行 15 – 16。

[229]人们最好不要花精力和金钱在湿地上建花园。桃和葡萄只能在沙土或沙砾上种植才会美味;沙砾越多,味道越好。蔬菜和豆类在黏土或肥沃的土壤里就没有任何味道,但在上述两种土壤中就不一样了,虽然在劣质土壤里种植的植物颜色更丰富个头更大。

比选择土壤稍差的选项是让您的植物适合您的土壤,但这方面没人擅长。瓦罗(Varro)对于这种情况下的判断可能最明智,也最佳。有人曾问他,若他的父亲或祖先留给他的宅第风水或水土不好,怎么办? 他回答说:

"怎么办? 卖了再买个风水好的。"

"若是一半的价钱都卖不到呢?"

"很好办,那就卖四分之一的价钱呗! 无论如何都要卖掉,不要住那儿。"

在所有种类的土壤中,最好的是沙砾或松香状的沙子。住在这种土质上的人可以大胆种植最好的桃子和葡萄品种,无论上面的草皮多么薄。任何树木都可以在这些土壤中茁壮成长,水果味道也要比其他水果好得多。肥沃的土壤可能有助于杏、李子、梨或无花果的生长,但你土壤里的沙子越多越好,黏土越多则越差。据我所知,只有橡树才适合黏土。

应该让水果适应我们的土壤和地区。在英格兰的一些地区种植最好的水果近乎徒劳。我认为,桃子或葡萄向北最远不超过北安普敦郡。我觉得,我在斯塔福德郡的绅士朋友就很慎重。他热爱园艺,[230]他的土壤也很好,但他只是要把李子种到极致。通过在南面建墙,他的确做得很成功。若是种桃和葡萄,他永远也不会达到这种程度。好李子当然胜过坏桃子。

我在科瑟威特（Cosevelt）时，与那个当时爱闹事儿的明斯特主教在一起。我注意到他偌大的花园只有樱桃，没有其他树木。他告诉我，因为他发现其他水果无法在那片地区或土壤上很好地成熟，因此，他不奢求别的，只种樱桃。他的樱桃树品种很多，从五月到九月底挂果不断。

花园将来可能造成铺张浪费，因此，对于花园的大小，我觉得四五英亩到七八英亩足以令任何绅士施展才华，满足人们对它的期待，像贵族在家利用花园一样。

每个花园都要有四件东西：鲜花、水果、树荫和水。没有这些，建花园的人都不能声称花园很完美。它要紧挨住宅最好的部分或主人经常使用的地方，像一个房间，从那里出来就进入了另一个房间。与住宅相邻的那部分花园（除了围绕住宅的小路）应该是花坛或鲜花环绕的草坪。根据最新时尚，若是都设计成草坪和碎石小道，应该用泉水缓解干燥感，用塑像给予错落感。否则，大花园看起来不美观。然而，靠住房的花园部分应该一览无余，水果只能贴墙生长。[231]如果开阔部分占了花园的一半，另一半应该种果树，除非中间有遮阴的小树林。如果开阔部分仅占三分之一，中间的三分之一可以是矮树，最后三分之一是标准的果树；也可以第二部分种果树，第三部分种各种冬绿树，适合一年中的所有季节。

我将不讨论花卉种植，因为我只是喜欢赏花或闻花，无法费尽心思照顾它们，这通常是女人的事儿，但成功与否全在于园丁。对于水果来说，我认为，我们在英格兰可以指望的最好的水果是桃子，有红白相间的水蜜桃、随从桃、谢弗勒兹（Chevereuse）美人桃、朗布依埃（Ramboullet）桃、麝香桃和新近的佛桃。在我看来，其余品种只是名字有些差异，或不以这些名字命名,没必要种植在花园里。在帕菲硬桃的多个品种中,据我了解,只有纽因顿(Newington)桃还可以在本土栽种,但完全成熟前挂果不稳。要重视先结的桃子,因为它们较早,应该在花园里有足够的空间,至少白棕相间的肉豆桃、波斯桃和紫罗兰麝香桃应该如此。好的油桃只有默里(Murry)桃和法国桃。其中有两类,一类非常圆,另一类有点长,但圆的最好。默里桃有不同种,但都比较硬,在我们这里不好成熟。

至于葡萄,最好的是卡瑟拉(Chasselas),这是我们白色的麝香葡萄(muscadine,西恩这地方通常的叫法)中较好的品种,被称为珍珠葡萄,在普通年份里都可以成熟得很好,但在成熟度上不如常见的黑葡萄———一种糟糕的品种。欧芹长得很好,适合我们的地区,[232]但所有芳庭(Fontignac)葡萄品种都难以在这里生长和成熟,除非夏季特别好。

我有幸将四种葡萄带入英格兰。第一种来自弗拉什孔泰(Franche Compté)地区的阿勃丝(arboyse)葡萄。这是一种小的白葡萄,更确切地说是一串上有大小不一果粒的葡萄,非常适于我们的地区,但对于土壤特别挑剔,要求有尖锐的砾石。它在所有非麝香葡萄中最美味。第二种是棕色或淡红色勃艮第葡萄。在所有其他品种中,这种葡萄确定可以在我们地区成熟,因为十五年来,我还没有听说在哪个夏天有相反的案例,而其他品种都有未成熟的情况。我一直把它种在东墙上,长势很好。第三种是黑色的麝香葡萄,叫"贵妇",和普通白葡萄一样易于成熟。第四种是棕色芳庭葡萄。这是我在英格兰吃过的味道最好、品质最高的葡萄。但它需要最热的围墙和最锐利的碎石,还要求夏天天气特别好。我想,对于几位名士和附近的园丁,所有这些事情现在已经很简单了。我一直认为,此类事情越简单越好。

我们的无花果中有白色、蓝色和黄褐色。最后一种非常小，果实不好，我认为只算个噱头。蓝色无花果有两三种，它们之间差别很小，一种比另一种长一点，但最大的是最好的。我所知道的白色无花果有两种特别优良，一种成熟于七月初，另一种在九月末，后者比前者更黄一些。它们虽然好，但在我们这里很难找到，也很难种植。

对于杏，最好的是常见的老品种和个头最大的马斯可林（Masculin），[233]后一个品种可以通过嫁接到桃树砧木上来提升品质。然而，我只看重布鲁塞尔杏，它可以长成主干树，是我们这里最好的水果之一。是我首次把它引入国内。

优质梨的品种在夏天特别多，但最好的是布朗克（Blanquet）、罗宾（Robin）、鲁斯莱（Rousselet）、罗萨蒂（Rosati）、三思（Sans）、匹平（Pepin）和加尔格诺（Jargonel）。秋天最好的品种有布丽（Buree）、长绿（Vertelongue）和佛手柑（Bergamot）。冬天最好的品种是沃尔格路（Vergoluz）、沙色雷（Chasseray）、圣迈克尔（St. Michael）、圣杰曼（St. Germain）和麝香梨（Ambret）。我认为，好基督徒（Bon-Chretien）梨没什么好吃的，只适于烘焙。

在李子当中，最好的品种是圣尤利安（St. Julian）、圣凯瑟琳（St. Catherine）、白蓝色佩德里贡（Pedrigon）、王太后（Queen-mother）、西恩（Sheen）和切斯顿（Cheston）。

除了我所说的这些品种，别的我认为没有必要操心。要多种这些水果，而非腾出地方种植更多其他品种。我很高兴能够留下这份清单，因为我的几位朋友三番五次索要它，想用于设计自己的花园。

在我们这里，苹果家喻户晓，我不需要多说。然而我认为，在所有苹果中，我们地区最好的品种是金皮平（Pippin），可以用于各种用途,接下来是肯特皮平(Kentish Pippin)。但我认为,这些苹果在我国与葡萄一样,离完美还有很远的距离,逊色于诺曼底苹果,就如后者逊色于安茹(Anjou)苹果,甚至逊色于加斯科尼苹果一样。在其他水果中,缺少阳光在很大程度上可以利用围墙补充。

为了让果树与土壤相适应,下一步要注意让果实与围墙的位置相匹配。葡萄、桃子和冬梨要生长得好,必须种植在正南面或东南面。无花果最好在东南面,但在东面和西南面也不错。西面适合种樱桃、李子或杏。南边围墙可以使所有水果早点成熟,并提升它们的果味。北面、西北面或东北面只能设计成草坪。[234]每块草坪与围墙之间应该种植忍冬或茉莉,果树之间种植葡萄。最好的葡萄品种栽在南墙上,普通黑葡萄和白葡萄种在东墙和西墙上,因为其他很多树(特别是桃树)存活时间短,有些树受不了冬季严寒而死亡,有些树会被砍伐,为新果树腾出地方。不用这个方法,围墙几年内都会光秃秃的。每一侧的葡萄藤在夏天覆盖着空荡荡的地方,在树木生长时,在它们之间形成两到三英尺宽的柱子。

在我们国家允许的最大限度内,想收获最优质的水果,不仅要给予它们最多的阳光,还要尽可能多地通风。除了矮树,其他树离最好的围墙不应该在四十英尺之内,而是越远越没有遮挡就越好。这一点在葡萄栽培方面最为重要。外国人遵守这一条,酿出了最好的葡萄酒。他们的葡萄位于山坡上,那里最为通风。修剪它们的方法也最好向葡萄园学习。你冬天在那里什么都看不到,只有看起来像是枯死了的树桩。在我们的墙上,葡萄藤冬天也应该像弯弯曲曲的拐杖,在挂果枝条上最多留下两三只芽眼。葡萄藤越低,枝条越少,葡萄却会越好。

花园的最佳形状是方形或长方形,可以是平地也可以是斜坡。它们各有优点,但我认为最好的是建在斜坡上的长方形花园。修建平台小路、平整花坛、铺设从上到下的石阶耗资巨大,但其美丽、通风和视野使物有所值。

[235]我在三十年前了解到摩尔公园,它是我所看到的国内外花园形状中最完美的。它由贝德福德(Bedford)伯爵夫人建造,得到当时最伟大才子们的好评和邓恩(John Donne)博士的赞扬。① 花园设计巧夺天工,花费了大量的精力和钱财。然而,若非没有金钱概念或没有遵守自然之道,可能浪费的金钱数额更大,而没有任何效果或荣誉。我认为,在花园这件事上,遵循自然是一项重要原则;也许在所有其他方面,不仅包括我们的生活,也包括我们的政府,都是一样。最伟大的凡人是否能违反自然之道,最好的判断可以观察全能上帝的行为:他很少做违反自然的事情,因此,我们在世界上听到或见到的无可辩驳的真实神迹也寥寥无几。就我而言,我只知道三条最有道理的关于君王或普通人的行为的箴言:

　　要节制,要高瞻远瞩,
　　要遵守自然之道。②

我把上述花园当成我见过的最美丽和最完美的花园,至少在形状和安排上如此。因此,我要把它描述成一个范例,供那些有这种需求且不在乎日常维护费用的人参考。它位于不太陡峭

---

① 邓恩(1572—1631),英国玄学派诗人。
② [译注]该句修改自古罗马诗人卢卡努斯(39—65)的《法萨利亚》卷二描写卡图的行 381 – 382。

的山坡上（住宅也在这里）。住宅的长边是最好的房间，利用最多，正好位于花园的宽边上。宽敞的客厅直通与之齐平的阶梯小道中间。小道由碎石铺就，我记得大约有三百多步长，宽度适中，道路两边稀疏地种着主干月桂树。它们有橙子树之美，只是没有花果而已。[236]从小道下去有三个坡，坡中间和两头通过许多石阶相连，直通到一座巨大的花圃。花圃由碎石小路四等分，装饰有两个喷泉和八个雕像。平台小道的尽头有两处凉亭。花圃两侧是面向花园的两个大回廊，建在一个个石拱门上。回廊尽头又有两处与之齐平的凉亭。回廊用石头砌成，专为散步遮阴设计，整个花圃除此之外没有其他东西。两个回廊上方是两条覆盖着铅皮的露台小道，边上装有围栏。要进入这些空中小道需要从两个凉亭出来，走到第一条平台小道的尽头。朝南的回廊覆盖着葡萄藤，旁边适合种橘子，对面的回廊附近适合种桃金娘或其他更常见的绿色植物。我觉得，假如这件园艺作品当初像今天这样时尚，它的设计就是为了这个目的。

花圃中间连着一个由很多台阶构成的下坡。台阶在遇到（盖着铅皮的）人工洞穴后从两边像翅膀一样飞入下面的花园。这里全是果树，一行行把荒地分成了四块，处处绿荫如盖。这里的小道都是绿色的，人工洞穴里装饰着贝壳岩做成的小人、喷泉和排水设施。小山在低处花园处结束了，一条公路从庄园穿过，使得围墙也到此为止，否则，他们可以再增加四分之一的绿树林。但这个缺陷被宅第的另一侧的花园弥补了。这座花园全部是野生的郁郁葱葱的草木，粗糙的岩石雕塑和喷泉点缀其间。

这就是我当初了解的摩尔庄园。我认为，它是我一生中见过的古今中外的花园中最甜美的。[237]我无法描述它的现状，因为经过几次转手，它的花园和宅第发生了巨大变化。但是关于它过去的美好记忆永远难以忘怀,因此,我认为自己没有记错它的样子。这座园子可以作为范例参考,去修建最适合我国本土的最佳花园。

我所说的最好的花园形式只是指那些比较规则的形状。也有完全不规则的形状,可能比其他形状的更美,但必须要依赖所在地自然条件的出色安排或设计者丰富的想象力或敏锐的判断力,才能使不符合特定形状的部分从整体上变得赏心悦目。我在某些地方已经看到过这种情形,但更多是从到过中国的人那里听说的。中国人的思维很广阔,像我们欧洲人,也像他们自己的国家。在我们这里,建筑和草木栽培的美感主要在于某种固定的比例、对称或同一性。我们的小路和树木的排列就是等距离地互相对称。中国人瞧不起这种植树方式,说能够数一百个数的男孩就可以一棵对一棵按直线种植行道树,达到他想要的长度和宽度。但是,他们伟大的想象力在于设计引人注目的优美形式,却没有任何显而易见的各个部分的秩序或安排。我们几乎没有任何关于这种美的概念,但他们有一个特定的词来表现。一旦此类美景映入眼帘,[238] 他们会说,错落有致(sharawadgi)的景色很漂亮或令人惊奇等诸如此类的好评。观察最好的印度长袍上的图案或他们最好的屏风或瓷器的绘画,就会看到他们的美就是这种无序之美。然而,我不大建议我们的花园尝试这种形式。它对于普通人而言是冒险之举。成功了是锦上添花,失败了则名誉扫地,二者概率是二十比一,而采用规则形式就很难犯重大而明显的错误。

我在一些论述中看到一幅画,画的是荷兰总督在殖民地好望角建造的花园。花园很美,呈长方形的,面积庞大,由纵横小道分成四个相等的部分,道路两旁整齐地栽种着橙子、柠檬、酸橙和香橼树。四块地种有树木、水果和花卉,既有本地植物,也有四大洲各洲独有的植物。因此,欧洲、亚洲、非洲和美洲的不同花园在这个花园中都可以找到它们的影子。在我的心目中,没有哪个园丁有这么好的想法,没有哪个花园的设计这么宏伟,这么适合当地,也就是大约南纬30度的地方,可以作为当今的赫斯珀里得斯花园,无论后者是什么样子或在哪里。然而,大家一致认为,它应该位于非洲西南的岛屿上或大陆上,但据我了解,没人声称知道它的形式和果树。也没有人知道,它的金苹果是为了食用,还是仅仅为了欣赏,因为墨西哥蒙特祖玛(Montezuma)苹果就是为了欣赏,它们的苹果树很大,其树干、枝条、树叶和果实都通过高超的手艺用黄金打造而成。[239]它们成本高昂、费时费力,在我看来,与其他花园里美味的自然品种一点也不吻合。

我讲的上述园艺知识足以使任何一位绅士在设计花园中不犯大错,也不觉得有太大压力。我觉得,这些知识在所有国家都应该得到赞许和推广。园艺是一种创造,无中生有地创造出美丽的画面和形象;它使所有私人宅第既实用又漂亮;它雇用了许多人手,使大量货币流通于穷人和工匠之间;它通过实物和效果为国家服务,装点风景,美化地球,甚至在某种程度上提升空气本身。关于这个话题,剩下的工作全在于园丁。他的技巧、勤奋和细心在很大程度上决定着花园的美丽程度和水果的优劣。若土壤和果树品种选择得当,又比较匹配,与围墙的关系也恰到好处,仆人即使无知或粗心,主人也基本不会失望。

我不会进一步讨论他的工作,只给三个简短的建议。首先,在植树时,无论是为主人还是为自己,要移栽比自己的土壤要贫瘠一些的苗圃上的树苗。否则,它们在几年内都无法枝繁叶茂,也许永远都不会。因此，必须为新树留下空间，虽然要尽可能避免这种情况，因为树的生命过于短暂和难以预料，不宜经常更新树木。你花园的墙壁没有装饰，看起来和你房子的墙壁一样难看，因此，不能经常翻动你的花园，也不能一直保持原来的树木。

第二，在你栽培的所有树中，注意砧木和接穗。[240]前者将影响果实的味道与风味，无论多么细微，我们的园丁通常都能观察到。我曾经发现，来自同一棵树的接穗嫁接到好基督徒(Bon - Chretien)砧木上，结出沙色雷梨，挂果直到3月份，但果皮绿而粗糙；嫁接到米特约翰(Meter - John)砧木上，果皮黄而光滑，到十一月份就烂了。我倾向于认为，圣迈克尔梨和麝香梨(Ambret)（两个让我们园丁感到困惑的品种）之间的所有差异只是砧木品种的不同。这种以及从果核和果仁种植的方法产生了每个时代的大部分新品种。因此，将红果嫁接在山楂上结出了拉扎罗莉(Lazarolli)果，深受罗马人欢迎，但我觉得不值得在这里栽培。我还相信，西德拉托(Cidrato)果是把香橼接穗嫁接到橙子树砧木上的结果。要培育出最好的桃子，需要把最好品种的桃树接穗嫁接到最优品种的桃核里生长出来的桃树砧木同理，就季节、美观和味道而言，最好的苹果和梨也是把最优品种的接穗嫁接到从最好果仁品种里生长出来的果树砧木。我认为，四十年来，法国很多优质冬梨可能是把味道最美、水分最足的夏梨嫁接到了冬梨砧木上而实现的。

第三个建议是，尽心尽力保护树木，使其免于严重的疾病。生长在最好土壤、靠着最好墙壁的水果容易染病。我在古代和现代的书籍中曾读到过植物疾病，但据我所知，我们一直忽视了这个问题，直到我在自己花园的亲身实践中才被迫注意到它。我发现，在最好的南墙附近，有时是西墙附近，[241]我的葡萄、桃、杏和李几年以来先是叶子变黑,然后果实变黑。在遭遇病害的年份,水果成了垃圾。我的橙子树也受到同样的影响,在病虫害年份从未茂盛过。我记得,有些珍品也被破坏了。但我现在不敢断定,我当初是否发现了无花果或梨子或靠东墙的树木受到了侵害,我现在也无法猜测病因。其余果树都被它破坏了,我告知英格兰几位年纪最大的手艺最好的园丁,但他们不仅对此一无所知,而且也经常遭遇同样的不幸,他们认为这是春季的枯萎病。我在几年后观察到,患病的树木在其树干和树枝上经常出现深棕色的小害虫,形状像盾牌,大小如麦粒。它们紧贴在树皮上,在许多地方把树皮全部盖住,特别是分叉部位:冬天它们变得干瘪,只剩下外壳,到了春天又开始变软,充满水分,在树干、树叶和水果上产出像黑色尘土一样的卵。

后来,我在荷兰读到的书提到这种流行于橙子树中的虫害,之后在泡萨尼阿斯(Pausanias)那里了解到,① 希腊人比较关注这种疾病;作者说某种土壤可以治疗"葡萄虱子"。对于种植在最好的沙砾土上(特别是害虫没有东西可吃的地方)最好的果树,这是最严重的虫害。它传染性强,能够从遭受侵害的老树传播到从该树中培育出来的树苗以及新近种在附近的树木。这使我猜想,虫害在根部,最好的治疗方案要从那里着手。[242]然而,我尝试了各种土壤,没有效果,因此给不出药方,只有尽可能地修剪你的树木,特别是要剪掉被感染的木头,然后用湿刷子清洗它们,直到你在上面观察不到一片昆虫壳。对于橙子树,翻动每片叶子找害虫,发现一个,除掉一个。同时,把树干与树枝刷干净。如果不想费神劳力,你最好连根拔掉任何被感染的树木,

---

① 泡萨尼阿斯(110—180),古罗马地理学家。

更新花园或花坛里的土壤,否则,你将感受到原先的失望和烦恼。

我可能对这方面略知一二,因为我长期以来心无旁骛,在其他方面却一事无成。与此相反,很多人在做这件事或享受花园时常常向外张望,看看其他事情进展如何,国家有什么大事发生,希望接到一些邀请进入其他天地。

就我自己而言,乡村生活,尤其现在这段生活,我年轻时就很向往,现在上了年纪,也很享受。坦白地说,在我担任的很多重要职位当中,我从来没有主动要求或刻意寻求过任何一个,反而常常试图逃离它们,进入轻松自由的个人天地。在这里,我可以按照自己的步子走自己的路,走过平凡的人生。

> 然哲人首先要问,
> 如何平静地度过人生,
> 什么能减少忧虑,什么又让你成为自己的朋友?
> 什么使心灵真正安宁?荣誉还是财富?
> 抑或不为人知的清静人生路?①

[243]无论是否问别人,人至少应该问自己这些问题,并根据自己的性情而非普通事件或朋友的建议选择自己的人生道路。有句西班牙谚语说得好:最了解你的还是你自己。

选择是否好取决于一个人是否喜欢他的选择。感谢神让我如愿以偿。在我一生的诸多愚行中,建园和栽培是其中之一,花费之高昂使我不敢面对。然而,隐居的甜美与幸福完全使其物有所值。自从决意不再担任任何公职,我在此已经度过了五个

---

① 贺拉斯,《书信集》卷一18首,行96-100。

春秋,没有光顾过一次城市,即使它近在眼前,即使那里还有随时准备接待我的家。这不是像某些人认为的装腔作势,而仅仅是因为不想也不愿应付搬家这种琐事。在这个角落时,我才可以真正地与贺拉斯一起说:

> 冰凉的地根蒂亚(Digentia)河让我苏醒,
> 朋友,你觉得我的所思所想是什么?
> 让财富更少,我才可以度过
> 属于自己的余生,
> 让我有足够的书籍和每年的存粮,
> 变幻的时间不能指望。
> 伟大的朱庇特啊,这是我所有的祈求,
> 随您的意愿,给予或者取走。①

[244]有必要或至少有理由关心园艺是为了所有吃水果的人都可以吃得到。因此,唯一的选择是吃好的还是吃坏的。二者的区别对于味道和健康一样重大。一方面,我只能说,习惯于吃好果的人在吃到坏果时后悔不已。另一方面,我认为,坏果或未成熟的水果显而易见非常不利于健康。大城市疯狂销售和食用这些坏果,导致大量过早死亡或者许多秋季病。因此,在任何季节,成熟的优质水果对于胃是最健康、最自然、最美味的饮食。这是我定的好果标准。无论什么品种,只要不能在我们地区顺利地成熟,最好不要种植,或永远不要食用。我对所有的朋友,至少对我自己说,夏天水果季永远是我们这儿的健康季,估计从六月初持续到九月底。我认为,在这个季节,所有容易患胃病

---

① 贺拉斯,同上,行104–111。

(其他大多数病据信都来自胃)的人,包括最易患胃病的我,餐前吃三四十个樱桃或同样重量的完全成熟的草莓、白无花果、软桃或葡萄,绝不会闹肚子。但我觉得,我们这儿米迦勒节①之后的水果就不健康了,除非在当季过后经历了一阵不同寻常的炎热而干燥的天气。经历过霜冻或雨水的水果不再安全。除了苹果之外,只有秋梨和冬梨是当季水果,它们与樱桃一起最为纯净,可能也是最好的药物。现在,一定要吃好果的人必须从自己花园里摘。[245]除了必须挑选品种、土壤以及其他建造好花园结出好水果的诸多条件,采摘果实,甚至从同一株树上挑选上佳品,都有很多乐趣。我认为我们这儿最好的品种是白色的无花果和软桃,不下功夫,它们也不会结果。购买的最好的水果没有了主人的精心劳作,就如同栽培是为了赚取最大的利益,栽培者的工作是使更少的树挂最多的果。而让水果变得优质却是使更多的树结更少的果。因此,对于花园产出的所有东西,无论是蔬菜还是水果,有花园的穷人比没有花园的富人吃得更好。就该话题而言,这就是我认为应该了解的全部有用知识。

---

① 指每年 9 月 29 日。

论英雄德性

一

[313]使人类在世界上卓尔不群的所有天赋或后天习得当中,只有两样东西可以光荣地称为神圣,使拥有它们的人声名显赫,那就是英雄德性和诗。预言不能视为天赋或后天习得。真实的预言是神根据自己的喜好直接赐予的礼物,接受对象是能力最弱的妇女和儿童,甚至是没有生命的东西,比如大祭司胸牌上的宝石,是犹太人的神谕。

我以后再写文章讨论诗,本篇只讨论受古代膜拜的英雄德性。英雄德性在后世已经被人忘记或不为人所知,但必须承认,它已经在世人身上产生了最宝贵的优势,使具有英雄德性的人在智力和生活上迥异于同类。

描述英雄德性较为容易的方法是给出影响和例证,而非原因或定义,但它据说起因于某种天生卓越的禀性或天资,有此禀性或天资者比凡夫俗子更为智慧、善好和坚毅。这些特点加上出身的优势、教育的培养和命运的辅助似乎锻造出了高贵的人才,[314]使得拥有英雄德性的人光彩夺目,在常人眼中不同凡响,似乎是神与人的后代,生前荣誉满身,追随者众,死后让人哀叹和爱戴。

他们杰出的智慧表现在他们卓越的创造上。善好的天性使他们把这些创造转而用于日常生活,造福全人类;或者使他们改善法制、秩序或政府,使公民社会更为安逸、安全和便利,从而造福于他们自己的国家。他们英勇地保卫国家不受国内坏人或国际敌人的侵犯,使野蛮邻国接受文明的生活和制度规范,或使其免于残酷和压迫性的独裁和暴力。

维吉尔的三行诗把这一切都囊括在内,描述了福地中的幸运人物:

> 这里的人们或为了国家流血牺牲,或通过创造改善生活,或做了令人称许的事情而使他们名垂青史。①

的确,英雄德性简单来说就是受到人类的赞许。若谁的主要意图如此,且取得巨大的成功,英雄的称谓他就当之无愧,否则永远得不到这个称谓。

上文提到,这种优秀的才华必须是天生的,⌊315⌋只靠学习或假装永远达不到登峰造极的高度。然而,它还必须身出名门,为其增加荣耀、尊重和权威;它还必须接受教育和教诲,以助其成长,明其目的,知其所用;它必须得到命运的襄助,使其能够成年。世上最高贵的人物或天才若是出师即亡,虽勇冠三军,却不能受到人类的足够称许,无法荣获英雄的美名。很多人在第一场胜仗中阵亡,归于沉寂,被人遗忘。谁若是能像亚历山大历经千险而生,他获得的功名可能同样使他光彩夺目。既然很多星辰已经组成了星座,难怪明星在世上很少出现。即使出现,也不

---

① 《埃涅阿斯纪》卷六,行660–664。

会赢得那么多的关注和尊重。

在一些国家的朴素时代,最初的技艺发明人因为对人类生活必不可少或有大用处而普遍受到欢迎和赞许,生前荣誉加身,死后被崇拜为神。同样的情形还包括一个国家良好稳定的文明政府的创立者,他们使本地居民从野蛮残酷的生活中解脱出来,组织成安全便利的社会,拥有财产,遵纪守法,随之而来的是良好的治安、富足、文明、财富、奋进和各种新技艺。这些制度带来了明显的好处和普遍的利益,使得所有国人倾向于听从这样的统治者,使邻国尊重他们,愿意接受他们的保护或很容易臣服于他们的武力和英勇之下。[316]征服由此在世界上展开,其目的仍然是把野蛮民族引向文明、管理良好的体制与政府,通过武力制伏那些不愿接受便利生活或条件的民族,迫使他们服从。这些古人具有上述卓越的德性,加上命运的青睐,做出了举世闻名的征服,使得被征服地区处于良好的法制和政府的治理之下;或者他们创立了优秀恒久的法制和政治国家框架,无论该国家是大是小,无论其文明政府名字为何。他们在自己的时代被称为君王或立法者,被后世称为英雄。

我认为,从这些来源中可以推出四大异教古国历史上所有的或大部分著名的宗教信仰和神像崇拜;这或许同样可以适用于建制一样伟大、征服范围一样广阔却很少得到学人称颂和关注的其他国家。

从我收集的古代史资料来看,我倾向于认为,萨杜恩(Saturn)是克里特王,被儿子朱庇特逐出国家。朱庇特赶走父亲之后,征服了希腊,至少征服了伯罗奔半岛,使当地居民学会农业种植、尊重财产权和讲究文明礼仪,建立正义而稳定的国家,因此被当地人尊为主神。

朱庇特之前,没有农人耕种田地。①

他的兄弟姐妹和子女也同样受人崇拜,[317]因为他们发明的东西大都有益于人类,成为他们的必需,得到他们的喜欢。如海神尼普顿(Neptune)提升了航海技术,火神伏尔坎发明了铜和铁的锻造技术,智慧女神密涅瓦发明了纺织技术,太阳神阿波罗发明了音乐和诗歌,商贸神墨丘利发明了手工和商品,酒神巴库斯发明了酿酒技术,农业女神刻瑞斯(Crese)发明了玉米种植技术。

至于萨杜恩一族统治世界以及由此被膜拜的时间段,我没有发现任何资料,无法妄加猜测。巴库斯和赫拉克勒斯就不一样了。人们一致认为,在不同时代,或许在不同国家比如希腊和埃及,他们有一个以上的名字;赫拉克勒斯还是阿尔克墨涅(Alcmena)的儿子,阿尔戈斯英雄之一,相比于其他更为古老的神要晚得多,与朱庇特家族同时代。据说,巴库斯和赫拉克勒斯征服过印度,但这个故事鲜为人知,因为其年代久远不可察或层层包裹在诗人的寓言和虚构之中。

埃及人把同样的神圣荣誉给了奥西里斯(Osyris),据其神殿里柱子上的铭文记载,他走遍所有国家,到处向人民传授他觉得全人类改善生活所必需的东西。亚述人把这种荣誉给了亚述国的奠基人贝卢斯(Belus),他在迦勒底(Chaldea)促进了天文学发展。最初的拉丁人或伊特鲁里亚人(Hetruscan)把荣誉给了雅努斯(Janus),因为他把农业引入意大利。这三位被古代文明国家崇拜为神。

尼努斯(Ninus)和塞索斯特里斯(Sesostris)因为强大的征服

---

① 维吉尔《农事诗》卷一,行 125。

闻名于世,被尊为亚述国和埃及的两位重要英雄。前者把胜利的战果推进到印度河,[318]后者带领埃及人打到亚洲,直达蓬托斯。① 历史学家对于尼努斯时代有争议,有人认为是在萨丹纳帕勒斯(Sardanapalus)之前一千三百年,②其他人则认为是在此之前八百年。但我认为,塞索斯特里斯时代更难确定。我不明白,他们为何认为塞索斯特里斯是在以色列王罗波安(Rehoboam)时代占领耶路撒冷的西塞克(Sesack)。圣经只字没提该远征的进展,希腊历史也没提到它的时间,只有在特洛伊战争之后的记载中才有一些大张旗鼓的叙述。然而,最古老的文献都提到,塞索斯特里斯和他的强大征服发生在很久以前;这些文献主张,科尔基斯(Colchis)王国在这位著名国王手下沦为殖民地,证明了他胜利向北推进的程度。这个国家在阿尔戈斯英雄时代繁荣一时,据说擅长从埃及带回的巫术。因此我认为,这位王的历史必定埋藏在了时间的废墟之中。

接下来登上舞台的是武拜的赫拉克勒斯和忒修斯。他们在希腊人中享有崇高的声望,因为他们使国家免遭野兽、暴徒或野蛮人的侵袭,免于强盗的掠夺以及无法无天的残暴僭主的迫害。忒修斯还贵为雅典文明邦国的奠基人。雅典由于他的建制首先开始繁荣强大,而在他父亲统治下的阿提卡王国曾一直是稀稀落落的村庄及其居民。

在同一时代还活跃着克里特的米诺斯王。他据说是朱庇特的儿子,依靠强大而数量众多的舰队成为爱琴海诸岛和希腊沿海大部分地区的霸主,[319]因其公正的法律和英明的统治被

---

① 黑海南岸的古国。
② 亚述国王,大约生活于公元前7世纪。

奉为英雄。

特洛伊战争中的英雄在两部优美的、我们所说的"英雄"史诗里受到了浓墨重彩的歌颂。荷马与维吉尔的描绘栩栩如生，其中的人物简直要走出来，但在真实的历史叙述中很难查证他们。可以看出，赫克托耳将所有行动和勇气用于保卫祖国和父亲免于外族入侵。阿喀琉斯将勇猛用于实现共同的目标：他的整个民族誓死为被劫持的海伦报仇雪恨，虽然几次预言都确定他将战死在特洛伊城陷落之前。埃涅阿斯倾其勇力保卫国家，救出父亲和特洛伊众神像，召集亡国废墟上的剩余人员，驶往意大利，在那里建立起王国，后来成为世界上最强大的帝国。

大约二百五十年之后，吕库尔戈斯（Lycurgus）建立了斯巴达城邦，其法令迥异于当时其他城邦通常采用的法令，似乎非人力所为。女祭司皮提娅（Pythia）告诉他，她不知道应该称呼他为神还是人。的确，在古代最好的历史学家那里，他的政治建制最受赞赏。

我们接下来在史书读到的英雄是罗慕路斯（Romulus）和努马（Numa）。前者建立了罗马城和罗马城邦，后者改进了城与城邦的政治与宗教制度，[320]程度之完美以至于两位立法者最初的制度一直伴随这个辉煌的城邦。

接下来登上历史舞台是居鲁士。他使祖国免遭米底人（Mede）的奴役，在亚述国的废墟上建立起波斯帝国，辅以优秀的建制与法律，又向西征服了所有小亚细亚和吕底亚（Lydia），直达爱琴海沿岸。色诺芬（Xenophon）关于居鲁士的刻画无论是根据真人还是想象描摹出来的，我们都可以从中看出英雄德性的真正特点。居鲁士没有被封神，因为这个国家只崇拜一个至高无上的神，不拜偶像，其次崇拜太阳，只向太阳献祭，但波斯人的确一直怀念他。

历史上的下一个著名人物是亚历山大。他建立了希腊君主制帝国,征服了整个波斯,把希腊和马其顿收入囊中。然而,他没有获得英雄的尊称,虽然通过母亲关于他出生的杜撰、祭司的谄媚和朱庇特神庙的神谕,他假装英雄,试图博得英雄称谓。无节制地饮酒、发怒和纵欲,特别是残忍和傲慢,直接导致他的装腔作势遭受挫败。此外,他在马其顿或波斯没有建立法制或政府体系,相反却使所到之处充满腐败和混乱。他的伟业似乎也归功于其父亲的老部下的参谋与指挥。这些老部下失宠和倒台之后,他的命运和人生立即随之失败。[321] 然而,必须承认,他的荣耀与功名在很大程度上得力于卓越的天资、一掷千金的慷慨、强烈的进取精神、临危不惧和视死如归的勇气,这在常人身上是找不到的。他有神勇,是命运的宠儿,但很难说他的美德与错误哪个更为重要。

通常被尊为罗马帝国奠基人的恺撒似乎明显拥有构成英雄的所有品质,无论是天生的,还是习得的,但他没有正义感,因为他推翻了国家的法令和秩序,通过镇压同胞而非征服他们的敌人来拔高自己,建立帝国之后没有像起初打算的那样去完善政府体系或对外征服。

这四个伟大的君主国加上被它们吞并的王国、公国和城邦一起构成了古代史的内容。希腊与拉丁作家对它们有过精彩的叙述,一直到今天还广为流传。很多现代作家对它们进行评注和扩充,并按照时间和地点进行分类。自称研究或阅读此类书籍的人都知道它们。这些不同政府的法令和制度、存在时间、成功或衰落、战争与革命是学校与学院的常规话题、学人的研究对象、闲人的谈资,以及历史、诗歌和传奇的争论焦点。从这些君王和立法者的行为可以推出兼具美德和荣誉的榜样以及申斥恶行的案例，[322]它们都举出幸运或灾难的情形作为例证。从这些政府的战争和革命中可以推出如何教育君王和政治家，以及最伟大的才子和作家对于政治的论述和反思。从这些帝国和城邦的程序和制度以及法律和惯例中，法律和司法哲人致力于归纳出最普遍的自然法和万国法以及适合各国和各省的政治体制和法制。他们从这些历史记载中找出理由和先例，进行辩论，涉及那些受到赞美或责难、批评或捍卫的不同政府体系的所谓优劣之处，还涉及在国内纷争中战争与和平、侵略与防卫、威权与服从、特权与自由的权利。

然而，这些帝国的舞台、引起天翻地覆的英雄行为和闻名的建制（无论它们多么伟大或睿智）只占据地球有限的区域，从而遗漏了世界上更广大的地区。这些地区尽管被认为未开化，在历史中或著名作家笔下也被忽略，但在认定自然法和万国法方面，它们却与其他自以为是的国家一样，有权利发出自己的声音。此外，在我看来，仔细研究就会发现，有些国家在建制的睿智程度、征服面积、帝国或城邦的存续时间方面都超越了所有其他国家。

这四个伟大的君主国占据的著名地点是世界的中部地区，[323]东到印度河，西到大西洋，北到阿姆河、里海、黑海和多瑙河，南到阿特拉斯山和阿拉伯半岛，从那里沿南洋直到印度河口。

的确，瑟米拉米斯和亚历山大据说征服过印度，但前一位似乎仅仅臣服了印度河沿岸的一些地区，后者的成就似乎更像一次长途跋涉，而非征服。亚历山大从印度河穿过这个国家直到恒河，但并没有探索那片辽阔地区的大部分地方。据古人说，这个地区拥有118个人口稠密的重要国家，可能只遭受过鞑靼人的征服。

我认为,斯基泰(Scythia)和阿拉伯半岛也没有卷入古代的战争和历史,虽然居鲁士和大流士曾进入前一个地区,但不久就退出了,一个丢掉了荣誉,另一个丢掉了性命。对于阿拉伯半岛,我发现,它既没有被征服过或认真探索过,也不为人熟知,仅仅知道他们从事香料贸易。我指的是那片称为阿拉伯费利克斯(Arabia Felix)的地区,① 它三面环海,北边与叙利亚接壤,与四大帝国的征服地和贸易路线相重叠。保护这个地区的似乎是沙石众多的沙漠,因为军队在缺水情况下无法通过。

现在,看看我们面前的世界地图,过去三百年的航海已经做出了诸多发现。我们可以轻易地在四面八方发现古代战场遗漏的地区。[324]它们被认为是野蛮的,有名望的作家也觉得不值得为它们浪费笔墨,只有商人、海员和旅行者才对它们有过平庸拙劣的叙述。然而,据读到的史料来看,我倾向于认为,其中一些外围地区不被古人了解,遭到现代学人的忽视,却可能与历史上受到大力歌颂的那个地区具有一样的战争,值得人们的探索。我的意思是,它们不仅具有辽阔的疆土、多样的土壤和地区以及自然作物,而且具有优秀的法制和惯例、建立城邦与帝国的睿智和永恒的根基以及由此法制和制度引起的强有力的征服。

当前,关于大航海发现的中心地区已经有很多论述,我倒乐意选择少有人涉足的外围,简要地审视一番,看看这四种伟大的政府或帝国模式在世界上这些遥远的(而且是卑劣的,我们后面会讲到)地区,如何茁壮成长为参天大树、存续很长时间而且十分繁荣。一个位于东经最远的一度,也就是中国。下一个位

---

① 阿拉伯半岛南部。

于西经最远的一度,也就是秘鲁。第三个位于北纬最远的斯基泰或鞑靼国。第四个是阿拉伯半岛最南端。

根据发现,从阿特拉斯山到南洋之间广阔的非洲大陆拥有稠密的人口、大量的黄金、众多伟大的王国和星罗棋布的公国,这些国家被两条著名的河流尼罗河和尼日尔河分开;这里的人种似乎截然不同于其余的人类。然而,我没有发现一丁点的英雄德性,[325]能让我在此处为他们写上一笔。阿特拉斯或其古老的王国流传至今的部分由于时间久远或寓言而难以探明,可能与亚特兰蒂斯诸岛一样被淹没了。当然,我不清楚,梭伦或柏拉图谈到它们是为了讲寓言,还是讲他们在埃及祭司那里遇到的并受到这些祭司尊重的东西。

二

伟大的古国中国东部与南部临海,北部是绵延 1200 英里的石墙,用于抵御鞑靼人的入侵;西部是无法逾越的高山或广袤的沙漠。据了解,还没有吃苦耐劳或好奇的凡人曾经穿越或叙述过这些高山和沙漠。亚历山大要度过恒河时,印度人告诉他,那边荒无人烟,只有大河之间无法穿过的沼泽、沙漠或野兽遍地又人迹罕至的陡峭高山。因此,古人把恒河当作东方世界的边界。自从有了指南针,航海的范围扩大了。结果发现,有几个人口众多的王国处于恒河和沙漠或高山之间,这些沙漠或高山把它们与中国分开。比如勃固(Pegu)、暹罗(Siam)、斯若特(Cirote)以及其他王国都在这里,沿着大河的河岸一直向北,据说一直延伸到印度河和恒河源头——鞑靼山区的一个大湖。然而,这些王国除了海路之外，没有任何陆路或商道通向中国境内。

[326]从印度斯坦或莫卧儿王朝也没有寻常之路通向中国。因此，从那里出发由陆路去中国必须向北穿越多个纬度，然而再转向东，通过鞑靼人建立的诸多野蛮王国，穿过广阔的沙漠和崇山峻岭。在这些山区，马车或牲口都无法通过，只能靠步行。其中一座山被认为是世界最高山。山上空气稀薄使行人可能遭遇生命危险。夏季，山上的药草气味可以使人中毒，其花香足以致命。有几个人从莫卧儿王朝出发，由此路经过八九个月的旅行来到了把中国与鞑靼人分开的长城，然后来到位于这片辽阔区域北部的帝都北京。由于周边三面没有邻国，北面只有被认为是野蛮人的鞑靼，中国人称他们这个地区为世界，认为自己是唯一开化的礼仪之邦。因此，他们有句俗话：中国人用两只眼观看，其他人只用一只。

由于这种地理位置，再加上不允许异乡人入境或一旦允许进来就不准回国的惯例或法律，这片辽阔的大陆很长时间完全不为其余的世界所了解。据我所知，是马可波罗第一次向我们揭示了中国。他在四百年前从威尼斯出发，通过亚美尼亚、波斯以及鞑靼地区，来到他所说的华夏（Cataya），然后到达（他称为）大都（Cambalu）的著名城市。[327]他与父亲在可汗的朝廷里生活了十七年之后回到威尼斯，给世人留下了大量游记。

从马可波罗以降的两百年里，几位传教修士和耶稣会士由于虔诚或高层命令，途经莫卧儿王国或亚美尼亚和波斯，再历尽艰险，穿越那些辽阔的蛮荒之地，最终来到北京。（通过比较他们不同的叙述，）我确定无疑的是马可波罗叫做大都的著名城市就位于被他叫做华夏的中国北部省份。名字不同的原因在于，马可波罗在的时候，东鞑靼即华夏的可汗通过征服拥有了中国北部的几个省以及他的居住地北京所在的省份。他按照帝国其他地方把这个地方也命名为华夏。过了一段时间,中国人把这些省份从鞑靼人手里夺了回来,恢复了原来的中国名字。把鞑靼人驱逐出去的中国皇帝把国都定在北京(原先在南京和杭州),因为他的军队驻扎在这里,可以随时守卫边疆,击退鞑靼人凶猛的入侵。之前,他们曾几次遭受猛攻而陷入危险。

这次收复之后,中国在自己皇帝的统治下保持着和平与繁荣,直到1616年鞑靼人再次入侵。经过长达三十年的血腥战争,鞑靼人最终成为整个王国的绝对主人并延续至今。

[328]通常叫做中国的这个地区南北相距大约1800英里,跨度30度。据认为,中国跨经度没那么大,但这非常不确定。据我发现,尚没有任何欧洲人从东到西走完整个中国,现在的记载只是当地人的口述。另外,还不容易确定中国可居住的地方向西结束于何处。有些作家说结束于只有野兽和野人出没的高山。野人们没有法律和语言,也没有与中国人的贸易往来,只是时而袭击他们,做些抢劫之事。其他一些作家说,中国中部存在此类难以穿越的高山,因此,前一种说法遗漏了高山外的广阔区域,也就是他们认为的中国最远的边疆。

无论如何,所有人都估计中国东西跨度在1200至1300英里以上。必须承认,它是世界上已知的最大、最富有、人口最多的王国。人们或许将会发现,其财富、力量、文明与幸福最得力于其优秀的政府建制。

这个帝国下辖十五个公国。这些至少自古以来就是如此的公国现在成为省,由巡抚(Viceroy)治理。巡抚地位显赫、金玉满堂,堪比一国之主。整个国家有145座大城市,1321座小城市,但每个城市都围有城墙。村庄数不胜数。在已知世界里,只有中国才有那么多的居民、发达的农业、层出不穷的各种商品、[329]长长的运河以及把商品从一个省运到另一个省的便捷交通。因此,没有哪个国家有如此发达的贸易,虽然中国也只是最近才开始内部贸易。至于他们当前的国际贸易,中国人不是一定要出国去做,而是得到允许的葡萄牙人和荷兰人来到中国,在南方省份的边疆地区做贸易。

关于他们伟大的证明,我只补充公认的两点:著名的长城和北京城。有人说长城这堵石墙有1200英里长,另外一些人说900英里长,越过巉岩和丘陵,穿过沼泽与沙漠,凭借巨大的石拱跨跃河流。长城高45英尺,底部20英尺厚,每隔一段距离有高高的瞭望塔。它建成于两千多年前,却表现了高超的建筑技术。有些缺口虽有鞑靼人屡次来犯,却一直没有被毁坏,其余部分仍然完好如初。建长城的国王委派一百万应征的雇佣军,保卫长城,抵御鞑靼人。他们分批轮流守卫这堵边疆墙。

皇城北京与中国其他几座城市相比规模不差上下(南京据认为是最大的),但它是规则的四方形,每边的围墙都是六英里长。每面墙开有三个大门,每个门的两旁都建有宏伟的宫殿或用于保卫它们的堡垒,驻扎有一千名士兵。[330]相对的大门由大道连接,与街道相垂直。街道两边全是整齐宏伟的住宅。

皇宫方圆三英里,有三个院子,一个套一个。(皇帝居住的)最后一个有四百平方步。另外两个住着他的仆人、军官和卫兵,有一万六千人之多。这些院子外面是宜人的大花园,许多假石假山,条条细流流入几条用方石铺底的水渠里。整体创意非凡,开支巨大,手艺高超。古往今来的其他皇宫似乎与之相差甚远。这里的一切都那么壮观、整齐和华丽,使得在北京接见外国使者与罗马的凯旋一样庄严。

其他民族通常划分为贵族和平民,中国人也可以分为文化人(learned)和文盲,第二类人是被统治者;第一类包括实行统治的行政官员以及将会接替他们职位的人。只有文化人才可以在政府任职,包括要职。文化人学问不同,称谓也不一样,如圣人(sage)、贤者(philosopher)或博士(doctor)。

然而,要理解中国政府以及在其中任职的人,就有必要明白他们的学问以及学问如何使他们能够治理国家。由于其截然不同于我们在欧洲观察到的情况,因此有必要明白为什么同样的原因产生了不同的结果。

[331]中国两个伟大的英雄是伏羲和孔子,他们一直受到中国人的崇拜和爱戴。伏羲生活于大约四千年前,是中国第一位创立者,整个过程在历史记载中很清晰,耶稣会传教士认为此事确凿无疑。每个王去世后,继任者任命几个人书写先王的治理功绩,摘其要点记入史册。伏羲第一次把人类从原始生活中解放出来,引入农业种植,实行婚姻制度,通过不同的着装区分性别,制订政府的法律法规;他还发明了文字符号,观天象画出天文八卦,有道德、药物和政治思想传世。他使用的文字符号一部分似乎由长短不同的直线加上表示区分的点构成,另外一部分是象形。后来发展出来的文字符号每个符号表示一个字。

随后的几百年里,中国人用这些方法写出了诸多著作,分布在很多学科领域,特别是自然与道德哲学、天文学、占星学、药学和农学。

孔子生活在大约两千年前,他是最博学、最睿智、最正直的中国人。他在当时以及后来的国王和官员中受到的尊重程度超过世界上任何其他人。他写了很多小册子,里面吸收了古人所有学问,甚至包括当初伏羲的八卦,[332]至少包含他认为人类在个人和政治生活中必需且用得着的所有东西。他的作品从那时起一直受到高度评价和崇拜,从没遭受过质疑。人们承认它是意见和人生的最正确和最好的准绳,因此,在所有辩论中,只要引用孔子就够了。

后来的一位王以自己的名字和统治命名那个新时代,力图抹去之前的所有历史,焚毁除了药学和农学之外的全部书籍。在这场学问的劫难之中,由于偶然或个人努力,关于伏羲之后几任国王的史书和孔子的著作,至少是其中一部分,幸存下来,最近在法国发行了拉丁文版,耶稣会传教士为其作了很专业的序言,取名《孔子作品集》。

那位专横跋扈、野心勃勃的王去世之后,这些作品流传开来。作为中国古代学问唯一的幸存作品,它们受到了广泛欢迎,准确来说是敬仰。四位多年浸淫于这些经书的文化人写了四部不同的评注。后来继承的一位王规定,只有来自这五经的学问才可以传授、学习和致用。从此,中国的学问完全限于这五人的作品,准确来说,是限于那位显赫的哲学王孔子的作品。

孔子的所有作品似乎是一系列关于伦理也就是在个人、家庭和政治方面的道德品质的学说,旨在规范和指导人的生活、家庭和政府,[333]主要是最后一方面。他的思想和推理反复强调,在好政府的统治下,人民才能满意;只有好人当政,才有令人满意的政府;为了人类的幸福,一个国家里的所有人,从君王到低微的农民,都应当根据他自己的思想、别人的准则或国家的法制尽力追求美好、智慧和德行。

他立为基石的主要原则是,每个人都应该学习,努力提升和完善自己的自然理性,到达他能够企及的高度,这样他才可能在人生中永远不(或很少)犯错和违背自然法则。只有通过深思、探究和勤奋才能达到这一点,因此,学习和哲学成为必需。哲学教人识别抽象或具体的好坏,由此教他们在自己的阶层或位置上应该和不应该做的事。身心的提升和人类最大的幸福主要在于自然理性的完美。达到这种完美的方法和规则主要是,仅仅需要与人的自然理性一致的东西,有益于我们和他人的善好与幸福的东西。为此目的需要持之以恒地践行世界上熟知并公认的几种德性。其中,礼貌或文明和感恩是最重要的。简而言之,孔子全部作品的目的仅仅在于教人好好生活,好好治理,[334]教父母、主人和地方官员应该如何管理,教孩子、个人和下属如何服从。

所有这些加上许多具体的规则和教诲都是针对个人、家庭或政治智慧和德行的。他的论述表现了广博的知识、卓越的判断和强大的才智,其风格优美,比喻贴切,例子恰当。只要能容忍与我们大相径庭的写作语言与方式造成的蹩脚翻译,任何人都可以轻易明白。因此,孔子看起来曾是一位卓越的天才,具有渊博的学问、令人景仰的美德和美好的天性,是一个真正的热爱祖国、热爱人类的人。

这就是中国人的学问,其他学问则被废弃或轻视。我们称为经院哲学或论辩术的东西在这里没人知道,也没人学习,却在我们所有宗教或政治争议中引起了怀疑和争端、愤怒和争吵、敌意和内讧。甚至占星术、药学与炼金术都成了受人轻视的学问,虽然有人在这些方面出类拔萃。占星术士和他们的预言在普通民众那里非常盛行。炼金术主要致力于找到能够强身益寿的万能药,从事者认为找到它就可以使人长生不老。医生善于把脉,熟悉简单的药物,仅此而已。他们把脉技术特别高超,声称通过把脉不仅可以判断病人还可以活多少小时或多少天,还能判断看起来很健康的人在没有遭遇意外和暴力的情况下可以再活多少年。他们声称,采用简单的药物可以减轻命不该绝的所有疾病。他们从不放血,[335]而是说,锅沸腾太快,没必要把水舀出来,只要把下面的火抽出来就行了。因此,他们用节制、调节饮食和清热草药减轻各类上火。

但所有这些学问在他们那里都受人轻视,是下等人的职业。孔子学说只是对于政府极其重要。要进入政府任职,必须通过好几关。为了实现这个目的,首先有必要了解他们的字母或符号。为此,必须努力学习至少十到十二年,然后再花二十年达到熟练的程度。从收集的许多关于中国的材料来看,他们没有字母,只有很多符号,表示同样数量的字。有些人说他们的字有六十个,有些人说有八十个,还有些人说有一万两千个。总体而言,他们的文字在我看来似乎像我们的速记,为我们语言的每个词发明一个符号。他们的书写不像欧洲人从左向右,也不像亚洲语言从右向左,而是从上到下保持一条直线,写完后再从上面开始,直到纸边用完。

因此,学习中国学问首先在于掌握他们的语言,然后再了解、学习和实践孔子和他的四位著名学生的作品。随着一个人在这两方面越来越熟练,他也得到越多的尊重和提拔。读了孔子还不够,必须查明他们的确记住了作品的主要部分,在生活中实践了孔子的学说。

中国文化人的提拔分为三级。[336]第一级类似我们学院二三年级学生。这个级别由国家任命的考官颁发。这些考官每年走遍每个省的主要城市,经过严格审查,认定获准通过的考生进入这一级别,颁发初级文化人证书。

第二级选拔更为正式,每三年举行一次,地点在各个省都城里专门为选拔而建造的大型学院。考官由皇帝任命,他们严格询问和检查考生的语言和学问,对于他们提交上来的作品咬文嚼字地推敲。这个级别相当于我们学院的硕士,授予相应证书。

第三级相当于我们某个科目方面的博士,这个证书只在帝都北京授予,授予仪式十分隆重。经过专门委派的考官的考评和审议,进入这一级的人不超过三百人,但已在政府任职的官员除外。政府官员均从达到这一级别的人中选出。每个城市在学院附近都建有孔庙,中榜的考生到孔庙按照指定仪式祭拜孔子——文化人的君王或英雄。

他们所有的市政委员和地方官都由这类人构成,所有的行政要员和军事长官也都从这类人中选出。[337]皇帝、各省巡抚和将军就所有大事向他们咨询。他们的学问和美德使他他更能胜任公共职务,而其他国家却按照长久以来的惯例和经验选拔官员。他们进入军队后,在重大战争中表现得比最勇敢的士兵都要英勇,牺牲生命也在所不惜。

至于政治,中国实行君主专制,皇帝的命令就是法律,没有其他法律。同样,中国实行世袭制,皇位按血缘关系传给下一代。但皇帝的所有命令都来自他的顾问,来自专门成立的顾问委员会的建议和请求。因此,不同的委员会讨论、查明和决定所有事务,做出建议或请求,报送皇帝,得到批准和签署后成为法律。

国家所有要职也同样根据不同委员会的建议由皇帝委任。因此,候选人不能指望君王的喜好、大臣的偏爱、谄媚或腐败上位,而是依赖自己的优点、学问和美德,使得专门委员会能够向皇帝推荐他。

主要官员包括一直在朝统治整个帝国的国家级官员、省级巡抚官员和地方高级官吏。在帝都北京,第一类官员分为六个不同的委会员①;有些作者则认为是一个大委员会下分六个更小的不同的部门。[338]对于这些委员会的职责,作家们作了一些区分,但大多数人一致认为,第一个是国家委员会,按照学问和美德选拔全国所有官员。第二个是财政委员会,负责所有税收和收支。第三个委员会负责庙堂、祭祀以及与其相关的庆典和仪式,还负责教育以及与其相关的学校和学院。第四个是战争委员会,按照皇帝的命令负责委任军职,授予军功。第五个负责皇家或市政建设以及舰队。第六个是司法委员会,负责所有民事和刑事案件。

每个委员会有一名委员长,两位助手或首席秘书,分坐左右,记录委员会的讨论和决定。此外,每个委员会有十名委员。这些委员会通过所有不同的省统治着整个中华帝国。它们在每个省设有专门办公室、长官和书记员。这些人经常向委员会报告,在全国各个省的重大事件上一直听从委员会的指示。

这六个委员会之外还有几个更小的委员会,比如一个专门负责皇帝女人、家庭和家庭司法的委员会。但最重要的是内阁,即由重臣构成的委员会,[339]人数基本不超过五六个,但个个都非常审慎,经验丰富。他们先在其他委员会或省政府里受到广泛赞誉,最后被提拔到这个显赫地位,成为内阁成员,与皇帝坐在一起,其他人都没有这个资格。其他委员会的所有结果或

---

① [译注]坦普尔此处谈论的大致是中国古代官阶制度中的六部,但是某些官职,他前后并不一致,或描述与实际不太吻合,或许是由于他借助的资料本身的杂乱与模糊,他本人也不了解中国。至于其资料来源,下文略有提及,如"马可波罗、卫匡国(Martinius)和基歇尔(Kercherus)",还包括"传教的修士、商人,使者用意大利语、葡萄牙语和荷兰语写的著述"。

请求呈送给他们,若按照他们的建议得到通过,则由皇帝签署批准,发还给原委员会。

所有这一切都有一些最重要、最有名望的圣贤协助。他们协助皇帝,在皇帝接收请示时,把他们的意见反馈给皇帝和内阁,对于向他们咨询的任何重大或疑难问题都是如此流程。这些人选自位于北京的两个议院(每院六十人),个个都经过了精挑细选,他们的智慧和美德闻名天下。他们负责教育的所有事务并给出必要的相关命令;收录所有公文,加以编排和摘录;登记国家所有的法令。每位继任的皇帝都要从他们中间选一批人叙述和摘录先皇的历史事迹。他们闲暇时主要创作诗歌,歌颂高尚的人和事,讽刺罪恶,还为纪念牌和凯旋门写铭诗等诸如此类。最后,(智慧和美德使他们享有愈来愈高的威望,)他们逐级被提拔为国务委员会官员和不同委员会的委员。[340]没有在这两个议院待过的人永远不可能成为内阁成员。

帝国的每个省份都有同样或类似的委员会管理该省。但除此之外,朝廷还直接给每省派遣一位督察员,检查事情的进展;还派遣一位司法审查员,没有他的命令,不可以执行死刑;第三位是皇后派来的赈灾官员,负责慈善事务,救济贫苦群众,释放因小额欠款或轻罪而被关押的犯人。此外,每个省还有一个特别委员会负责教育,为上述几级选拔考试制订规则和任命考官。

这个国家优秀的规章制度不胜枚举,其设计体现了强大的判断力和智慧,超越了我们在世间见到的任何其他政府。虽然不能列举所有,但通过一些个案可知其余。

皇家的每位王子都有固定的俸禄,必须居住在规定的城市,没有皇帝批准,不准出城。各级人员以服装区分,不同的官员佩戴不同的勋章。黄色衣服为皇帝独享,其他任何人不得穿着。

每户门上有一块板,上面写着该户每个人的号码、性别和级别。住户达到一定数量要委派一人检查,保证这个规定不折不扣地得到执行。任何人都不准在本省担任公职,除非是军职,因为他们认为,[341]人们在司法问题上会偏向朋友,但在战争中会竭力为家乡而战。因为职务犯错而被罢免的人不得再担任任何公职。所有政府的两大工具——奖惩——在这里运用得最为精心,最为慷慨,也最为严酷。他们的司法对于所有违法行为特别严厉,但对于法官的腐败行为最为严厉。此外,还会调查他们的无知和弱点,甚至调查他们草率和鲁莽的判决。腐败官员被判处死刑,而这后几种则会遭到免职和羞辱。(除了提拔之外)荣誉奖由皇帝下令授予,立大理石碑,上面刻有优美的颂文,表彰美德,给予特权;对于君王和国家有特别贡献的人物,则要建庙焚香,并任命祭司看护。

皇帝和国家的法律或惯例给予许多特权以鼓励农业发展,因此,无论发生什么战争,农民不会受到波及,仿佛其他地方的祭司一样神圣。世界没有哪个国家像中国一样开垦得那么好。在别的地方,荣誉和尊重被给予了贵族和财富,在这里却给了君王和人民同样重视的美德和学问。国家只提拔那些在这些方面出类拔萃的人,以防止有害的嫉妒和内讧,后者曾腐蚀和毁灭了许多其他政府。只依靠美德获得提拔的人认为别人有美德。[342]皇帝的确具有无上权威,因为只有他才能制订法律,但所有事务必须首先由他的顾问商议和重新提交,所以君王的性情和感情并不影响政府的构成或运转。然而,他对于男女的偏爱可以表现在家庭内部人员的提拔以及皇室收入的分配上,因为世界上所有宫廷为维持其庞大的开支和富丽堂皇都需要专门的巨额经费。因此,可以坦白地说,只有中国皇帝才得到这么多的服务、服从、尊重或爱戴,只有中国人民受到这么好的管理,生活得这么安逸和幸福。

在上述基础和制度之上,通过上述方法和法令,中华帝国似乎在用最强大的人类智慧、理性和设计进行打造和管理,在实践上超越了其他人的冥思苦想、欧洲才子的所有空想蓝图、色诺芬的制度、柏拉图的理想国以及我们现代作家的乌托邦或大洋国。① 任何人都会承认这一点,因为这个地方辽阔富足,人口众多,治理轻松,政府存在很久,是亚述君主国的三倍,即 1300 年,是我们历史上读到的最长命的政府。他们的人口和军队数量、皇帝的财富和税收、人民的富足、壮观的公共建筑和设施简直让人难以置信,多亏马可波罗、卫匡国(Martinius)和基歇尔(Kercherus)互相印证的证据,②还有其他来自传教的修士、商人,使者用意大利语、葡萄牙语和荷兰语写的著述。[343]在这些描述中,整个政府运转起来轻松和谐,风平浪静,像一户普通的家庭。有些作家认定,中国人在最后一次鞑靼战争之前有两亿多人。的确,穿过全国的运河或连接河流的水道数不胜数,蜿蜒不绝,因此上面常年行驶着大量的各式船只,使得有位作家认为,水上的人与陆上的人在数量上几乎等同。

的确,正如医生所说,最健康的躯体容易遭受一些疾病最猛烈的侵袭,因此,这个完美的政府或建制遭遇了同样的结果,因

---

① [译注]分别指摩尔(Thomas More,1478—1535)的《乌托邦》和哈林顿(James Harrington,1611—1677)的《大洋国》。

② [译注]卫匡国(1614—1661),意大利耶稣会士,汉学家,曾在明末清初来到中国,生活多年,病逝于杭州。著有多种关于中国文化和历史的书籍。基歇尔(1602—1680),德国耶稣会士和学者,曾指导卫匡国学习天文学和数学,对汉学很有兴趣,著有百科全书式的汉学著作《中国图说》。

为他们碰巧与鞑靼人为邻。由于国家和个人生活都十分贫困艰难,鞑靼人是世界上最冒险、最凶狠、最有胆量的民族。另一方面,中国人非凡的智慧和政府造就的轻松、富足和奢侈使他们逐渐变得柔弱,从而遭到野蛮邻国的频繁进攻和侵略。据记载,鞑靼人曾三次征服了中华帝国的大片土地,在长久占领之后又被驱逐出去。直到大约(我们在上面提到过的)1650年,在一场长达三十多年的血腥战争之后,他们彻底全面征服了整个帝国。然而,这一建制和政府历经狂风暴雨般的内战,[344]六次皇帝易姓,四次外族野蛮入侵,却安然屹立而不倒,充分显示了其伟大。在当今鞑靼皇帝的领导下,政府仍然保持原样,掌握在汉族文化人手里。这种天翻地覆的变革带来的所有变化只是鞑靼人代替汉人端坐在皇位上,城市和要地由鞑靼士兵驻防,而这些鞑靼人逐渐接受了汉人的风俗习惯和语言。所有人,甚至包括敌人和侵略者,都非常崇拜这种睿智、优秀的建制,使得国内篡权者和外来征服者互相竞争,争相讨好和支持这种建制,因为要确保人民服从,达到自身的安全和安逸,没有其他方法,只能确立和保护他们古老的建制和政府。

通过所读所见,我们可能对于中国的智慧、知识、才智、创新和文明有很高的评价。这种高度评价易于被他们粗鄙的偶像崇拜所削弱。然而,偶像崇拜只存在于普通人或文盲中间,他们按照自己的方式祭拜自己城市、村庄或家族的神像;神庙及其祭司在普通人和女人那里通常有需求。文化人崇尚世界精神,认为其永恒不朽,不需要庙宇、偶像或祭司。皇帝只被允许在特定时间亲自或由官员代劳在北京和南京两个帝都祭拜,一个拜天,另一个拜地。

我从中国跳到秘鲁时提到这一点是要说明,远东和西方在优秀的政治建制以及神学观念上具有一致性。

三

众所周知,西班牙船长阿隆索(Alonso Sanchez)经常往来于加纳利群岛与马德拉群岛之间做生意。1484 年,他正航行在这两个群岛之间,突然遭遇风暴。由于风浪太大,他被迫收帆,任船漂流。四周漆黑一片,他连续二十八天都无法测量太阳的高度。最后,他流落到一个海岸,是岛屿还是大陆,他也无法判断,只知道处处都是野人。在历经千辛万苦、重重危险以及饥饿和疾病的折磨之后,他最终来到了德尔塞拉(Tercera)群岛中的一个岛屿,随行十七人,只剩五人;在那里,他遇到了著名的哥伦布,向其讲述了自己的航行,使得这位在我们历史上的闻名人物发现了美洲或西印度。

关于新世界的发现有不少猜测,包括某个有同样历险的威尔士王子、古代迦太基人等。无论如何,根据我阅读的所有相关材料,我没有找到任何理由足以让人相信,在阿隆索之前有人从欧洲或非洲曾到过这些西部大洋的未知区域或留下蛛丝马迹证明他曾发现了这些国家。和哥伦布一起到达的西班牙人发现,那里的自然和当地居民一样处于原始状态;[346]在大部分地方,人做事仅仅是满足自然需要或生活必需;国家的边界是天然河道、岩石、高山或语言差异;他们之间的争吵只是因为饥饿或肉欲;战争期间,最强壮或最勇敢的掌握领导权;和平时期,最胆大的掌握领导权;他们的生活通常是从事最纯粹的狩猎、捕鱼、庆典等娱乐活动或最无忧无虑的休闲活动。

他们有很多公国和一些具有法令制度的聚集地。前者似乎产生于最初的宗主国。大宗主国有两个:墨西哥和秘鲁,它们版图辽阔,势力强盛,财富遍地,足以使对于欧洲王国的富丽堂皇比较熟悉的人感到惊讶。我读到的最有意思的故事出自几个有学问的西班牙耶稣会士和其他一些人,写的是这些国家及其人民特有的纯真与朴素。墨西哥帝国幅员非常辽阔,当初到这儿的西班牙人,无论到哪个地方询问当地印第安人是否属于蒙特祖玛(Montezuma)的臣民,他们都一致回答,哪个不是蒙特祖玛的奴隶呢?仿佛他们认为整个天下都是如此,充分证明墨西哥帝国之大。他们的确可以称为奴隶,因为蒙特祖玛的统治最为独断专行和残酷。在人民必须交纳的贡品中,有一项是每年要在墨西哥大神庙用活人给一个丑陋畸形的偶像献祭。国王根据自己的喜好定下用于献祭的苦命人的数量,然后摊派到广大的城市和乡村的居民头上,通过抽签的方式选人,满足此种血腥和残忍的要求。祭司常常影响这些行为。当他们看到有人疏于尊重他们或偶像,便派人告诉国王,众神饿了,以此理由向全民征收贡品。因此,西班牙人登陆入侵墨西哥那年,超过三千人因这个残忍的迷信成了人牲。据说,这也导致西班牙人通过当地的起义很容易征服当地人,并使他们臣服于新宗主国。

可以看到,同样的事情也发生于秘鲁。这个帝国的人民普遍厌恶和痛恨阿塔瓦尔帕(Atahualpa)皇帝。作为印加家族的私生子,阿塔瓦尔帕先是通过阴谋诡计,再通过残忍和暴力的手段登上秘鲁的皇位,残酷无情地杀死了具有纯正皇家血统的所有成年男性。此前,这个家族一直保持着纯正神圣,其统治超过八百年,给自己和臣民带来了简直无法形容的快乐。

这个帝国据说从北到南几乎长达700里格,①宽大约120里格。西部是太平洋,东部是高山,人与野兽均无法通过,据有些人说,连鸟都无法飞过。山高耸入云,使得山顶终年积雪,甚至在温暖地区的那部分也是如此。它的北部有一条大河,南部也有一条,把它与连接麦哲伦海峡的智利省分开。

秘鲁帝国认为自己起源于伟大的英雄曼戈(Mango Copac)和他的妻子兼妹妹柯娅(Coya Mama)。[348]据说他们最早来到这个国家,出现在一个大湖旁。该湖现在仍然是他们的圣湖。

在此之前,这些国家的人民据说生活得像附近的野兽,没有任何规章和法律或宗教信仰。食物仅仅依赖树上的果实或蔬菜以及能够捉到的猎物,不为将来储存食物,不穿衣服。没有住房,只住在岩石、洞穴或树里,以避免野兽的伤害。若是担心凶猛的邻国,人们也会住在山顶上。曼戈和妹妹初次来这个原始的地方,由于形体美丽,身着绚丽的服装,由此产生了一直流传下来的常见的印加服装,他们也称自己为印加人。曼戈和妹妹告诉首先加入他们的人,自己是太阳的儿女,他们的太阳神父亲怜悯生活悲惨的人类,派他们下来拯救人类,使人类摆脱野兽般的生活。太阳神指示他们两人去教育人类,遵守法律、习俗和秩序,才能过上幸福安全的生活。他们首先教的重要规矩是,每个人都应该过理性的生活,因而要己所不欲,勿施于人,因为为自己订立一条法律,却为别人订立另一条,这违反了共同理性。这是他们所有道德的重要原则。其次,他们应当崇拜太阳神,因为太阳神关照整个世界,把生命给予所有生物,使植物生长,使蔬菜适合作为食物供养人类;他细心和善,不辞辛苦地每天绕世界

---

① 里格为长度单位,1里格大约为3英里。

旋转,检查和养育地球上的一切;[349]他还特意为了人类的善好和幸福,派遣自己的两个孩子下来,后者像太阳神管理世界一样,带着关心和友善管理人类。此外,他们还教给人们生活所必需的技艺。比如,曼戈教人在特定季节种玉米(常见的印第安人玉米)并保存下来,以备其他季节食用。他还教人建房对抗恶劣的天气和危险的野兽,通过与不同的家庭联姻界定自己的身份,至少为了遮羞要穿衣服,驯养可以经常使用和食用的动物。柯娅教女人用棉花和一些当地野兽身上的粗毛纺线织布。

由于这些教导和发明,很多人相信他们说的一切;因为所做所教对公众有用,他们受到大众的爱戴。因此,大批的人追随他们,遵从他们,视他们为太阳之子,被上天派下来教导和管理人类的人。曼戈手持一支金棒,长大约两英尺,周长五英寸粗。他说,父亲太阳神把金棒赐予他并叮嘱说,从那个湖向北旅行的过程中,每次休息时都要将金棒插入土地,只要一下能够没入土中,就在那里建一个太阳庙,并将此处立为自己的政府所在地。这个地方碰巧是在科兹柯(Cozco)河谷。他于是在这里建立了科兹柯城作为秘鲁帝国的首都。

他把随从分到两个种植园,一个叫高区,一个叫低区,自己开始成为人民的立法者。起初,[350]在每个种植园有一千户家庭。他把所有家庭加以登记和编号。他用不同颜色的绳子和颜色各异形状不同的绳结达到上述目的,兼以记事记时,表达思想。这里的政府必须如此,因为它没有文字和货币,当然也没有由此引发的争吵或贪婪及其严重后果。

他在两个种植园建立了户长制(decurion),十户、五十户、一百户、五百户、一千户各有一位户长。对于最后一位户长,他称之为总督。每位户长都是自己辖区的审查官、保护人和处理小争议的法官。他们确保每个人都按照太阳神的后代印加家族给出的法令着装、劳动和生活。其中一条法令规定,除了工作之余的休息之外,任何有劳动能力的人都不能游手好闲;由于年老、疾病或残疾而无法劳作的人应该由其他人负责供养,不应有所短缺。人民都遵守这些规定,因此,在印加家族的长期统治中,整个帝国没有一位乞丐,所有女人即使到邻居家串门儿,手里还在忙活,整个逗留期间也不停止。我由此记起他们高雅和文明的禀性:任何女人去看望另一个同等出身的女人,在后者家里要做自己的活儿;若是拜访帕拉(Palla,这是他们给皇家女人的称呼,男人则被称为印加),她们立刻希望帕拉给她们一项工作,[351]拜访期间就为她做事了。

由户长判决的游手好闲之人会受到公开狠狠鞭挞的惩罚,这种羞辱比体罚更加有效。每座种植园设一名最高大法官,下面的户长把大案和复杂案件提交给他审理,罪犯也可以向他申诉;隐匿辖区里任一犯罪行为超过一天一夜的户长判为有罪,受到同等处罚。还有类似法令惩罚盗窃、伤害、谋杀、不服从长官、通奸(每个男人只能有一位合法妻子,如果有能力,可以养其他女人)等。对所有犯罪的惩罚都是体罚或死刑,通常是后者,原因有二。首先,犯罪无论轻重,只要违反太阳神的神律,性质都一样,刑罚也相同;其次,若是惩罚一个有财产和权力的人,还让他活下去,享受健康和自由,会更加惹恼一个坏人,促使他再犯罪。另一方面,他们从不因为父亲犯罪而剥夺儿子的财产或权力,但法官只是告诉他父亲犯下的罪行与所受到的惩罚,作为警告或前车之鉴。这些法令具有强大的威慑力和效果,导致好多年也没有处决一个犯人。

毫无疑问,这个国家秩序井然主要得力于没有其他财产,只有生活必需品和他们最初的大英雄或立法者的美德。这种美德在他们长期的统治中似乎已经传给整个家族，[352]因此，在帝国存续期间，没有一位真正的印加人被发现有罪或因为某项罪名受到惩罚。无独有偶，古罗马也发现，有些特定的品质在同一家族传承几百年，比如瓦莱里乌斯（Valerii）家族的善好、怜悯和友爱，阿庇乌斯（Appii）家族的自大、傲慢、残酷和恶意。这些品质可能来自血脉、教育或榜样。毫无疑问，没有哪个政府的建立与维持能像印加帝国一样在德行和严厉方面依赖于更好的榜样。相比其他政府，印加政府通过其进步与成功更好地证明了制度的优越性：帝国版图辽阔，武力强大，国家富足，庙堂、宫殿、道路和桥梁等公共设施宏伟壮观，丰富的生活必需品使人民生活舒适、安全和方便。因此，几位耶稣会士，特别是阿考斯达（Acosta），有充分的理由或直接认为，在政治体制方面，曼弋要优于世界上更为人熟知的吕库尔戈斯、努马、梭伦或其他立法者。

每个种植园面积很大，其中一部分用于供奉太阳神，第二部分用来供养寡妇、孤儿、穷人、老人或残疾人，第三部分按照家庭人口数量由每户家庭耕种，第四部分归印加族。按照这种方法，整个种植园都得到开垦，几个粮仓里都堆满了粮食。官员按照当初规定的用途把粮食拿出来分配，在新耕种季节来临时发放种子。

每位户长，除了审查官和法官的职责外，还有保护和救助的职责，[353]救济辖区内的穷苦人。他们必须向公共档案处上报辖区内的新生儿和逝者。不经允许，任何人不准离开种植园或亲人，也不能改变通常穿戴的服装（每个省穿着都有所区别）。印加族不能与其他族通婚，其他人也不准与外族通婚。

印加人的王叫卡巴（Capa），西班牙人将这个名字解释为"唯一神"。他甚至娶了同族的第一个女人，可能是妹妹、侄女或表妹,以尽可能保持血统纯正。他每两年召集一次未婚的十八岁以上的男子和十六岁以上的女子,让他觉得合适的男女牵手,公开结婚。地方总督在平民中间负责同样的事。

通过这些以及其他的法律和制度,曼戈首先在科兹柯种植园稳定了政府或国家。随着时间的流逝,他神圣而权威的法令、甜美而充满怜悯的统治以及治下臣民的幸福生活吸引了周围很多不同的民族自愿汇集于此或过来求助,使得原来的种植园发展出越来越多的种植园。的确,印加族的整个政府更像一位温和的父亲爱护自己的孩子,或像一位公平、细心、善良的老师照管学生,而非地主或统帅对待奴隶或下属。因此,印加族得到极大的尊重或爱戴,[354]假如普通人不经允许触碰了印加成员,那就简直像亵渎神灵一样。触摸作为一种恩赐只给予认真服侍的人或那些归顺的人。

人民更愿服从某种类似福音的东西而非法条或制度,这使其国家版图扩张到了科兹柯周边的辽阔地区。之后,曼戈召集所有的总督说,他的太阳神父亲命令他,为了人类的善好和幸福,要尽最大能力推广他的制度和秩序,为此,要带着武装部队到还没有接受这些制度和秩序的偏远地区,迫使他们臣服和接受。并且,太阳神还命令他,不要伤害或攻击愿意服从并接受神慷慨赐予的幸福的人,要让拒绝的人遭受苦难,不要滥杀无辜,但自卫杀人则名正言顺。

为此目的,曼戈组织和召集了部队,装备了进攻性、主要是自卫性武器。按照组织家庭的方法,他把部队编成兵长制。每十人、五十人、一百人、五百人、一千人、五千人、一万人设一个兵长,一万人的兵长叫将军。他最初的部队就是一万人。

用这支部队和其他类似部队,曼戈把许多新领土纳入帝国的版图,向每个民族宣称,对待他们将和对待当初在大湖边追随他的人一样,提供给他们他曾教过的有用技艺、他制订的法令、他给予臣民的保护以及由保护带来的幸福感。[355]归顺的人与其他臣民享受相同的权利和福利。拒绝归顺的遭到了不幸,被他的部队追赶,直到被迫接受他的条件。他不使用进攻性武器,直到受到攻击。即便被攻击,他也首先使用自卫武器。只有手下的伤亡不可避免时,他才开始允许部队发动进攻,毫不留情地杀戮,甚至不放过长时间顽固抵抗后才投降的人。对于在首次威胁、不幸或不流血的反抗之后便投降的人,他给予恩赐,允许他们触摸他的圣体,为他们和自己的士兵连续几日大摆盛宴,将他们编入帝国,给每个人提供衣物和玉米种子。

通过这些方法、英雄德性以及长期的统治,曼戈大大扩张了帝国的版图。于是,他把国家分为四个省,每省委任一位印加人当总督(已经有了适于当统帅的成年儿子),设立三个最高委员会:司法、战争和税收,每个委员会的最高长官也是印加人。这种制度从此延续下来。

经过令人爱戴的长久统治之后,曼戈走到了生命的尽头。临终前,他把所有儿孙召集起来,把皇位传给长子,并告诉他们,自己要回到太阳神父亲那里安息,建议并嘱咐他们沿着他教的理性和美德之路前行,直到和他保持一致;[356]只有这条路方能使他们成为真正的太阳之子,受到相应的尊重。他尤其语重心长地嘱托他的印加继承人,命令其按照他的榜样和太阳的法令治理人民,要永远公平、仁慈、虔诚、怜悯和关心穷人;命令这位王储在快回到太阳神父亲那里安息的时候,也要把同样的教导和劝诫嘱托给他的继承人。由此,所有印加家族的皇位继承都采用这个形式,使印加帝国保持同样的法令和世间最大的幸福一共八百年。

对于他们宏伟壮观的建筑、宫殿、庙宇,尤其是太阳神庙、富丽堂皇的朝廷、胜利后的凯旋、狩猎与庆典、军演与荣耀,我不再赘述,只提两条大路证明他们的辉煌。一条有五百里格长,平坦地穿过山脉、岩石和山谷,马车可以轻松通过所有路程。另一条又长又宽,用方石铺设而成,两边是矮墙,植有果树,树枝可以给行人遮阴,果实可以提供食物。

关于他们政府的探讨结束之际,我要提一提他们的宗教。他们普通人只信仰太阳神,但那些阿摩塔(Amauta)们,即圣贤或哲人,认为太阳是帕夏卡马克(Pachacamac)神的使者。他们首先要崇拜帕夏卡马克神,[357]给他立了一座富丽堂皇的庙。根据西班牙人的解释,"帕夏卡马克"的意思是"使世界充满生机的人",似乎比崇拜世界精神的中国人的神的观念还要精妙。根据他们的宗教、政府和政策的这些原则,我认为必须承认,无论是在这些偏远地区,还是在世界上更为人熟知和推崇的其他地区,人性都一样;其不同政府的建立依赖的理性和智慧与我们的一样广博和强大,但他们的有些框架不像欧洲和亚洲的那些中心地区频繁遭到强烈欲望、内讧和其他罪恶的动摇;同样的原因在所有地方都产生同样的效果;英雄德性或天才无论碰巧出现在任何地方,荣誉和顺从都会随之而来,向其献礼。

四

在这篇论述英雄德性的文章中,我打算举出的第三个例子来自北方地区,它超过了黑海和里海的边界,东部是阿姆河,西部是多瑙河,希腊人和罗马人都称之为斯基泰。那四大君主国的君王和臣民对其知之甚少,只知道在远征这些贫瘠国家的凶悍居民时遭到了失败或羞辱。[358]居鲁士和他的军队遭到东斯基泰人的致命一击,大流士被西斯基泰人打得丢盔卸甲,落荒而逃。

这片广袤的地区起于东北海域,与华夏中国的西北接壤,到挪威、日德兰半岛和德国北部地区海岸。虽然古人统称之为斯基泰,它却分为欧洲区和亚洲区,中间由塔内斯(Tanais)河和高山隔开,都分布着数不胜数的小国。塔内斯河或至少伏尔加河以东称东斯基泰,以西称西斯基泰。古代作家最熟悉或谈论最多的是东斯基泰的马萨革泰(Massagetae)和西斯基泰的革泰(Getae)和撒尔马泰(Sarmatae)。马萨革泰现在被统称为大鞑靼,革泰和撒尔马泰被称为小鞑靼、莫斯科(Muscovy)、波兰、瑞典(Sweden)和丹麦(Denmark),后两个自称是哥特、旺达尔人的王。

我想,没人敢说,在这片广漠的地区上,最北的居民在哪里,这些凶悍的人民最初从哪些冰封的高山的角落里走出来。自古以来,在这些称为适宜居住的世界里,他们的武力令人闻风丧胆。

我不清楚,征服之道是不是一般都是从北向南,就像强悍民族侵略柔弱民族,穷国侵略富国一样,因为人们通常在进攻时比在防守时更加凶狠和英勇,一个受到欲望驱使,另一个则通常受到恐惧的削弱。然而,确凿无疑的是,虽然著名的作家写到那四大君主国闻名一时,使得这些国家和作家自己都流芳百世,然而,所有臣服于亚述、波斯、希腊和罗马帝国的地区(除某些小岛外)均遭到这些被他们鄙视为野蛮民族的北方国家的蹂躏和征服,而且,西塞亚人还在古老的废墟上到处建立新帝国、王国、公国和政府。这有力地羞辱了人类的自尊、深刻理性、政治设计、智慧的法律以及严明的自律。可以说,自然无可争议地大败技艺。

历史一致认为,斯基泰人在亚述帝国期间征服了米底人,成为亚洲的主人。十五年后,他们由于国内内讧而回。在一位女人的领导下,斯基泰人满怀愤怒和复仇打败并杀死了居鲁士。这位女人的才华和表现使其成为古代史中的重要人物。罗马人被斯基泰人的另一支帕提亚人(Parthian)打败。

我觉得东斯基泰人或鞑靼人的大英雄应该是帖木儿(Tamerlane)。帖木儿的父亲无论是牧羊人还是国王,他本人却都是目前为止世界上至少是现有的文献里的最伟大的征服者。他在中国的战果辉煌,征服了很多省份,使当地的皇帝接受了他想要的和平条件。他攻打莫斯科人,取得了同样的胜利。他软硬兼施,带着庞大的队伍通过了他们的领土,攻打巴雅泽(Bajazet,当时世界上令人恐怖的人物)。[360]他征服这个傲慢的突厥人和他的帝国,直到达达尼尔海峡。他穿过海峡,会见在君士坦丁堡的可怜的希腊皇帝。帖木儿第一次攻打巴雅泽时,那位希腊皇帝曾派人与他结盟。如今,他与希腊帝国剩余的弹丸之地一起几乎得任凭这位君王的发落。难能可贵的是,大获全胜的帖木儿言而有信,遵守了他与希腊人的盟约。在君士坦丁堡,他得到了所有人的归顺,目睹了这座城市的宏伟建筑。他说,这儿适于做世界帝国的都城。希腊人大方地将城市送给了他。然而,在两个君王多次礼尚往来之后,帖木儿恢复了这个城市的自由以及希腊皇帝当初的财产,自己则返回亚洲,一路上征服了叙利亚、波斯和印度。印度莫卧儿王朝从此号称自己是帖木儿的后人。在诸多征服战争之后,帖木儿回到家乡,在祖国度过了晚年,安详自然地离开了世界。这种幸福和伟大超过了那四个闻名的君主国中的任何一位征服者。毋庸置疑，他是伟大的英雄天才，具有强烈的正义感、严格的自律、宽广的胸怀和虔诚的内心，虽然不是基督徒、犹太教徒或伊斯兰教徒，却崇拜一个神。我们现代作家有时会肯定外族人的品行，在这些人当中，帖木儿的人品最高贵。

突厥人是东斯基泰人的一支。有人认为他们最初在里海东北沿岸，也有人认为在西北沿岸。或许两地都有，那样才可能有巨大数量的突厥人出没于欧洲、亚洲和非洲的大片地区。我将会在下一节有机会多谈谈他们和他们的征战。

在注入里海的伏尔加河和流入黑海的第聂伯河（Boristhenes）之间的斯基泰地区是革泰国所在地。希罗多德提到他们时用的是当时的通用名"不朽的革泰"（Getae immortales），因为他们认为，死后会到扎尔摩克西斯（Zalmoxis）神那里，按照该神的法令和制度在另一个世界享受新生活，至少大部分人如此。扎尔摩克西斯曾是他们伟大的君王或立法者。从革泰这个名字派生出戈泰（Gothae），这部分斯基泰位于整个北方地区。我认为，它就是个巨大的蜂巢，孕育出不计其数的野蛮民族：戈特、旺达尔、艾伦、伦巴第、匈奴、保加利亚、法兰克、撒克逊以及很多其他民族。他们几次在不同的地方侵入罗马帝国的几个省，像狂风暴雨一样使政府大厦变成一片瓦砾，又在原地建起许多新政府，改变了居民、语言、习俗、法律、地方与人们的常用名字，甚至改变了原居住地的自然面貌，在那里建立了新的民族和国家。

因此，经过哥特人和旺达尔人的多次劫掠与侵略之后，意大利由伦巴第人控制，潘诺尼亚（Pannonia）由匈奴人控制，忒腊克（Thracia）由保加利亚人控制，西班牙南部的安达鲁西亚（Andaluzia）由旺达尔人控制，东部的加泰罗尼亚（Catalonia）由卡特人

(Catti)和艾伦人(Alani)人控制,其余的由哥特人控制。法兰克人征服了高卢,撒克逊人征服了不列颠。[362]这两个民族据认为很早以前来自更北的地区,然后在德国的一些地区居住下来,这些地区就按他们的名字命名。后来,他们从德国出发继续征战。斯科特人(Scutes)征服了苏格兰和爱尔兰,把它们分别称为阿尔宾斯科特(Albin Scutes)和艾林斯科特(Arin Scutes)。我猜测,他们可能来自挪威,(哥特人来到之前)在语言、包括斗篷在内的服装、根据季节和草场的变化从一个地方到另一地迁移的习俗上更多地保留了古代斯基泰人的特点。我同样认为,来到法国的诺曼人是从挪威来的比较晚的一支,他们的到来发生在哥特人的法令和制度在这个省扎根之后。

那个时代的作家们把自己国家的耻辱和灭亡仅仅怪罪于入侵的野蛮民族人数众多、凶狠残暴,怪罪于自己人四分五裂、易于征服。然而,我无法相信,这些北方的征服者出奇制胜、攻无不克竟然仅仅依靠乌合之众及其庞大的数量,他们建立的政府由蠢人设计却竟然在欧洲持续时间那么长久。他们那里很可能有某种不同寻常的强大秩序、指挥才能和勇气,因为只有入魔的骑士才可能在不可思议的冒险中获得成功。

让我首先想到这一点的是对卢卡努斯的诗的思考:

> [363]自欺欺人的人们,北极星为之惊奇,他们在死亡的恐惧(人类最大的恐惧)面前竟丝毫不为所动;他们勇敢地冲向刀剑,怀着对死亡的蔑视,认为吝惜必然重生的生命是懦夫的行为。①

---

① 《法尔萨利亚》卷一,行458–462。

从这段话可以看出,一千六百年前,这些北方人不同于其他人之处在于视死如归的勇气,因为关于来生的信仰使他们鄙视特意保护当下生命的行为。

这个观念首先由扎尔摩克西斯启示,由欧丁(Odin)传播给追随者还是由欧丁首创,我不敢妄加猜测。可能是前一个也可能是后一个,因为大家公认,由欧丁带领进入欧洲西北部的哥特人来自塔内斯河附近的戈泰。那片广阔的斯基泰地区被天然河流、湖泊、高山、森林或沼泽分割成众多不同的国家。每个国家都像一个巨大的蜂巢,由于繁殖能力强和健康的环境,很快挤满了蜜蜂,新的蜂群在一定时间内产生并飞走。它们找到新的地方,如果喜欢当地的条件和生活便利,就赶走或征服原来的居民,住在他们的蜂巢里;否则,就继续飞寻,直到发现更为适合自己当前性情的地方。有些被驱逐的蜂群逃离家园之后振作精神侵略另外一个蜂群,[364]因为邻居的残忍伤害而报复更为弱小和无辜的蜂群,就像海浪一个打在另一个上面,传到遥远的地方或国家。有时候,征服者通过自愿加入并分享将来财富的形式,招募他们首次征服的国家中最强大、最具有冒险精神的人,增加自己的数量和力量,继续进行征服战争。

远征的常见方式是,当国家人口多到难以供养时,他们就召集所有能参战的人,把他们分成两队,一队在国内保卫家园,另一队要开始新的冒险,占领能够用武力夺取的其他国家。有时用抓阄有时用协议决定队伍的去留。要出去的队伍选择在智慧或英勇方面最有名望的人担任领导。这些人成为统帅或将军,如果征服胜利了且幸存,就成为被征服国家的第一任君主,被选为新国家的王。

详细研究古代北欧的卢恩(Rune)的语言和学问,似乎就得出一致的结论,[365]欧丁或沃登(Woden)或戈登(Goden)(根据不同的北方方言)是西斯基泰人的第一个伟大英雄。他领导一大批革泰人以哥特人的名义从亚洲的斯基泰来到欧洲的西北角,把他的国家扩张到环整个波罗的海以及海上的岛屿,向西一直到达大西洋,向南到达艾尔维(Alve,古代认为这是斯基泰和德国之间的分界线)。这个广漠的国家在古哥特语中被称为比亚尔米亚(Biarmia),被有些作家称为母亲国(Officina Gentium),[366]因为从那里产生了多如牛毛的哥特人、旺达尔人、撒克逊人、盎格鲁人、朱特人(Jutes)、丹麦人和诺曼人,他们常常成群骚扰并最终征服了所有欧洲西部省份。据有人记载,欧丁的征服达到法兰克尼亚(Franconia),但所有人都认为,这位欧丁首先发明了,至少刻出了卢恩文字或符号。这些文字闻名一时,最后变得臭名昭著,因为人们通常把这些奇怪符号等同于魔法或巫术。欧丁用这些符号制订了很多卓越的规章和法律,区分了四季和时间,由此成为不可战胜的勇士和睿智的立法者,生前受到子民的热爱和服从,死后被拜为三位主神之一——战神,其他两位分别是雷与暴雨之神索尔(Thor)和快乐之神弗里娅(Frea)。一周里有三天是根据他们的名字命名的,使得人们能够永远记住他们。

我不再详细讲述欧丁的故事、他的继承人以及由此导致的当地大量著名的变革,也不再仔细探究他远征的那个时代,因为年代过于久远,存在诸多悬疑,无法确定。然而,假如他的确创造了卢恩符号文字,以此语言创作的作家将使他早于伊凡德尔(Evander),①认定卢恩字母早于伊凡德尔带入意大利的拉丁

---

① 伊凡德尔是罗马神话中的人物,据说是他把希腊万神殿、法律和字母带入意大利。

文。根据我研究的所有古代史料,我猜测,欧丁的这次远征可能发生于两千年前或那一时间前后。毋庸置疑,用卢恩语书写的材料长期以来一直用比其他语言书写的材料更为持久,它不是书写于树叶、树皮、蜂蜡或羊皮纸上,[367]而是刻在石头、栎树板、人造方尖牌或石柱上,甚至在自然界中的石头上,数量众多且篇幅很长,但更多卢恩文作品是诗。我接下来仅关注这些北方民族心中非常显著,也可能比较独特的三个主要观念。它们极其深远地影响了北欧人的命运和征服以及王国的力量和存续。第一个是宗教或迷信观念,第二是学问,最后一个是政治或政府。

第一个观念无论是扎尔摩克西斯在自命不朽的古代革泰人中间的化身,还是由欧丁引入西哥特的东西,可以确切地说,他们持有一种恒定普遍的观念,即死亡只是进入另一种生命。因此,所有生活懒散得过且过,并最终由于疾病或年老自然死亡的人,都将进入地下广阔的洞穴,里面泥泞黑暗,处处是该地常见的吵闹的生物,那里的人将永远生活在无穷无尽的恶臭与苦难之中。与此相反,若是参与类似战争的伟大事业、征服邻国以及屠戮敌人,从而死于战争或由于英勇的冒险或决定而非正常死亡,则立刻升入欧丁宽阔的宫殿。战神为这些客人永远敞开大门,在无数的餐桌旁招待他们,一直饮酒作乐,并根据每个人杀死敌人的数量,用这些敌人的头颅做成酒碗,让他们开怀畅饮。欢乐宫里的每一个人都得到了最高的荣耀和最好的款待。

这种观念印在了这些凶悍的凡人的脑海,[368]对他们的生死观和欲望观产生了很大的影响。前面引用的卢卡努斯的诗歌较好地谈到了这一点。大约八百年前,他们著名的国王之一拉德布洛格(Regner Ladbrog)被毒蛇咬死,他在弥留之际用卢恩语写下了一首哀歌,其二十五节和二十九节也生动地描述了上述观念。(在学问王国有一席之地的)奥劳斯(Olaus Wormius)把这首短诗全部记录在他的《卢恩文学》里,无论对于爱好诗歌者,还是想研究不同时代和地区的硬币和印章的人,这首诗都非常值得一读。这首诗异乎寻常之处在于它表达出对死亡的欣然接受,这在其作它作品是见不到的,在其他民族那里也无法想象。下面的两节来自奥劳斯的拉丁文译文:

25 节

挥舞着长剑厮杀,总是让我感到快乐。我知道天父的长凳在宴会厅已经摆好。畅快淋漓地喝酒吧,凹下去的头颅酒杯在哀叹强者的死亡。绝望者不能来到这伟大欧丁的殿堂,与他待在一起。

26 节

生命可能终结。他们邀我去天庭——欧丁的殿堂。欧丁让亚洲人给我端来让人甜蜜的好酒,坐在最高的座位上畅饮。我大笑而过生命的岁月,死而无憾。

[369]假如我判断不错的话,如果不考虑遥远国度在地区、风尚、观念和语言方面的差异,这首短诗和接下来的"斯科勒格林颂"(Scallogrim)(同样是他的作品,写于他被判处死刑后因立功获得赦免)就有真正的诗意,类似品达。

关于这个迷信观念,我不再费功夫引用更多的卢恩语诗歌,上述诗歌已经完全表达清楚,表明它已经占据了北欧人最高贵的灵魂。其中之一似乎就是拉德布洛格。他在北部大陆、英格兰、苏格兰和爱尔兰连年征战并取得了胜利。但我要再补充一个奥克森斯滕(Oxenstern)公爵在奈梅亨(Nimeguen)告诉我的证明,这位公爵是那个会议上第一位瑞典大使。我们谈到了这个话题,并认定这个观念普遍存在于那些国家的哥特人中。此时,他告诉我,在瑞典仍然有个地方叫欧丁殿,算是历史遗迹。它是个大海湾,三面都是陡峭的犬牙交错的岩石。在异教时期的哥特,得了他们认为致命的不治之症或年老体弱而无法参与军事战斗的人,担心自己不光彩(他们认为如此)地死在床榻上,通常让人把他们抬到此处就近的岩石,把他们扔进大海,以此希望,这样大胆的非正常死亡能够让他们重新获得进入欧丁殿的门票,因为他们未能拿起武器在战斗中牺牲,丧失了机会。

显而易见,这个观念(随着教诲与教育被灌输、被深信)必定深刻影响了天生强壮和勇敢的民族的欲望和行动,[370]大大超越了最大胆、最坚定的哲学的所有分支,因为后者仅仅对于死亡心如止水,或者说对于生死漠然置之,但前者却蔑视生命,迎接死亡;不仅如此,它还担心和厌恶正常死亡,追求与渴望暴力死亡(与所有其他民族的普遍看法相反),因此,像其他人热爱狩猎或此类的积极运动一样,他们热衷于战争和危险,战斗的目的是死亡也是胜利。一方的真正乐趣是乐趣,但另一方的所谓优劣也是乐趣。这使他们永远处于新的运动和谋划之中,执行起来无畏凶狠,在战争中从不吝惜自己的生命,一心一意要杀更多的敌人,获更大的今世名声和更多的来世幸福。

只要法律允许、君王批准,有官方裁判主持,他们就进行生死由天的决斗,去裁决哪一方代表正确与正义。由此产生了马上比武、擂台赛等长久以来受到那些地区大力推崇的活动;他们的结婚庆典也要有长矛、刀剑、打斗、流血,有时甚至是死亡,以显隆重。后来,法国的亨利二世令人遗憾的离世以及蒙哥马利

(Montgomery)的致命长矛使这种风俗不再受人推崇。① 该风俗还导致人们一直采用法律和决斗的方式解决争端,比如财产或土地权争议。嫌疑人完全否认指控人信誓旦旦的指控,双方又都拿不出证据时,只能决斗。历史已经明确,[371]在所有哥特民族和他们建立的几个王国或公国中,甚至在他们接受了基督教之后,这种尚武行为存续良久,而且非常频繁。学问和文明的引入使其变得臭名昭著,法律也羞于维护暴力流血的裁决,但这种风俗无法杜绝,只是让位于私下决斗,这种犯罪行为被解释为事关荣誉的公平决斗,因为在野蛮时代,这种行为就是法律。这似乎起源于查理五世和弗朗西斯一世之间的著名约战。② 这场约战没有什么结果,却是人人皆知的令人痛心的事件,它使基督教世界特别是法国在后来几任的统治期内流了太多英雄的鲜血,直到当今公平高尚的国王通过公平严厉的措施废除决斗为止。

再回到创立这些(希腊与罗马人不知道的)风俗习惯的英雄。他们的身体的确结实强壮,他们的心智粗暴而凶狠,他们的数量无穷无尽,这可能全归因于他们的地区。但是,除此优势外,他们勇往直前,百折不挠,他们的事业是战争,他们的快乐是危险,他们的运动是战斗;他们的争议和诉讼由武力决定;他们

---

① [译注]亨利二世(1519—1559)热衷于马上比武。1559 年 6 月 30 日,他举行比武大赛庆祝与自己的世仇奥地利哈布斯堡王朝达成和平协议,并庆祝自己的女儿与西班牙国王的婚礼,结果被自己的近卫军将领蒙哥马利的长枪碎片击中而死。

② [译注]哈布斯堡王朝王储查理五世(1500—1558)控制了大片土地,对法国形成了包围之势,同时与法国国王弗朗西斯一世(1494—1547)竞争神圣罗马帝国皇帝的位置。两人私下约定决斗,但被人制止。

只担心过于长久的人生、衰弱的老年和自然或缓慢的死亡,他们渴望和追求暴力或血腥,因为他们认为前者带来苦难,后者带来幸福和更长久的未来人生。

就我而言,考虑这种观念的力量时,我感到惊奇的不是它的影响,即他们数不胜数的征服,也不是他们征服的广阔国家,亦非这样的离奇冒险应该由有魔力的人完成才对。[372]我惊奇的是,他们接受基督教之后结束了这些妄想,永远渴望战争和行动的不安分性情也同样弱化。在被征服的并被选为居住地的省份,他们开始专注于建立不同的王国,努力制订政府的法令和制度。

他们的学问观念是,一切学问都是根据星辰的路径了解和区分四季以及预报天气,或者赞颂德性,后者仅仅包括对他们自己人的公正和攻打其他民族时的英勇;其余的学问用于炫耀君主和领袖的英勇壮举以及自己国家的勇猛与征服。他们所有的作品都用诗体写成,称为卢恩或怀思(Viise),这也是"智慧"(wise)一词的来源。这些诗人或作家被他们尊为圣贤,总是伴随在君王左右,无论在朝堂,还是在军营。他们就君王的行为提出建议,记录他们的战争,歌颂他们的胜利。直到今天我们还可以看到这些风俗的残留。匈牙利和爱尔兰的宴会常常请诗人逗乐宾客,他们歌唱粗俗的曲子或赞美祖先英雄壮举的颂歌。在颂歌中,他们杀死的敌人数量是主要调料。他们通过这种方式表扬在座的英勇老人,激励勇敢的年轻人,在勇气和成就上追上那些已经走完光荣旅程的人。

[375]这些北欧国家的政治观念似乎来源于他们的军事。新族群离开家园时,需选举远征的领袖或将军,同时选举多个重要长官指挥部队的各个分支。选出的这些长官构成了将军的战争委员会,在整个战争期间与将军共商国是。然而,若是遇到重

大情况,如激烈的战斗、艰险的军事历险、选择一个国家当作居住地、提出和平条件等,他们会召集所有部队,征询属下所有士兵或人民。塔西佗发现,他那个时代的日耳曼君主就采用这种方式,小事咨询主要官员,大事咨询全体人民。

殖民地的领袖若是成功征服了新国家,而且大家一致认为这个国家适宜居住,他有生之年就是这个国家的君王。他去世之后,则通过普选选举另一位接替他的位置。在被征服的领地,一部分土地预留给君王和政府,其他土地被分成大小不同的块。大块给部队里的主要长官,因为他们最有资格,也最受尊重;小块给普通士兵。本地居民完全失去了土地,仅被征服者算作奴隶,用于从事体力劳动或当用人;征服国来的居民则是自由民。大块土地持有者也就是主要长官在国事上仍然是君王的委员会成员,就像以前战时一样,但在要事和公众关心的事务方面,君王也要召集并咨询所有小土地所有者的建议。随着时间的流逝,[374]分封的大块田地被称为大封地(barony),小块土地被称为小封地(fee)。

我非常清楚地知道,最有学问的人如伊拉斯谟(Erasmus)、塞尔登(Selden)、斯贝尔曼(Spelman)以及其他很多人考察过Baro[大封地]和Feudum[小封地]这两个词,为此曾不辞辛苦地追溯到拉丁语、希腊语,甚至希伯来语和埃及语。虽然他们说了那么多,但我确信这两个词出自哥特或北方语言,Baron在他们那里指显赫、管辖或荣耀,Feudum指士兵分得的土地。我发现,八百多年前,拉德布洛格王在诗中提到了前一个词,说在一次征战中征服了八个大领主(Baron)。晚期罗马皇帝使用了"小封地",但它来源于哥特习俗,因为大量的哥特人在帝国衰落之际加入罗马军队,打击更为野蛮民族的入侵。在北方民族中,哥特人被认为最为文明有序和品德端正,因此受到圣奥古斯丁和萨尔维安(Salvian)的称赞。① 这两位认为,哥特人的征服是正义之神的赐予,是在奖赏他们的美德,惩罚罗马各省邪恶腐败的生活和政府。因此,许多哥特词汇和风俗早早地进入了罗马帝国一点也不奇怪。

我发现,对于 Baro 这个词的来源,学问界尚没有统一的说法。针对几种猜想的反对观点似乎比猜测的论证更有道理。这个词的含义是什么,他们不同的论述均未涵盖,[375]但从仍然存在的哥特政府建制中可以很容易地推测和证实。在英格兰,男爵(Baron)是受封的称号,有权进入上议院,在西班牙则只是指有名望的人;在不同的基督国家,该称号表示的品质也有差异。然而,确定无疑的是,这些人当初由于征服了国家,受到君王的封赏,获得特定面积的土地。他们至少担任了军职,或曾带着一批士兵跟随君王作战。在德国、法国和苏格兰,他们在自己的领地曾经或仍然通过实施高级司法权或初级司法权持有完全独立的权力,也就是对于包括封臣(vassal)或小领主(fee)在内的下属具有刑事、民事和死刑的司法权。但在英格兰的历史中,我尚未见到此类记载,虽然大男爵手下不仅有数量众多的骑士,甚至还有小男爵。

我认为,征服者威廉曾把英格兰全境分成大封地,但它们之间的分界早已消失,但爱尔兰还有保留。那里的每个省被分成众多大封地,它们似乎属于第一任男爵的财产。此类的大土地所有者占据了这个国家所有的西北地区。

对于"男爵"一词,许多学问家提出了怀疑和悬而未决的争议,再要提出新主张可能是有点妄自尊大。然而,我还是要斗胆

---

① 萨尔维安是公元 5 世纪高卢的基督教作家。

亮出自己的观点,无论其与以前提出的观点有多大的差异。
[376]我读到瓜尼尼(Guagnini)1581年出版的关于萨尔玛提亚(Sarmatia)①的描述。其中提到,庞大的莫斯科帝国由几个公国或巴拉丁国(palatinate)构成。在这些公国中,男爵们是拥有土地、官职或地位的长官,仅次于君王、公爵或巴拉丁,统称 Boiarons。现在大公朝堂上那些类似人物称为 Boiars,可能是前者的讹变或方言发音。我想,现在很明显,Boiarons 很容易缩写成 Barons,仅仅把前两个音节变成一个就可以了,而且,现在通常念 Barons 时都把 A 的音拉长。上面提到的国家都曾是哥特征服者的居住地,我倾向于认为,他们的 Boiarons 随着征服势力不断增长,成为这几个小国或大国最初的男爵。

从上述的分编、形式和制度可以自然地推断或清晰地看到哥特政府的框架和建制。它们很独特,不同于历史上所有已知或已观察到的政府。然而,这种政府在北方国家当中很普遍,统治者都叫王、君主或大公(duke),其地产遍布欧洲,从东北的波兰和匈牙利直到西南的西班牙和葡萄牙,虽然这些广阔的国家在不同时期遭到北方民族的多次征服。它们的政府似乎由哥特的圣贤创立,是自由人的政府,具有北方民族的精神或品格,使其不同于南方和东方的政府,而且人们取名都是法兰克人的名字。

[377]我不需多说这种建制,它在我们岛国中已经人所共知。法国、西班牙、德国和瑞典在古代和我们一样,现代仍然保留着这种制度:一位在和平和战争期间掌握全部权力的王或君

---

① 瓜尼尼(1538—1614),具有意大利血统的波兰作家、士兵和历史学家。

主;用作君王顾问机构的男爵(取最初含义)大会,代表全部拥有土地者的平民大会;城市和行政区也有同样的权利,因为它们也拥有属于自己的土地。弗里斯兰(Friezland)省现在还是如此,我们的哥特或撒克逊祖先在来到我们这些岛屿之前曾在那里居住过。这个古代哥特王国所在地和当时的英格兰一样,没有或很少有贸易。他们的性情和人生全部投向了武力。诺曼征服之后很久,英格兰的贸易仍由犹太人、伦巴第人或米兰人推动,因此,行政区权利产生于土地,而非贸易。行政区里居住了很多自由人,他们有很多地产。无论如何,这种建制受到欢迎,因为它产生于智慧和公平,是至今统治与自由之间找到的最正确与最公平的平衡点。它似乎正是赫拉克利特所说的政治中唯一有价值的技艺或知识,即所有人统治所有人这个秘密。

这些哥特建制以及土地所有者的选举和代表制仿佛目的就在于此,[378]因为既然国家由其土地构成,他们认为人民也应该由土地所有者构成。只要懂得这个秘密,任何君王不需要其他就可以使自己和他统治的人民过上安全幸福的生活。基于国民一致同意与认可的政权或政府不会遭受内讧的动摇或危险,除非完全被军队控制。在后一种情况下,常备军代替了国民,政府受制于所有士兵的性情:满意还是不满意。相比于非武装政府的国民,这种政府对于政权的变换具有突然和致命的影响。因此,罗马、埃及和突厥帝国似乎分别总是受制于禁卫军、奴隶兵(Mamaluke)和近卫军。① 所以,我现在要离开斯基泰的征战和哥特的建制,谈谈阿拉伯人或伊斯兰教徒在世界上的征战和建制。

---

① [译注]埃及的奴隶兵又直接称"马穆鲁克",是9到16世纪之间哈里发和苏丹的奴隶,后来成为强大的军事集团,统治埃及达三百年之久。

五

在最后一部分,我打算谈四个边远(或按照学人偏爱的称呼称他们为野蛮)帝国中的阿拉伯帝国。这个帝国从本质上与其他帝国迥然不同,它完全建立在狂热的基础上,根本无法用共同理性来解释,在很多方面甚至违背人性,但在征服面积和迅速壮大方面,很少有国家能和这个阿拉伯或萨拉森(Saracen)帝国相提并论。这个国家出现的时间更晚一些,与基督教世界的君王展开了常年的战争,[379]这些君王有欧洲东部的,也有西部的,有希腊教派的,也有拉丁教派的。该帝国的起源和发展家喻户晓,非常容易观察,因为很多现代作家和某些人烂熟于心的历史书都讲到过它。因此,我这里只简短地叙述两个方面。

穆罕默德生活于大约公元600年。他出身低微贫穷,没有文化,却拥有充满活力和狡猾的头脑,就像他出生与长大的地方。那是称为福地(Happy)的阿拉伯地区,被认为是世界上最甜美的地方,正如诗人用高超的技艺描画出来的那些福地一样:

> 没有风打破宁静,没有乌云降下雨水,没有冰雪带来烦恼;天穹总是纯净如洗,没有一丝云彩,明媚的阳光如笑容满面。①

穆罕默德是该国一位富商的仆人,在主人死后,娶了他的遗

---

① 卢克莱修,《物性论》卷三,行 19 – 22。

孀,拥有了一大笔财富和一个大家庭。他招待的许多人中有一位"塞吉亚"(Sergian)和尚,至少别人都那样称呼他。这位和尚由于堕落和放荡的生活习性离开了寺庙,抛弃了信仰,但在其他方面却是一位学问家。穆罕默德经常癫痫发作或生病。由于当地气候或自身疾病,他饮食比较节制,滴酒不沾,在其他方面却过着骄奢淫逸的放荡生活。癫痫使穆罕默德感到难堪。为了不让妻子和其他家人看见,他声称,癫痫发作是伟大的神在特定时间让他陷入迷幻状态,告知他神的意愿以及要通过真正的崇拜仪式和律条去信仰神,[380]命令他把神谕公布于世,向人间传授,确保它们得到遵守。

此时,在欧洲东部的所有基督教地区,阿里乌斯主义(Arianism)泛滥成灾。这一派里有学问的教徒和拥护者无论如何润色或掩饰,该学说都是在否认或削弱基督的神性,只保留了他的预言职能。阿拉伯和埃及地区的国家散居着大量犹太人,他们在罗马皇帝哈德良(Hadrian)时期国破家亡,被迫逃到欧洲东部地区,躲避哈德良造成的灾难,甚至种族灭绝,因为这位皇帝把犹太(Judea)地区变成了一片废墟,还把其余的犹太人尽可能地运往西班牙。阿拉伯和埃及的其余居民是非犹太教徒,他们有的疯狂从事腐朽的受人嘲笑的偶像崇拜,有的挖空心思要过骄奢淫逸的生活,有的渴望获取财富。为迎合这三种人,穆罕默德在他唯一的心腹——那位和尚的协助下,设计了一套宗教。他们认为,这套宗教可能吸引,至少不会吓退,所有具有相同观念和禀性的人,而且比较符合他自己的性情和意图。

穆罕默德宣称只有一个神,他是世界的造物主,统治着世界的一切。该神在古代曾派遣摩西,也就是他的第一位伟大先知把他的戒律传达给人类,但非犹太人没有收到,犹太人又没有遵守,这也是造成他们常常遭受不幸和困境的原因,因此,神特意派遣穆罕默德来执行此项任务。摩西之后,神曾派第二位先知,也就是比摩西更伟大的基督,[381]宣扬他的律令,要求人们更严格地遵守,却要人保持温和、耐心和谦卑,这和摩西的效果一样,没有收到好的反响和成功。因此,神现在派最后一个也是最伟大的先知穆罕默德用更大的力量宣传他的法令,用武力和暴力征服那些不愿接受的人们,使他们顺从。为此,神要在世上建立一个王国,向天下人传播神的法律和信仰。神要完全毁灭所有拒绝接受的人,把战利品和敌人的财产给予信仰和遵守他的人作为今生的奖励,来世为他们提供天堂,里面声色犬马,应有尽有,特别是还有专门为此目的而找的漂亮女人。

神要把信仰和神谕传播到世界其他地方,使最终归顺或得到征服的人获得更高层次的快乐与幸福。这些观念和严格禁酒以及宿命论成为穆罕默德的首要信条和制度,受到当地阿里乌斯教徒、犹太人和非犹太人的热烈欢迎,使他们汇集在一起。他的国家的崛起还在于:人们相信他的神圣使命和权威;许多人发现他们的主要观念或宗教观点也包含在里面;但大部分人是因其满足了他们的肉欲、奢侈、贪婪、野心和仇恨。多次癫痫发作或幻觉过后,穆罕默德写下《古兰经》章节,说是刚刚接受的神启和神谕。《古兰经》及其翻译看起来像是他幻觉或梦魇中的胡言乱语,[382]准确来讲,是他天马行空的荒诞想法,但被追随者奉为圣书,这表明他们具有不同的奇怪思想。

简而言之,这个宗教如同恶性传染病,从阿拉伯传播到埃及和叙利亚。穆罕默德的力量急剧增强,他的教义也广为流传。穆罕默德在世时,伊斯兰教和伊斯兰国占据了所有这些国家和波斯的大部分。随着古罗马衰落创造出的有利条件,这颗新扫帚星腾空而起,让世人感到惊奇和恐惧。它手持一把熊熊燃烧的长剑所向披靡,凡挡住它去路的地方都化为一地废墟。

继承穆罕默德的族人有两支,都被信徒认为具有神性。一支是波斯哈里发,另一支是埃及和阿拉伯的哈里发。两支都称萨拉森,一支在东,一支在西,都取得了巨大的令人瞩目的征服。

罗马帝国,准确来说是首都在君士坦丁堡、后来称为希腊帝国的罗马帝国残余部分,曾饱受北方野蛮民族的侵犯,很多地方满目疮痍,没有能力抵挡新劲敌的气势汹汹的进攻。此外,基督教内部的分裂为他们的征服扫清了道路,大量基督徒改信新宗教。阿里乌斯教徒在欧洲东部地区遭到一些(信仰西部罗马教会的)希腊皇帝的迫害,自然转信穆罕默德的教义,[383]因为后者也把基督视为伟大的具有神性的先知,与阿里乌斯信徒的看法如出一辙。其他希腊君王残酷迫害禁止使用神像的基督徒,使得数量庞大的基督徒投靠萨拉森,因为萨拉森也与他们一样憎恨神像崇拜。萨拉森吸引犹太人之处首先在于承认神的整体性,犹太人认为基督教信仰中不包含这一点;其次在于萨拉森给予摩西巨大的荣耀,把他视为神直接派到人间的先知和立法者。异教徒从中发现了古老的异教观念——宿命论,这是廊下派的信条。在专制和残酷的统治下,不幸的人常常倒向这种观点,在不确定的人生境遇中聊以自慰。因此,正如有些罗马作家所说,提比略(Tiberius)、卡利古拉(Caligula)和尼禄在位时期出现了大量廊下派信徒,比芝诺、克吕西帕斯(Chrysippus)、克里安提斯(cleanthes)的教义还要有效。

辽阔强大的波斯帝国在萨拉森人手里存续了很长时间,最后被突厥人所占领,后来又被帖木儿率领的鞑靼人占领。帖木儿的族人一直占据那里,直到伊希梅尔(Ishmael)时代,①由此产生了今天的萨非(Sophies)王朝。伊希梅尔是个狂热主义者,至少声称要重塑穆罕默德信仰。他声称要改造他们的教义和风俗,并教导说,在穆罕默德的信徒中,只有阿里(Haly)才应该被承认是他的真正继承人,使得波斯人和突厥人从此互相看作异端。经改进的新观念或宣称的信仰使他拥有了众多追随者,他于是自称为波斯王,如同谢里夫(Xeriff)们在查理五世时期逐渐成为摩洛哥和非斯(Fez)的王、[384]克伦威尔成为英格兰的护国主、奥兰则布(Oran Zeb)成为我们时代的莫卧儿大帝。② 这四个大国都具有狂热的特点。

阿拉伯这边的萨拉森帝国在阿拉伯和埃及地区经过长久快速扩张,之后,在曼苏尔(Almanzor)的统治下达到巅峰。曼苏尔是卓越闻名的阿拉伯英雄。必须承认,他在权力、英雄和帝国统治方面出类拔萃,在学问、美德、虔诚和美好天性方面也是一样。帝国从阿拉伯穿过埃及和整个非洲北部,直达西部海洋和西班牙的所有重要省份。正是在那个时代,在他胜利的军旗指引下,西班牙的哥特王国被征服了,使哥特民族的著名君王们终结于罗德里格(Rodrigo)。③(除了里昂和奥维都[Oviedo]的山区)整个国家都被征服,后来分裂成多个摩尔王国,其中一些持续到斐迪南德(Ferdinand)和伊莎贝拉(Isabella)统治时期。不仅如

---

① 伊希梅尔一世(1487—1524),创立伊朗萨非王朝,于1502—1524在位。
② [译注]"阿里"是穆罕默德的表弟和女婿。"谢里夫"意为"高贵"。阿拉伯逊尼派称哈桑·本·阿里的子孙为"谢里夫"。
③ [译注]罗德里格(?—711)是伊比利亚半岛上西哥特人的王,据认为是哥特民族的最后一位国王,711年率军抵御入侵的伊斯兰军队,战死。

此,在征服了西班牙之后,萨拉森的军队入侵法国南部,取得了同样的成功,直达图尔市(Tours),最后被马特尔(Charles Martel)打败并赶了出去。马特尔由于这些战功而声名显赫,变得雄心勃勃。他通过罢黜和灭绝自法拉蒙德(Pharamond)以来的王室家族,让自己的后代匹平(Pepin)和查理曼(Charlemain)当上了法国国王。

据我所知,在西班牙作家的作品里,以及从阿拉伯语翻译过来的有关曼苏尔的历史中,没有哪个君王有曼苏尔那么伟大和高贵。在阿拉伯,当时世上保留下来的学问得到空前繁荣;[385]希腊学问也被翻译成阿拉伯语,在某些方面通过这些敏锐卓越的南方才子得到大幅度的提升。

这个王国在埃及哈里发的统治下继续保持着强大。哈里发们没有学习曼苏尔的榜样和美德,开始堕落,逐渐被国民憎恨。为了自身安全,他们组织了一支由切尔克西亚(Circassian)的奴隶构成的强大卫兵队。这些奴隶在童年时期被从黑海和里海之间的今天叫做孟格力里亚(Mengrelia)的国家带到这里。孟格力里亚是古代亚马逊人的居住地,无论过去与现在,据说所有东部地区最勇猛的男人和最漂亮的女人都产自这里。这些奴隶来到埃及后被称为马穆鲁克。他们得到精心的抚养,受到各种训练,成了世界上最能征善战的部队。结果也确实如此。

苏丹是这支强大的奴隶兵团的统帅,对士兵具有绝对权力,在战争时期是他们的将军。他们有一段时间曾支持哈里发政府,奴役埃及人。有一位苏丹意识到了自己的权力,发现哈里发由于软弱和生活腐化而堕落,受到所有人的蔑视,于是先将其罢黜,再杀害他,最后以苏丹的名义接管埃及政府,通过奴隶兵的力量和支持统治国家。这些奴隶兵的数量通过切尔克西亚奴隶贸易与运输不断增加。这种政府在埃及持续了两三百年,造成了极大恐怖。在此期间,在老苏丹死亡或被罢黜之后,奴隶兵选出新苏丹,[386]人选总是来自奴隶兵团。过世苏丹的子孙享用父亲留下的田产和财富,但根据政府规定,苏丹的儿子不能继承苏丹皇位,甚至不能选为苏丹,因此与世上所有其他国家相反。生在君主家意味着肯定被排除在国家之外。没有卖身为奴,从切尔克西亚运过来,并在奴隶兵中接受训练成为一名士兵,就永远不能被选为苏丹。然而,从这种低劣的金属里却锻造出几位当时的风云人物。奴隶兵在苏丹的领导下抵抗日益强大的突厥帝国比任何国家都要勇猛,直至在长时间战争之后被塞利姆(Selim)征服。① 这场战争在历史上仿佛是猛虎与野猪的搏斗,被毁灭的国家则在旁观,一点也不关心将会受谁的管辖和欺凌。

对于是希腊皇帝还是波斯皇帝首先把突厥人引入亚洲,作家们有不同意见,但他们一致同意,突厥人多次失败,却拒绝朋友的帮助。他们另起炉灶,接受穆罕默德的信仰,并改进其观念;他们通过新法令和新创造(全部为了征服和扩大帝国疆域)构架起一个国家,在奥斯曼家族的领导下臣服了希腊帝国和阿拉伯帝国,并扎根于这些大国之中,直到今天。另外,他们还把诸多其他地区并入他们的版图,使更多的人皈依穆罕默德信仰。这个突厥帝国就像刚采的接穗,嫁接到粗壮的砧木上时,[387]仅仅能覆盖住接口处,但随着时间的推移,它长得枝繁叶茂,盖过了那根自然砧木——波斯。

这个凶悍的政府得以建立并威震天下,依赖的主要观念首先是前面已经陈述的穆罕默德的观念:肉欲的天堂和宿命论成

---

① 塞利姆一世(1470—1520),奥斯曼帝国皇帝(1512—1520)。

为强大的动力，使他们勇敢进取，再加上可以掠夺征服者的东西，包括土地、商品和自由，征服者可以随心所欲地抢走这些东西。

第二个观念是相信神指派奥斯曼家族来统治他们，扩大领地，传播信仰。这使群主被尊为或至少被接受为穆罕默德的继承人，在民事上是至高无上的立法者，在所有宗教事务上（在法典官穆夫提［mufti］的协助下）是最高法官。这种观念在人民中根深蒂固，使他们认为在任何事情上都要服从奥斯曼君王，就像服从神一样，因为他们觉得奥斯曼就是神的安排。民众不仅必须遵守奥斯曼的命令，冒着生命危险与敌人战斗，甚至按照他的要求随时献出自己的生命，在别人看来，那种态度如同听从命运的安排或神的意愿。对皇帝命令彻底的唯命是从导致很多人被残忍地杀害，尽管其缘由只是君王乖张的性情、大臣的建议以及君王最宠信的女人的恭维或报复。

第三个观念是被征服国家的土地除了给皇帝预留的一部分，其余全部分给士兵。封地只是帝王按自己的心情或当时的情况给予的分封，使皇帝成为国内全部土地的唯一领主。一般由土地分封权力可以推测他是世界上最专制的君王。

第四个观念是所有荣誉或官职以及土地都不能世袭，都需要取决于皇帝的意愿。因此，每个雄心勃勃和贪婪的人都需要使龙颜大悦，符合他当下的意图，遵从他的命令，无论其性情多么不同、多么变换无常。

第五个是在整个帝国的国民中，压制甚至是消灭所有学问，至少在土生土长的突厥人和近卫兵中是如此，因为他们是国家的力量来源。这种无知导致最大限度的盲从，因为宗教与政治、自由与王权以及此类的辩论常常会打破无知。

第六个是建立了著名的近卫兵团。很难在其他建制中找到这种真正深刻的政治制度：在全国范围内随意挑选被认为最适合专门服务皇帝的儿童基督徒，要挑选生长快、身体结实、体格健壮、英勇无畏的苗子。他们由皇帝抚养，在几所所谓的学院接受专门委派的军官的培训，通过教育和训练尽力提升他们的天生优势。[389]这些儿童被大肆灌输穆罕默德的信仰，培养尊重奥斯曼家族的习惯。后来变得羸弱、懒惰或懦弱的孩子转到花园和工地做劳力，或到宫殿做苦力。所有适合作战的到达一定的年龄后，就进入近卫兵团，保卫皇帝。

通过这种方式，整个帝国基督徒的数量不断下降，基督徒群体失去了可能变得最勇敢最强壮的成员，而伊斯兰教徒则同比例增长。一大批挑选出来的人永远在训练和领军饷，他们视自己为主人及其家庭的奴隶，甚至是被监护人和家仆。

第七是让严格节制成为突厥人的普遍习惯，特别是在近卫军当中。他们严禁饮酒，给部队只提供大米这一种食物。若是形势需要，每个人能够携带足够几天食用的大米，每次远征的供给根据人数确定，不区分地位高低。因此，无论是在行军还是在军营，一位上校和一位普通士兵在配额上相同。他们除了一般军官外，都没有行李拖累，因此在对德国的战争中占据巨大优势。而对方的每一位军官无论在进军还是在驻地，按照指挥权的大小都带有相应数量的家属，而且士兵过去常常带着妻子上战场，但突厥军队里只有战士。

我要提到的最后一点是，[390]他们的民事和军事审判快速而严厉，当然也经常犯错，造成冤假错案，伤害无辜，因而受人诟病。他们司法的基础原则是，宁可错杀两个好人，不让一个坏人漏网。这确实与整个帝国的架构相吻合，因为其架构在各个节点上都是世界上最强硬的,正如印加帝国最文雅、中国最智慧、哥特最勇敢一样。

在奥斯曼家族的统治下,突厥帝国在起初的两三个世纪发展迅猛,使全世界感到恐惧和惊奇,但最近一百年似乎陷于停滞,自从征服匈牙利之后,没有征服过其他地方。小小的威尼斯英勇地与强大的奥斯曼军队展开了持久战,使后者征服的坎迪亚(Candia)也只剩一小片。究其原因,固然可以归结为帝国周期——帝国如同天生的身体,经过一定时间的生长到达一定的高度,就停止生长——然而,还可以归结为显而易见的其他内外原因。

第一,没有遵守一些对于政府建制具有重要作用的制度。在征服塞浦路斯之后,塞利姆酗酒成性,使得饮酒的风俗习惯流行开来,违背了穆罕默德曾严厉要求、所有信徒们也一直遵守的禁酒法。突厥人与近卫军尽量偷偷饮酒,避免招致公愤和惩罚。他们感受到了酒精对于他们身体与性情的作用。他们脾气暴躁,没人惹都火冒三丈,[391]身体由于酗酒和沉湎于女色而变得虚弱。

此外,近卫军制度也发生了很大变化。长久以来,腐败的官员一方面允许基督徒交钱换取孩子,另一方面允许突厥人付钱把自己的孩子送进去当近卫兵。因此,常备军选择的根据不是最强壮最尚武的人,而是父母或朋友的钱包。

上述两个问题产生了比这两个问题更严重、更致命的后果:近卫军团养成了叛乱的习性。他们意识到了自己的力量,开始使政权按照自己的意愿改变。长久以来,近卫军屠杀了许多总督(Basha)和大臣(Vizier)。最后,他们竟然向自己的皇帝动手。他们罢黜并勒死了伊布拉欣(Ibrahim)皇帝,①扶植他年幼的儿子也就是现在的皇帝上台。但问题没有就此结束,近卫军陷于新的内讧,撤掉并谋害了几位大臣,分裂成强大的派别。由于他们之间的分歧相当严重,阿勒波(Aleppo)的总督带领十万人的大军自立山头(当然是打着假穆拉德[Morat]儿子的名义),②给这个强大的国家带来了动荡。

奥斯曼家族的统治为此险些终结,多亏在政府里大权独揽的新任首席大臣老库玻利(Cuperly)。他利用这位胆大妄为的冒险家对条约深信不疑,下令突袭并勒死了他。库玻利八十岁当上大臣,生性残酷,上了年纪更是铁石心肠。为了平息躁动不安的近卫军和其他部队,他在三年时间内通过秘密、凶残和出其不意的手段屠杀了近四万人,[392]不经过任何法律程序或审判,也不听任何申诉或辩护。他的儿子继承了首席大臣的位置,发现帝国因其残酷的父亲而元气大伤,其余的部队仍然怨声载道,牢骚满腹,酝酿着新动乱和复仇。于是,为了转移士兵的注意力,他发动战争,很快打败了威尼斯人和特兰西瓦尼亚人(Transilvanian),攻占了匈牙利的剩余部分。通过安抚和管理,他成功弥合了父亲留下的血淋淋的伤口,大大恢复了奥斯曼帝国的力量,使得继任的首席大臣竟然在停战协定生效期间进攻德国,最终围困维也纳。后面这个故事发生在最近,已经是家喻户晓,不再赘述。

另外一个原因是忽视了海上,或者说淡忘了他们以前的海上优势。多年来,他们在这方面基本上乏善可陈,倒有一句话常常挂在嘴边:神把土地赐给了伊斯兰信徒,把海洋送给了基督徒。

---

① 伊布拉欣(1615—1648)于1640年至1648年在位。
② 穆拉德四世于1623年至1640年在位。

我观察到的最后一个原因是过量吸食鸦片。他们使用鸦片,是为了弥补酒精的匮乏和转移忧思,因为命运和生活艰苦而无常,取决于喜怒无常的皇帝或首席大臣的心情与命令。然而,鸦片作用短暂,只能暂时减轻忧愤和悲思。药效过去之后,忧思卷土重来,必须经常使用鸦片。频繁吸食鸦片最易使人的身心软弱无力,萎靡不振。

突厥帝国的扩张在过去一百年陷于停滞的外部原因似乎是,[393]他们已经扩大到难以击破的铜墙铁壁,其东边毗邻波斯帝国,北边与鞑靼接壤,南边是埃塞俄比亚,西边是日耳曼帝国。他们把目光转向这边,攻击基督教国家,这是最容易也最合理的方向。

这个日耳曼帝国具有辽阔的领土,数量众多的英勇战士,一旦为了同一事业或争端团结起来,防守起来将像突厥人的入侵或征服一样强大。构成这个帝国的是法定君主或自由政权领导下的诸多文明和温和政府,其中的国民热爱自由和法律,痛恨受到任何外来势力或专制权力的统治,似乎在这一点上坚不可摧。与此相反,突厥控制的地区全部遭到奴役和毁坏,除了常备军之外,没有战斗力,一般的民众不关心他们国外的胜利,也不在乎国内的保卫,因为他们没什么可以失去的,反而可能有希望通过改变主人或政府捞取利益。因此,一旦军队遭到重大失败,这个帝国的防守将不堪一击。

在最近的大动荡中,这两种不同的情况的(所有可能)后果都出现了,给人留下了深刻的印象,让世人不禁感到神定论是不是穿过了所有人类的表象。那位首席大臣在那些同盟的君王联合起来解救维也纳之前本可以拿下这个城市,但(附近地区为安全放在这里的)大量财富的消息使得他渴望通过协议而非暴力攻占城市,

[394]因为暴力会使所有财富成为士兵而非将军的囊中物。①

若是突厥人占据了这座基督教世界的坚固堡垒,我简直不敢想象什么还能阻止他们接下来占领奥地利及其附属地区,或许再过一年,又占领意大利全境或德国南部地区,或两到三年的时间将两个一起占领,因为他们应该打算进一步征服。可以很容易推断,这个后果对于其余的基督教世界是致命的,可能大大增加突厥人的领土范围。

另一方面,军队溃败之后,首席大臣、许多英勇的总督和其他高级将领也死于血腥朝廷习以为常的任性和内讧。经过多次战役,大量近卫军被消灭,全面溃败的军队再也无法抵御神勇的日耳曼军队。在占领贝尔格莱德之后,神圣罗马帝国的皇帝若是能够领导手下军队,派一名伟大统帅指挥,不依赖供养军队的那些君王,我认为一定能够在保加利亚和罗马尼亚的开阔平原上所向披靡,轻松占领君士坦丁堡,因为突厥帝国日益衰落,剩下的军队士气低落、不堪一击,国库空虚,朝廷也四分五裂。在这个动荡的大城市里,战争已经使每个人成为惊弓之鸟。

但神没有安排这么大的变革,没有毁灭也没有帮助基督教世界,而是让两个帝国保持距离,[395]使任何一方都不可能取得大规模胜利,让双方达成和平协议,很可能把匈牙利归为奥地利家族,使突厥人对我们时代的基督教世界不再造成恐慌或危险。

穆罕默德帝国与其他帝国不同,其建立的基础不是英雄德性,而是奸诈的人利用了人们的轻信与纯朴。但该帝国曾受到诸多君王的影响,在他们身上至少可以看到一些太阳的光辉,比如

---

① [译注]指库玻利的儿子、首席大臣卡拉(Kara)在1683年围攻维也纳,对阵由哈布斯堡王朝领导的神圣罗马帝国和波兰立陶宛共和国。

曼苏尔、萨拉丁(Saladine)、奥斯曼和苏莱曼(Solyman)。既然我已经点出了这个教派最为英勇的人物,为了公平对待更为高贵的民族,我同时也要点出另一方各个国家在不同的时代出现的最为耀眼的人物。他们的美德和伟大没有遭到显眼的污点和错误玷污,他们的事业有益于自己的国家,他们的榜样值得人类学习,真正地流芳百世,彪炳青史。历史对于死者永远公平,但可能偏袒生者,因为有权力的人迫使人们赞同或受到阿谀奉承的人过度地赞颂。

在古代希腊人中有伊巴密浓达(Epaminondas)、伯利克勒斯和阿格西劳斯(Agesilaus)。在古罗马有大斯基皮奥、马克卢斯(Marcellus)和保勒斯(Paulus Aemilius)。罗马皇帝有奥古斯都、图拉真、安东尼(Marcus Antoninus)。哥特人中有阿拉里克(Alaric)和忒俄多里克(Theodoric)。西罗马帝国的皇帝有查理曼(Charlemain)、弗里德里希一世(Frederic Barbarossa)和查理五世。法国人有法拉蒙德(Pharamond)、马特尔和生出三位著名人物的亨利四世。[396]瑞典有阿道夫(Gustavus Adolphus)。我们这里有理查一世、黑太子和亨利五世。我可以再加上七位著名的将领或小一点的君王,他们的战绩和美德可以使他们当之无愧地与伟大的王和皇帝相提并论。埃提乌斯(Aetius)和贝利撒留(Bellisarius)是强大的罗马帝国衰落和分裂之后的最后两位罗马军队的统帅。他们取得了最后的胜利,英勇地抵御了数量庞大来势汹汹的野蛮民族,后者在两位将军去世后肢解了整个帝国。常被人称为斯坎德培(Scanderbeg)的伊庇鲁斯(Ipirus)王卡斯特里亚特(George Castriot)和匈牙利总督匈牙堤(Huniades)是两位常胜将军和优秀人物,生前是基督教世界真正的捍卫者,令突厥人闻风丧胆,多年以来,只用很少的部队便使奥斯曼的全国兵力不敢接近。高贵的西班牙人冈萨尔沃

(Ferdinand Gonzalvo)被尊称为"大统领",他靠个人的勇力和指挥为主人赢得了王冠。他本可以把那顶王冠戴到自己头上,但他的野心远远弱于他的勇气和美德。奥兰治(Orange)亲王威廉恢复了荷兰的自由,成为该国的奠基人,被普遍尊称为他那个时代最好、最睿智的统帅。他在一生当中以及被刺身亡之时都在证明他热爱着自己统治的国家和人民。① 帕尔玛(Parma)亲王法尔内塞(Alexander Farnese)依靠智慧、勇气和正义为西班牙国王收复了十七个省中的十个,为了援助盟友,长驱直入打入法国腹地。[397]他似乎在世界上重现了罗马的德性与纪律,使意大利的高贵天才再一次登上历史舞台。②

若有心思走上英雄德性之路,到达真正的名人堂,看看这里汇集的名人,读读他们的故事和榜样就够了。我要把这顶永不凋落的桂冠放在显眼的地方,使这个或下个时代想要戴上它的崇高人物看得清清楚楚。让他们去努力摘取吧。

六

上文考察了四个大帝国和其他四个国家的征服与扩张引起

---

① 奥兰治亲王威廉(1533—1584),亦称"沉默者威廉",领导荷兰反抗西班牙的哈布斯堡王朝,使尼德兰联合省在1581年正式独立,被称为荷兰国父,在1584年被西班牙国王派出的杀手暗杀。

② [译注]法尔内塞(1545—1592),其母亲是西班牙国王卡洛斯一世之女,其父为意大利帕尔玛公爵奥塔维奥。法尔内塞继承母亲尼德兰总督头衔,为西班牙腓力二世的尼德兰摄政,为保卫西班牙立下卓越战功。因其父亲的意大利公爵身份,故称其重现了罗马的德性和意大利的高贵。

了大规模的战争和变革,接下来顺理成章地探讨一下征服的原因和结果,最大限度地追根溯源,发现其自然源头。如同追溯大河,它们的源头通常不引人注目,直到溪流汇集起来,造成洪水泛滥,以至于在世界地图和历史上享有盛名。

为此,针对现存的现代和古代历史上记录的最详尽、最著名的征服,我观察到了三条一般规律。

首先,它们通常是从北向南征服。我们发现,只有萨拉森人可以说是反其道而行之。他们受到另外一种精神——穆罕默德的命定论观念——的驱使,以至于能够舍生忘死,[398]勇于面对危险。其余的征服都遵循上述规律,除非我们把塞索斯特里斯征服的传闻当作历史。① 据古人说,塞索斯特里斯征服了从埃及到塔内斯(Tanais)河之间的所有地区。但我们无法将其当真,因为其必定先于尼努斯王朝,与圣经纪年不一致,可以斥为伪史,而且还有其他古代历史残篇佐证:斯基泰人在尼努斯帝国之前已经征服并占领亚洲几百年了,他们的妻子曾在古代创建了著名的亚马逊王国,后者的遗迹据说在亚历山大时期还能见到。那时,人们认为,亚马逊之所以闻名是因为他们早早地把疆域扩张到整个亚美尼亚和小亚细亚,在以弗所(Ephesus)建立了著名的狄安娜神庙。从古代称狄安娜为陶丽卡(Taurica)看来,②建庙的事儿比较可信。

历史记载中毫无争议的伟大征服包括亚述人向南一直占领阿拉伯和印度;波斯人从里海开始征服了亚述帝国最远处和埃

---

① 塞索斯特里斯(Sesostris),生卒年代不详,据希罗多德记载,塞索斯特里斯是古埃及法老,曾带兵征服小亚细亚,又向西征服欧洲部分地区。
② [译注]陶丽卡是古代克里米亚的名字。

及;马其顿人征服了希腊和波斯全境;罗马人向东征服了希腊帝国,最远到帕提亚,向南征服西西里、西班牙和非洲,然后再向西北扩张;鞑靼人征服了中国全境和印度;哥特人和其他北方民族征服了欧洲更为南方的地区。

关于胜利和征服,我观察到的第二条规律是,它们通常是以少胜多。在历史记录的所有著名战役中,[399]我记得例外的只有帖木儿对阵巴雅泽之战。前者的军队据说超过后者四分之一。当然,双方都投入了大量兵力,很难清楚地计算人数。其余的战役都遵循这个规律。居鲁士领导的波斯在兵力上少于亚述帝国。马其顿攻打波斯的兵力在任何战争中都没有超过四万人,虽然敌人有时有三四十万或六十万人。雅典的军队基本不超过一万,却为了国家的自由在马拉松击败了十二万波斯军队。在所有著名战役中,斯巴达在一次战争中投入战场上的兵力从不超过一万两千人,和联军一起很少超过两万人。① 罗马人一直以少胜多,只有在坎尼(Cannae)和特拉西美诺(Thrasimene)湖的两次著名会战中败给了外国军队。② 在法尔萨利亚(Pharsalia)、高卢和日耳曼地区,恺撒的兵力远不及被征服一方。马略(Marius)的部队不超过四万人,要对抗三十万辛伯里人(Cimber)。③ 埃提乌斯和贝利撒留对阵北方蛮族也是在众寡悬殊的情况下取得了大捷,突厥人进攻波斯帝国和鞑靼人进攻中国也

---

① 而且,据历史记载,他们从来不问敌人的人数,只问敌人的位置。
② [译注]两次战役均发生在第二次布匿战争中,迦太基一方由汉尼拔指挥。
③ [译注]马略(公元前157—前86)是罗马著名的将军和政治家,于公元前101年指挥罗马军队在沃尔切利(Vercellae)彻底消灭北方的辛伯里等蛮族。

是以同样的方式首战告捷。斯坎德培在打败突厥人的所有著名战争中兵力从来不超过一万六千人,虽然突厥人的部队有时超过十万。

[400]后来,在克雷西(Cressy)、普瓦捷(Poitiers)和阿金库尔(Agencourt)的著名战争中,英国人都在众寡悬殊的情况下取得了胜利。① 查理五世在意大利、亨利四世在法国、阿道夫(Gustavus Aldophus)在德国都是以小搏大并大获全胜。在本世纪,我记得,使蒂雷纳(Turenne)元帅当之无愧地获得崇高声望和荣誉的所有战功无一不是以少胜多。② 因最近大败围困维也纳的突厥人、拯救基督世界而流芳百世的洛林(Lorrain)公爵是支持本主张的最新有力案例,使其他例子显得多余,也使本论点无可争议。

从征服由北向南和以少胜多这两条规律,我们可以得出结论,这些胜利可能归结于参战士兵的身体素质或心理素质。前者可能是天生或习得,后者可能是天生或灌输。毫无疑问,北方人的身体比南方人更加高大和强壮,也更加健康和充满活力。显然,每个人都可以猜到其原因:气候常常影响胃口和消化,贫瘠的土壤使他们必须辛苦劳作。任一王国或民族的伟大,其真正的第一因素可以归结为强壮国民的人数。这是政府的天然优势,其余要靠技艺、纪律或制度。

构成胜军的下一个要素是无畏的心灵,[401]其可能产生于地方水土,或所在家族,或使人们意识不到危险的习俗,或习

---

① [译注]三次战争分别发生在英法百年战争期间的1346年、1356年、1415年。

② 蒂雷纳(1611—1675)因军功显赫,被封为"法国元帅"。

得的欲望或观念,这些都可以产生同样的作用。我们看到,一些国家的人和鸟兽都天生英勇无畏;长久地在军队里服役或在海上当水手使人感受不到危险;热爱自由、渴望复仇和保卫国家或君王使他们视死如归。促使军队胜利的必胜信心来自以前的多次获胜,或长官的尊重和评价,或敌人的蔑视,但主要来自关于来生的根深蒂固的奖惩观念——通过在战斗中死亡或征服以获得奖励,避免惩罚。这些是战争胜利的重要源泉。无论兵力有多少,一开始就胆怯的军队永远遭到失败。在古代,大肆杀戮才可以吓跑敌军,获得胜利,但使用火药之后情况就不同了。相对于古代的刀枪,炮火的轰鸣和烟雾增加了恐惧,掩盖了羞耻。因此,与以前相比,火药通常使战争持续时间更短,流血更少。

首先胆怯的军队会遭到战争失败。若这种说法为真(我认为士兵和有理智的人都不会否认),胜利就顺理成章地通常站在兵力少的一边。相对于人数少的部队,胆怯进入人数多的部队更早,就像找到十个哲人的可能性大于找到一百个,[402]找到一百个勇士的可能性大于找到一千个。兵力少的军队尽最大努力通过筛选、纪律和勇气弥补人数少的缺陷;一旦恐惧降临,人数越多,混乱越甚,战争的失败也更加确定和迅速。

我由上文得出结论,胜军的素质和征服的重要基础首先是要挑选出最身强力壮的士兵;其次是纪律严明,使军队习惯于高强度训练和危险以及畏惧统帅甚于畏惧敌人;最后是通过灌输荣誉或信仰培养他们爱国或爱君的精神,使他们不惧怕死亡,不受或至少很难受到恐惧的感染,避免陷入慌乱。毫无疑问,英勇的君王或将军若指挥坚守阵地、甘死如饴的四万兵力,可能在任何战场上战胜任何数量的军队,因为数量众多的士兵不久就会吓得四散奔逃,基本上坚持不了一天的战争。在近代,人数多的军队很少坚持过半天。

关于这个话题,我最后想指出的是,战胜国常常重视他们步兵的力量,而非骑兵。到目前为止,没人认为骑兵能够冲垮坚定的步兵;此外,骑兵的优势似乎仅在于第一次狂风暴雨般的冲锋所产生的震慑。这种观点既有理论基础也有实践依据。相比于骑兵,站在地面上的士兵更加坚定,[403]不易于陷入混乱,而缺乏纪律或勇气的战马和骑手则相反。此外,很难想象马腹两边的马刺所起到的冲锋效果会高于抵在面前和胸前的长矛、利剑或长枪,后者可以迫使敌军躲避和后退,打乱他们的队形,使他们乱作一团。

从实践上来讲,历史上最为出名和最没有争议的战争都是如此。马拉松战役由一万步兵对抗数量庞大的波斯骑兵和步兵。色诺芬带领一万希腊人对抗四万波斯骑兵,完成了著名的返乡之旅。希腊军营不超过一百二十名骑兵,只用于抢劫或追赶被长矛和长枪吓得四散奔逃的波斯骑兵。后来称为马其顿方阵的马其顿步兵遭遇波斯骑兵,从来都坚不可摧。罗马每个军团有六千步兵,只有三百骑兵,常常与数量庞大的西班牙、努米底亚(Numidian)、波斯和亚美尼亚的骑兵作战,却没有被冲垮,总是获得胜利。哥特民族的力量也在于步兵,突厥和奥斯曼帝国的兵力在于近卫军。英国在法国的伟大征服也全是步兵的功劳;西班牙国王在欧洲如日中天的时候,也全部依赖西班牙和意大利英勇的步兵。

这条规律似乎有两个例外,[404]古代波斯和现代法国的主要兵力据认为是骑兵。但波斯帝国崛起于对东方国家的征服,后者的军力主要是骑兵。双方骑兵相接,优者胜。一旦与希腊步兵打交道,波斯骑兵就没赢过。在法国军队中,骑兵由全国很多有教养的人构成，十分勇猛，但必须承认，在最近几个朝代，他们军队的一个主要力量是瑞士步兵团；在当今，必须承认是蒂雷纳元帅成就了其主，而蒂雷纳采用的方法就是通过严格的挑选和纪律使法国步兵更加强壮，不再像之前人们认为的那样弱小。

在结束之前，我要提一提在关于米兰公爵的历史中读到的一次战争。其中一位公爵在击溃敌人的大部队之后，非常愤怒地发现，一支瑞士步兵仍然坚守阵地，对抗他的胜利大军。他试图让重型骑兵队发起猛冲。这些骑兵的骑手全副武装，战马的马头和马腹都保护起来。大公认为他们能够防御瑞士步兵的长矛。但所有这些努力都徒劳无功。他最后命令三四百人下马，仍然保持着武装，手持刀剑扑向瑞士步兵；他们拼命地向前冲，有的挂在了矛头，有的被宽宽的利剑砍成碎片。最后，他们终于为自己和跟上来的军队杀出了一条血路，冲破了这支任何骑兵都冲不垮的瑞士步兵团。[405]这个例子明显证明，骑兵对于步兵的影响只是恐惧，而非威力，只要一恐惧，战争的胜负就已经决定。

必须承认，要获得英雄称号，上文关于征服者和征服的一切只是排在第二位，排在第一位的是制订正义的规章和法律，在世界上建立令人感到安全和满意的政府。征服的意图和结果无非是血流成河和生灵涂炭，国家凋敝，世界满目疮痍；而睿智正义的政府则旨在保护生命，促进人类的繁衍生息，保障人民的财富，激励他们奋发有为，通过和平和财富提升和装点世界的不同地区。

因此，相比于约书亚的胜利，摩西法典使摩西成为一个更有神性的人物；制订法典的贝卢斯、奥西里斯和雅努斯比依靠勇力的尼努斯、居鲁士和塞索斯特里斯更能称为英雄。在古代，若有些人因为伟大的征服和胜利取得了英勇成就，被尊为英雄，另一外一些人则因为创建了法律和政治制度被尊为神灵。

论　诗

[406]多数人尽心竭力崇拜两位常见的神灵:收益和享受。这两种崇拜对象可以把人们简单地分为两派:忙人和闲人。两个名称是在意义上有所不同,还是仅在发音上有所不同,我觉得可以讨论,但二者明显具有相似性,因为贪婪之人对自己的收获可能像骄奢淫逸之人对自己的奢侈品一样的爱不释手;若是没有兴趣追求梦寐以求的东西,他也不会去经营了;他重视财富的增长,从而达到以某种方式增加享受的目的,因此,无论他是否承认在事业中有享受的成分,享受也可以说是他的目标。对于这个逻辑,曾经有很多无谓的纷扰,也费了人不少口舌,说得对古代哲人尊敬一点,是有不少争论。我认为,这些争论没有什么意义,它们不是追求真理,而是卖弄机智;永远不会有结果的所有争论最好从未开始。最佳方式是以字词最常用的方式使用其最常用的含义,就像当下最通用的硬币,使用时并不考虑其重量或成色,除非偷工减料或瑕疵过于严重或明显。世上几乎没什么东西禁得起过多的打磨。一根线纺得太细容易断,针尖锉得过尖也是一样。

[407]通常的观点把收益和享受看作两样不同的东西,不仅用忙人和闲人这样不同的名字去称呼它们的追随者或献身者,还区分了与它们有关的心智能力,称负责收益的是智慧(wisdom),负责享受的是机智(wit)。wit 是撒克逊语,用于表达西班牙人和意大利人所说的"灵巧"(ingenio)、法国人所说的

"机敏"(esprit),这两个词都来自拉丁语,但我认为,机智更为确定的含义是指诗歌的机智,比如在论述卢恩(Runic)语诗歌时就是如此。通常认为,对人类生活最必需、最有用、最有利的发明或创造,无论是个人财产还是公共建制,要得力于智慧;让读者或听众感到最为愉悦或快乐的作品或讨论则得力于机智。然而,那些把二者联系起来的人认为,圣贤和立法者的创造给他们的支持者带来的既有利益也有愉悦,诗人的创作给读者带来的有愉悦,也有教诲和利益。把智慧和机智恰当地结合在一起使两者的创造达到卓越的高度,这就是为什么人们会重视英雄德性和诗歌,至少会称英雄德性和诗歌具有神性。

在希腊语和拉丁语中,诗人的名字表明,说这两种语言的国家对诗人具有同样的评价。在希腊语中,诗人指制作者(maker)或创造者(creator),比如无中生有地建起有框架有墙壁的令人惊叹的建筑,让观众看得目瞪口呆,又赏心悦目。拉丁语用同样的词指代诗人和预言家。正如"创造"是神力的首要特征和最重要的表现,预言也是神灵在世界上最伟大的显现。正如这两种文雅语言中诗人的名字一样,[408]诗人认为诗歌的源泉是神圣的,来自圣火或神启。同样,按照普通人的观点和那些诗人诗篇的吟诵或诉说,诗歌被认为具有神圣和超自然的效果,让人陶醉,让人入魔。

> 歌声可以引天宫素娥下凡,
> 巫女歌唱,把奥德修斯伙伴的人形变换,
> 歌声将田野里冰冷的蛇爆断。①

---

① [译注]维吉尔,《牧歌》第8首,参照了杨宪益先生的译文。

然而，我很可能赞美诗歌，却不崇拜它。我愿意承认，它来自最杰出的自然禀性或最伟大的天才群体，却没有超出人性，或者说没有任何神性的参与。我恐怕，若非神性通过自身立竿见影的效果提升我们自己，把任何我们可以做到甚至可以理解的东西归于神性，都是对神性的贬低和羞辱。我认为，诗歌的起源和效果一样都不神圣，它运作的方式亦非纯粹自然，令人惊愕的程度像音乐或自然奇术（natural magic）①一样，仅此而已，虽然对于那些不懂自然、神秘学问、数字或音乐力量的人来讲，它们显得很神奇。凡是说要通过诗歌或魔咒的力量把月亮引入凡间的人，要么他自己都不信，要么是他轻易相信了别人曾经告诉他的话，或者听从过去的传言，而实际上那是某位诗人知道月食即将发生的时间，便利用轻信的人们，说他要在某个时辰通过魔咒把月亮拉下来，结果人们认为他确实做到了。

维吉尔《牧歌》第 8 首写的是一位嫉妒或失恋的恋人充满狂爆的激情，[409]要利用诗歌、意象、绳结、数字、烈火和草药唤起各种魔力。阅读这些优美的描述时，我要借助于寓言和诗歌产生的强烈印象、大众易犯的错误、想象的力量、不同草药的秘密特性以及乐声的影响。令我感到遗憾的是，像卡苏朋（Meric Casaubon）②这类人竟然没有写关于入魔的自然史。卡苏朋具有杰出的机智和深邃的思想和学问，曾写过一部不同寻常的好书《论迷狂》，他在书中发现了遍布世界各个地区各种信仰的

---

① 自然奇术指文艺复兴以来研究自然力量的秘密学问，其中包括占星学、炼金术、草药学等。
② 卡苏朋（1599—1671），古典学者，著有《论迷狂》（*A Treatise Concerning Enthusiasm*）。

那种错觉(迷狂)的隐蔽性或错误来源。该错觉当时在我们国家也泛滥成灾,此书的出版真是恰逢其时。更让人惋惜的是,他有生之年未能完成他宣布要完成的第二部分,也许是他的朋友因为疏漏,没有注意到散乱地堆放在一起的残稿。我认为,从学问界乃至整个人类来讲,清楚地指明迷狂和入魔的自然原因是功德无量的事,因为这可能避免诸多公共骚乱,拯救很多无辜受骗群众的生命,因为他们常常受到女巫和男巫故事的蒙蔽。我年轻在家时目睹了很多这种悲惨案例;三四十年过去了,世风已经大变,但在德意志、瑞典和其他国家的偏远地区仍然存在同样的问题。

现在回到诗歌的魔力上来。维吉尔那首牧歌中失恋的情人希望通过自己的诗歌或者魔咒的力量达到诗中所说的目的:[410]把进城找到了新情人的达夫尼斯(Daphnis)从城里拉回家。她若是仅仅佯称重塑了憔悴的老情人形象或挫败了在他胸中点起爱火的新情人,她或许通过此类魔咒的力量和真正的自然魔力达到了目的。毫无疑问,真正的诗歌具有感染力,可以唤起、缓和、改变和熄灭激情,可以调节欢乐和忧伤,激起爱意和恐惧,变恐惧为勇敢,变爱情为冷漠和憎恨。我坚信,沮丧的斯巴达人听到图尔泰俄斯(Tyrtaeus)的诗歌而士气大振,[1]恢复了往日的勇气;残酷而又满怀仇恨的法拉里斯(Phalaris)听了斯忒西科罗斯(Stesichorus)的诗歌而变得十分宽厚仁慈,[2]受人尊重;

---

① 图尔泰俄斯,公元前7世纪后半叶的希腊抒情诗人。
② 法拉里斯,公元前6世纪末西西里岛上的一位暴君。斯忒西科罗斯(前630—前555),意大利诗人,擅长用抒情诗的节奏讲述史诗故事,也曾因反对暴君法拉里斯而出名。

许多人狂热地迷上了萨福的机智和诗歌,同样也有许多人狂热地迷上了美丽的花神福萝拉(Flora)或妓女泰伊丝(Thais)。①美激发爱,爱把美赋予激发爱的对象。入迷的感觉无论来自何处,到了一定程度,使人入迷的人总会有相当的美。也难怪诗歌具有这样的感染力,因为其汇聚了修辞(eloquence)、音乐和图画的力量,它们一起对人脑产生了强烈的效果。所有这些因素或任一因素对人的影响有多大不用什么证明。在希腊和意大利,这样的例子不胜枚举:令人钦佩技艺高超的画家画出一位迷人的美人,有人马上陷入爱河;有些画家曾爱上自己的作品,把它们当作情人或天真的孩子加以溺爱。正因如此,意大利人把一个人的作品分为三类:[411]努力的作品、打磨的作品、用爱创造的作品,最后一类永远是最卓越的。这里不必再举更多的例子,拿出大家熟知且毫无争议的杰出作家相信并讲述的故事就够了。有两个希腊年轻人,一个竟然冒着生命危险,甘愿整夜被锁在神庙,与树立在那里供人朝拜的维纳斯塑像相拥交欢,满足自己的欲望;另外一个被禁止长久凝望、欣赏和拥抱雅典的一座雕塑,为此忧郁过度而死。

　　所有人都感受到或了解音乐的威力,它以奇异的方式作用于人的身心、情感和心境,激起高兴和忧伤,给予欢乐和痛苦,治愈疾病和塔兰图拉(Tarantula)毒蛛的致命叮咬,让脚步和心跳更轻快,使心神不宁的人镇定下来,增强注意力。我们不提俄耳甫斯(Orpheus)或安菲翁(Amphion)的寓言,也不用提他们的音乐打动了鱼和野兽,看看《圣经》中写到蛇的诱惑和魔鬼附体全在于音乐就足够了。

　　修辞威力巨大,过去经常引起和平息激烈的公众骚乱,并在

---

① 泰伊丝,可能指亚里山大大帝时期的名妓。

雅典造成了剧烈动荡。只要细想一下恺撒,任何人都会承认这一点。恺撒是最伟大、最睿智的凡人之一。他坐上审判席,内心充满了厌恶与仇恨,决心判处拉比努斯(Labienus)死刑,但西塞罗发表演说,利用自己的修辞为之辩护。恺撒听后面色苍白,身体发抖,稿子从手中滑落,似乎听到这些话令他感到胆战心惊。[412]从来没有受过这样打击的他把所有的愤怒变成了怜悯,宣判那个勇敢的罪犯无罪。

因此,既然诗歌融这三种强大的力量于一身,人们认为它是神启或具有神性,把这些优点或荣誉赋予诗歌,也就不奇怪了。然而,我认为,机智与推理的力量、卓越的构思与表达在演讲与诗歌中都可以见到,生命与精神的表现在绘画中同样存在,声音的力量在音乐中也可以找到。这三种自然力量能够结合到何种程度,达到什么样的效果,竟然使人误以为其是超自然的力量或魔力。我把这个问题留给那些愿意思考这些问题的人,或那些在禀赋上容易受到它们影响的人。对于我而言,我对于下面这些现象并不感到奇怪:著名的哈维(William Harvey)博士读维吉尔时,①有时自己会扑倒在手术台上,说他魔鬼附体;博学的卡苏朋在阅读卢克莱修的作品片段时会感到自己所说的那种具有魔力的愉悦与情感;很多人看莎士比亚都会泪流满面,更多人读到或听到杰出的诗作时心潮澎湃或毛骨悚然;奥克塔维亚(Octavia)听到维吉尔吟诵《埃涅阿斯纪》第六卷中的诗节时晕厥了。②

---

① 哈维(1578—1657),英国医生,对于解剖学和生理学有杰出贡献。
② 奥克塔维亚(前69—前11),罗马第一任皇帝奥古斯都的姐姐,安东尼的第四任妻子。罗马语法学家多纳图斯(Aelius Donatus)《维吉尔传》中记载了本文提到的细节。

这足以证明诗歌的力量,同时也揭示为什么有人自古以来把诗歌归为神启,认为其在效果上非常类似巫术或妖术。古代传奇大篇幅地描写骑士大冒险中的妖术,[413]从而淡化了骑士用真正的武艺与英勇换来的荣誉。因此,宣传巫术故事或信仰大大削弱了而非提升了诗歌的优秀品质和名声。这种现象在过去的北方国家非常严重和普遍,因此,大约五六百年前,狂热的主教,甚至国家通过行政命令或法令,公开批评所有卢恩语诗歌,删除其中描写的古代人物,这给北方王国——所有西欧人祖先的家园——的历史造成了巨大的甚至是无法弥补的损失。

要发现诗歌更为真实和自然的起源需要确定古人把神启归结于哪个神。该神是阿波罗,也就是太阳神,古人尊其为所有学问之神,特别是音乐和诗歌之神。我认为,这个神秘寓言的意思是,禀性或大脑中有一团高贵和充满活力的火(heat),它是这两种技艺或知识的真正来源。这是圣火,它以一种愉快的方式推动和刺激那些受世人景仰的人的大脑,促使他们创造出无穷无尽的意象,使人类感到愉悦和高兴。在这种太阳神的影响下,出现了金光闪闪、用之不竭的创意(invention)源泉,为世人贡献了诸多宝贵的作品,这些作品在已知世界中受到高度的赞扬,并家喻户晓,广为阅读。因此,靠技艺、学习或勤奋努力永远无法造就天才,靠训诫或典范也教不出天才。人们一致认为,[414]天才完全是上天或自然的慷慨馈赠,是孕育之初隐匿的火星儿形成了大火。

创意是诗歌之母,但诗歌这个孩子出生时和其他孩子一样赤身裸体,必须小心喂养它,用得体优雅的衣物打扮它,花大力气教育它,用技艺指导它,通过练习提升它,用严厉的方式纠正它,用精力和时间完善它,那样才能使它达到某种令人称道的完美或进步。实际上,只有诗才需要这么多各式各样的成分,也只有对诗,自然界给予了众多必要的馈赠,学问与技艺给予了各种改进,使诗的各种成色达到无与伦比的程度。总有一类无所不通的天才,既有一望无垠的广度也有令人不能望其项背的高度。总有一种丰富的想象力(imagination),能够创作一千部作品,游荡于广袤无垠的大地上,穿透每一个角落,通过那种真正的诗歌之火发现世上一千个小物体或小意象,找出它们之间凡人无法看到的差异。没有圣火之光的帮助,就无法发现这种差异。

除了火热的创意和活泼的机智外,还必须有冷静的理智(sense)和正确的判断(judgment),才能辨别初看上去十分相似的事物或概念,才能在数不胜数的机智和精巧的(fancy)作品中挑选那些值得保存和培育的作品,对于那些不值得培育的作品,要么让其胎死腹中,要么一出生就将之抛弃。没有机智的力量,所有诗歌都索然无味,不忍卒读;没有判断力作支撑,诗歌则巧言理拙,毫无章法。在诗歌创作中,这些反面必须结合起来,这才是诗歌真正的神奇所在。[415]天才应攻防兼备,表达要巧妙有力,真正的诗歌在构架和组织上必须既崇高(sublime)又适当(just),既令人感到惊奇,又要让人感到愉悦。大脑必须受到强烈的刺激要去创作,同时也必须保持沉着冷静去做出判断和纠正;同一棵树上在同一时间必须既开花又结果。把这块金属雕成精美的人物,必须要用到火、锤子、凿子和锉刀。必须要全面掌握自然和技艺。要触及最深层次的东西,天才需要判断和专心,若是不能专心,其他的一切都没有效果,心有旁骛的诗人永远不会伟大。

谈起诗,我指的不是抒情诗、挽歌、歌谣或讽刺诗;我所指的诗人也不是这些作品的创作者,而是真正诗歌(just poem)的作者。我毕竟说过,在世界各地的历史长河中,只有寥寥无几的诗人才受到人们的景仰,其人其作据认为具有神性。

古人每每提起便赞叹不已的那些人的作品已经遗失了,传下来的只有他们的名字。我认为,现在没人敢质疑荷马和维吉尔的一流地位,也没人敢质疑他们在国家中的最高统治权,因为那些杰出的立法者和君主以及所有的法令都来自他们。荷马毫无疑问是享誉世界、知识最为广博的天才,维吉尔是技艺最精湛的天才。必须承认,第一位具有最旺盛的创造力、最丰富的源泉、最广博的知识以及最具活力的表达;[416]第二位则具有最崇高的思想、最正义的制度、最睿智的举止和最精雕细琢的演说风格。按照绘画的术语来讲,我们在荷马的作品中可以发现最多的灵气(spirit)、力量和活力,在维吉尔的作品可以发现最佳的构思、最标准的比例以及无与伦比的优雅。二者的色彩不分伯仲,都确实令人景仰。荷马更加火热和令人迷狂,维吉尔更加明亮和轻快。至少诗意之火在荷马身上更加猛烈,在维吉尔那里更加纯净,从而前者令人感到惊奇,后者令人感到愉悦。荷马的矿产丰富,维吉尔的矿产精细,做成合金之后可以锻造出杰出的作品。

总之我认为,我们必须承认,荷马是两人当中甚或所有人当中最广博、最崇高、最令人惊奇的天才;他广受人们的尊重,其中最有力的证明是那些一流大师曾在他的作品里发现了关于所有知识或技艺的最佳、最准确的原则,并且,那些最伟大的民族也在这些作品中找到了他们各自群体的起源,虽然荷马的故事是真是假尚无定论。简而言之,我们必须承认,这两位不朽的诗人在各自的领域内达到了无人能够与之相提并论的程度,其高度也无人能够企及。从某种意义上讲,他们使真正的诗歌不仅限定在他们的两种语言之内,还限定在他们个人身上。我倾向于认为,大众中间存在着诗歌天才,并在这两个个案中得到升华。但我不敢肯定,是不是在一千年的人类历史中,每出现一个荷马或维吉尔这样的诗人,[417]就会出现一千个历史上最为杰出的大将或大臣。

这里,我不打算再对诗歌发表进一步的评论,因为这项任务异常艰巨;我也不打算为诗歌订立规则,因为其推定过于大胆。此外,在这个不同寻常、以攻讦为能事的年代,关于这些话题的写作已经费纸无数,一切都逐渐变成了千篇一律的陈词滥调。现代法国才子(或伪才子)一直以来特别苛刻,要求严格遵守他们的规则。我认为这毫无益处。我感到纳闷,他们为什么不满足于亚里士多德和贺拉斯给定的规则,为什么不翻译亚里士多德和贺拉斯,而是要评论他们。他们通过写评论似乎只是抬高了自己,而非其他人。事实上,诗歌天才中有某些出格的东西无法用那么多规则加以界定;凡是想把它纳入条条框框之内的人都将使它失去一流大师先天的而非习得的灵气和优雅。仿佛要酿造品质优良的蜂蜜,你就必须剪掉蜜蜂的翅膀,让它们待在蜂箱里,并在它们面前放上你认为最甜美的、可能产出高质量花蜜的花朵;这基本等于你拔掉了它们的螫针,把它们彻底变成雄蜂。蜜蜂必须穿梭于花园和田野,选择它们喜欢的花朵,只有它们才了解并可以辨别这些花朵的性质和气味。它们必须以高超的技艺制作蜂室,辛勤地采蜜,还要把蜂蜜与蜂蜡分开,其中需要的细心和审慎也只有蜜蜂才可以做到或判断。

[418]看看那些根据规则创造出来的优秀作品以及它们获得的荣誉和给予世人的愉悦吧,这将令法国或我国作家中那些任意制订规则的人蒙受莫大的羞辱。但说句让他们好受一点的

话,我没听说希腊有伟大诗人遵守了亚里士多德定下的规则,也没听说罗马有伟大诗人遵守了贺拉斯的规则,我们现代人还没有哪一个敢声称制订出了更好的规则。或许有人举出忒奥克里托斯(Theocritus)和卢卡努斯(Lucan)的例子来反驳这个论断,①但前者只写了田园诗或牧歌,后者的确是个名副其实的快乐天才,他的有些创作充满奇思妙想,但他的作品参差不齐,创作生涯短暂,具有明显的缺点,因此,盛名之下其实难副。正如戏谑(lusitamabiliter)是奥维德的真正品格,②欢快大胆(feliciter audet)是卢卡努斯的真正品格。③ 我认为,这门技艺的规则所能取得的或自称可以达到的最佳效果仅仅是不让一些人成为拙劣的诗人,而非让任何人都成为优秀的诗人。至于如何判断拙劣还是优秀,我们只要看看贺拉斯的三行诗就知道了:诗人应

> 莫名其妙地折磨我的心灵,
> 激荡它,安慰它,使其充满莫须有的惊恐,
> 像魔术师,让我时而忒拜,时而在雅典城。④

若诗人描述人物的激情,却不能在你那里立即唤起同样的情感,不能像巫师让鬼神显灵一样带给你栩栩如生的形象,不能让你有身临其境、如见其人的感觉,即可以断定他不是好诗人,无论他的节奏多么恰到好处,[419]他的音步多么和谐流畅,他

---

① 忒奥克里托斯,生活于公元前3世纪,古希腊田园诗的开创者。卢卡努斯(39—65),生命短暂的罗马诗人,著有《内战记》。
② 贺拉斯,《书信集》卷二,第1首,行166。
③ 同上,行148。
④ 同上,行211-213。

的音色多么优美动听。

然而,我不是要论述诗歌批评或诗歌规则,而是要谈一谈我对于诗歌历史的思考,论述机智(wit)这个大帝国的古代、用途、演变和没落。

我想,人们都会同意一种看法,即诗歌是世界上最早的文类,在有些国度甚至先于文字的发明和使用。后一种情况在美洲就是如此,最初的西班牙人在那里得到大量的诗歌,并把其中的几首译成了西班牙语。这些诗歌似乎出自某个真正的诗人,在他生活的时代,这个地区还不知道有文字。斯基泰人(Scythian)、古希腊人和日耳曼人可能也是一样的情况。亚里士多德说,斯基泰人的法律都以诗歌形式存在;①塔西佗说,日耳曼人除了诗歌之外没有编年史和档案;②对于希腊人表述的神谕,我们没有确切的证据知道它们始于何时,却有理由相信,在腓尼基字母传入之前它们就已经存在了。普林尼讲了一个当时人所共知的事实:费莱希底斯(Pherecides)是第一位用希腊语写散文的作家,③他生活在居鲁士时代,而荷马与赫西俄德比他早了几百年,俄耳甫斯(Orpheus)、莱纳斯(Linus)和缪塞俄斯(Musaeus)④又比荷马和赫西俄德早了几百年;最早的还有几个西比尔(Sibyl),至于她们生活的年代和地点,我们现在没有清楚的记载。梭伦和毕达哥拉斯的作品据说是采用诗歌形式的,他们比居鲁士要早一些;在他们之前还有阿尔基洛科斯(Alchilochus)、

---

① 亚里士多德,《问题篇》19 卷,问题 28。
② 塔西佗,《日耳曼尼亚志》第二章。
③ 费莱希底斯,公元前 6 世纪希腊思想家。
④ 莱纳斯和缪塞俄斯均为传说中的希腊诗人。

西蒙尼德斯(Simonides)、图尔泰俄斯(Tyrtaeus)、萨福、斯忒西科罗斯(Stesichorus)以及其他一些著名诗人。①迦勒底(Chaldaea)、②叙利亚和中国据说也是如此。在我们的祖先——西部哥特人那里,[420]卢恩诗歌似乎与字母一样古老;哥特人的法律、格言、历史、宗教仪式、咒语和显灵都采用了诗歌形式。

据有些学者估计,《约伯记》在希伯来人那里,甚至在《圣经》中都是最古老的,写于摩西时代之前,从古老的迦勒底或阿拉伯语翻译成希伯来语。《约伯记》的作者似乎生活在迦勒底人和阿拉伯的示巴人(Sabaean)之间;根据那首充满灵感的优美的诗歌片段,他可能居住在幼发拉底河河口或波斯湾的附近地区,在那里,他对着这个地区常见的海洋和其他自然奇观陷入沉思。根据其居住地,基本可以推测他不是犹太人。在《约伯记》关于信神和道德的段落中,也很难发现摩西律制的踪影,因为献祭和颂扬神在宗教仪式中要远远早于摩西时代;并且,只崇拜一神,不崇拜偶像,也为古代波斯人、伊特鲁里亚人(Etruscan)和迦勒底人所接受。因此,若约伯是个希伯来人,他可能不是来自居住在迦南的以撒(Isaac)和以色列的那一支,而是来自生活在迦勒底的希伯(Heber)家族或亚伯拉罕家族,后者据说离开国家去接受一神教。我认为,可以确定的是,《约伯记》最初用诗歌形式创作而成,写的是神的正义和威力,证明神意,反驳无神论者常有的立论,[421]因为这些无神论者发现,在人类的日常生活中,许多坏人和不信神的人看起来过得快乐而富足,而很多好人和虔诚的人处境悲惨,便由此否定神意。由犹太人用西班

---

① 这些希腊诗人均生活于公元前7世纪到公元前6世纪。
② 迦勒底是古巴比伦的一个王国。

牙语翻译的费拉拉(Ferrara)《圣经》据称尽可能遵循原义逐字翻译而来,得到所有后来译者的高度评价,其前两章和最后一章第 7 节以下都是散文,作为本书的历史介绍和结语,其余部分除了神圣对话里各个部分或说话人之间的过渡之外全部是诗歌。①

然而,虽然我们认为摩西五经在希伯来圣经中最古老,但"摩西之歌"很可能早于其他部分,正如"底波拉之歌"之于《士师记》一样。二者都讲了以色列人取得胜利或成功后对神的赞美,但前者早于后者。"摩西之歌"被译成的相互迥异的语言和平常的散文,但每次阅读它,我都会发现其中含有真正的、崇高的诗歌与绘画,读其他任何语种的译文也是一样。假如某些古代和现代学人的说法为真,即以斯得拉(Esdras)借助和摩西以及其他先知一样的神启写就或编撰了《旧约》开篇的历史部分,那么,大卫的《诗篇》将是我们在希伯来圣经中发现的最早作品,接下来是所罗门年轻时写《雅歌》,最后是他上了年纪时写的《传道书》。因此,从各个方面来看,无论是雅是俗,诗歌似乎是世界上不同国家了解和采用的最早的文体。

我承认,这事儿一想起来是令人有点纳闷,这样一种整齐、难写的文体,竟然先于松散和容易的文体被广泛采用。[422]想一想什么才是写作的第一个目的?从理性和经验来看,这似乎又是可能的,因为真正和普遍的目的只是帮助记忆,保存语言和事件,否则它们会遗失,并随着人类短暂生命的终结而消亡。在哲人通过讨论和争论开始让希腊才子变得忙碌或感到好笑之

---

① 该译本始于 15 世纪,完成于 16 世纪,译者是乌斯奎(Abraham Usque)和阿提亚斯(Yom Tob Athias)

前,没有任何用散文写成的东西,只有律法、智者的一些简短格言、谜语、宗教或动物寓言,古人在其中表达了许多关于自然或道德的智慧和知识。除此之外,还有一些关于人、事和时代的简短记载。不难想象,相比散文形式,所有这些作品采用诗歌的形式更易于学习和牢记。愉悦的韵律和声音大大有助于加深记忆,音节的安排也使人能够熟练地把一个个单词连接起来,知道我们记住的和想要填充的单词的前面或后面必须出现什么类型的音步或几个音节。

这使得诗歌在字母发明之前显得很有必要,而在发明之后又很方便,同时也表明,诗歌恒在的伟大荣耀和众望所归不仅仅源于快乐和喜悦,也同样来自诗歌作品带来的实用和收益。

这让我自然而然地想到诗歌的主题。一直以来,诗歌主题通常是赞美、教诲、历史(story)、爱情、悲伤和责备。赞美作为主题存在于《圣经》中所有的雅歌和诗篇;俄耳甫斯、荷马和其他许多人的颂歌,还有罗马的《瑟库拉里亚颂歌》(Carmina Secularia),①均以赞美为主题,创作的目的都是赞扬他们的神;[423]品达、斯忒西科罗斯和图尔泰俄斯(Tyrtaeus)的颂歌也是一样,②都赞扬美德或有德之人。《约伯记》的主题是关于上帝属性和天地的教诲。西蒙尼德斯、福基里得斯(Phocillides)、忒奥格尼斯(Theognis)和其他几个不知名的希腊诗人的诗作以及被归在毕达哥拉斯名下的作品都是道德教诲;③赫西俄德(Hes-

---

① 作者或编者不详。
② 图尔泰俄斯是公元前7世纪的希腊抒情诗人。
③ 福基里得斯和忒奥格尼斯均是公元前6世纪的希腊抒情诗人。

iod)的第一部作品和维吉尔的《农事诗》是农业方面的教育;①卢克莱修的教诲存在于其最深刻的自然哲学。历史是英雄史诗特有的主题,如无与伦比的荷马史诗《伊利亚特》和维吉尔的史诗《埃涅阿斯纪》也探讨了同样的主题;动物寓言也是某种历史,如奥维德的《变形记》。抒情诗主要涉及爱情,但也常常以赞美为主题;田园诗和牧歌也走了同样的路线,特奥克利托斯(Theocritus)、维吉尔和贺拉斯的诗歌可以证明。我认为贺拉斯是第一位也是最后一位真正的拉丁抒情诗人。悲伤一直是挽歌的主题,而责备一直是讽刺诗的主题。戏剧诗包含所有这些主题,但其主要目的似乎是教诲,在寓言或快乐历史的掩盖下揭示美德之美及其回报,也揭示罪恶的丑陋及其受到的报应,通过两种案例鼓励一方,阻止另一方,改革不良习俗,纠正不良行为,缓和所有暴力情绪。这是两类戏剧诗都具有的主题。当然,喜剧给我们展现的只是普通的生活,悲剧给我们展现的是人类更伟大、更非凡的激情和行为。

进一步探讨这个问题只会重走老路,除扬起尘土而外,既没有乐趣,也没有用处。对于诗歌发生的变化,我观察到,一个属于古代,其他属于现代,它们在这个机智帝国(empire of wit)的衰落或衰亡中非常引人注目。[424]第一个变化是把诗歌翻译成散文,或者给它穿上宽松的长袍、戴上平常的面纱,掩饰或掩盖了它真正美丽的面容和恰到好处的身材。伊索首先用希腊语翻译,但这种倾向在东部地区更早,也很流行。我们在《旧约》和《新约》使用的许多寓言中可以发现这一点。还有一本类似

---

① 赫西俄德的作品指《劳作与时日》。

于《伊索寓言》的寓言集,①翻译自波斯文,却假装从古代印度人那里翻译而来。尽管看起来真像来自东方国家,我却不认为它像希腊寓言那样古老,那么充满灵气。下一次半诗半文似乎出现在米利都人(Miletian)的故事中,后者是某种短小的田园传奇(Romance)。它们在古希腊和古罗马的需求量很大,但据我所知,我们找不到几个例子,只有朗格斯(Longus)的田园故事能够让人浅尝此类作品中常见的美味和快乐。② 最后一次半诗半文在近代以传奇之名肆虐全世界,其看似现代,由可怖的天才创作,其实是古代的。佩特罗尼乌斯(Petronius)遗留下的作品以及路古阿诺斯(Lucian)称之为《真故事》的作品都属于这一类。③ 但最早因传奇而为人所熟知的是赫里奥多罗斯(Heliodorus)。④ 他宁愿放弃主教一职也不愿否认自己的机智作品,由此闻名于世。此类古代诗歌的真正精神或特质在锡德尼(Philip Sidney)爵士那里似乎最为光彩夺目。我认为,他是英语世界或其他任何现代语言世界中最伟大的诗人和最高贵的天

---

① 指法国人翻译的印度圣人皮尔佩(Pilpay)创作的《明灯或国王行为寓言集》(*Le Livre des lumièresou la Conduite des rois*, *composé par le sage Pilpay*, *Indien*, 1644)。实际上,该寓言集说得没错,其的确译自阿拉伯的印度寓言集《卡里来和笛木乃》(*Kalilah wa Dimnah*)的波斯文版,这本寓言集又可以追溯到皮尔佩。拉·封丹(La Fontaine)的一些优秀寓言即来源于此。

② 朗格斯,公元2世纪希腊作家,此处的田园故事指他创作的《达夫尼与克罗伊》(*Daphnis and Chloe*)。

③ 佩特罗尼乌斯(约27—66),古罗马作家,著有《萨蒂利孔》(*Satyricm*)。路古阿诺斯(约125—180),罗马帝国时代用希腊语创作的叙利亚讽刺作家。

④ 赫里奥多罗斯,希腊作家,可能生活在3到4世纪之间,具体年代不详,著有《埃塞俄比亚故事》。

才,其天生能提出最伟大的思想,也能留下无与伦比的杰作,[425]只是其人生短暂,配不上他卓越的智慧和美德。

  关于古代诗歌的话题到此为止。为了探索诗歌领域的没落,我必须转向现代诗。现代诗兴起于古代诗的灭亡。真正的诗歌仿佛死亡了,只有它的幽灵四处游荡。这种巨大变化的起因重大且卑鄙,不亚于那些摧毁了罗马帝国和政权的力量。哥特人、旺达尔人以及其他北方野蛮民族频繁入侵、征服,并大规模涌入,在他们的废墟上和罗马原先的领地上建立了众多的新政权。恺撒征服了高卢和邻近的日耳曼地区。奥古斯都和提比略时期,指挥官或将领们继续扩大了征服范围,大批日耳曼人和高卢人加入罗马军队,进入城市并定居下来,就像许多西班牙人、叙利亚人、希腊人在自己的国家遭到征服时所做的那样。这种混居很快破坏了纯洁的拉丁语。我们发现,在卢卡努斯(Lucan),特别是塞内卡(Seneca)那里,一种显而易见不协调的混合语进入了奥古斯都时代的风格。图拉真(Trajan)和哈德良(Adrian)皇帝征服了多瑙河两岸的许多日耳曼和斯基泰部落之后,这些野蛮人与罗马人的往来越来越频繁。我倾向于认为,哈德良名下的小诗模仿了卢恩(Runick)诗。① 诗人弗洛茹斯(Florus)的《遭受斯基泰的霜冻》(Pati Pruinas)②显示了他们的种族或地区。我读过的第一首拉丁文韵诗,几乎没有字母或音节的提示,属于哈德良的临终诗:

  [426]噢,可爱的灵魂,温柔的灵魂,

---

① 卢恩,北欧日耳曼民族的一支。
② 写给哈德良的诗。

> 我人生的伴侣,躯壳的客人,
> 慌乱的你,将要飞到哪个家门?
> 凄凉、赤裸、冰冷伴随你孤独的追寻,
> 失去了甜蜜的幻想和日常的插科打诨。

与野蛮的敌人进行漫长而血腥的战争使诗歌原有的精神遗失了或吓跑了。这个新的幽灵很可能在那个时代就开始出现在它的地盘上,抑或哈德良努力学习诗歌等学问,却无法触及原有的精神,于是转向了新的精神。他远征这些国家使此举更加合情合理,又通过以身作则把新精神推介给他人。在波爱修斯(Boetius)生活的时期,罗马处于狄奥多里克(Theodorick)的统治之下。① 我们发现,拉丁诗歌模仿哥特文体,散发着恶臭,原有的血脉已经荡然无存。

从此,学问日渐式微。随着野蛮人越来越增多同时越来越成功,来自北方的无知也日益增长,最终笼罩了整个欧洲很长时间。罗马的语言开始自动没落,遭人抛弃,由此分化出了西班牙、意大利和法兰克的三种新语言。属于征服民族的君主和贵族长期以来在他们的宫廷里使用哥特语、法兰克语或撒克逊语,同时夹杂着日耳曼语言,因为有些哥特人在征服更南或更西的欧洲地区之前曾在日耳曼长期居住过。有些罗马殖民地曾长期以来保持稳定,且拉丁语也曾广为接受。这些地方的普通人仍然使用拉丁语,却由于夹杂了劣质的方言,损害了拉丁语的根基。这种语言在查理曼大帝时期的法兰克称为罗马土语,在哥特君主统治的西班牙称为罗曼语。但是在英格兰,[427]所有

---

① 狄奥多里克(455—526)是东哥特国王(493—526)。

的罗马战士和大量的非常习惯拉丁语交流方式的英格兰人在瓦伦提尼安(Valentinian)一世时都被征发去保卫高卢,抵御野蛮民族的入侵,拉丁语连同英格兰的语言彻底消亡,完全让位于撒克逊语。随着这些变化,古诗在这些国家全部消失,新诗歌逐渐成长起来,并有了一个新名字"打油诗"(Rhimes),由哥特语中"卢恩"(rune)一词稍加改变而来,而不是像人们通常认为的那样来自希腊语的"韵诗"(Rythmes)。

准确来讲,卢恩是古代哥特人的文字,由欧丁(Odin)神首先发明或引入到他在环波罗的海的西北部建立起来的哥特殖民地或王国。① 这之前已经讲过了。鉴于他们的作品长期以来都是诗歌,"卢恩"逐渐成为哥特人各种诗歌的统称,他们的作家称为卢恩作家(runer)或者打油诗人(rymer)。他们还有一个名字用于称呼这些作品或某类作品:哲理诗(wise)。那个国家的贤哲都用这种写作表达他们的优秀思想、学识和远见。最成功、赢得最多掌声的作者被称为智慧者(wise-men),作品中包含的明智、学识或实用知识被称为智慧,其中愉悦或诙谐的成分被称为机智,用于指所有诗歌的精神或特质,在任何人身上都能找到,常常能取悦诗歌的听者或读者。

在这些卢恩诗中,仍在哥特人中流传的有一百多种,[428]有的诗行较长,有的较短,有的诗行长度相同,有的长短不一,还有不同的格律、音节数量和音步,在朗读时能够发出许多不同的原始或自然的曲调。有些诗歌在同一行内或两行内暗示一些词

---

① 沃顿在《反思古代学问与现代学问》中指出,坦普尔的"卢恩"知识主要来自两位荷兰学者:沃米尔斯(Olaus Wormius)和小巴塞林(Thomas Bartholin)

或一致的音节或字母,或让连续性与相似性交替出现,从而发出某种叮当声,取悦这个未开化的民族。他们的语言大部分由单音节词构成,音节数量众多,使得许多诗行必须以同样的声音结尾。有一种卢恩诗经过了精雕细琢,使两行或四行末尾音节相同。这最简单,不需要太多技艺和思想,因为只要一个谐音就可以弥补缺憾,取悦普通人的耳朵。这在哥特所有欧洲殖民地中逐渐成为最普遍的形式,使打油诗或卢恩诗在世界的这些地方成为现代诗歌的代名词。

这种形式不仅出现在他们的现代语言中,在那些愚昧的时代,甚至出现在粗俗的拉丁语中。僧侣和牧师把它们保护下来,借以炫耀学问,区别于平信徒。这些平信徒既不认字也不会写,甚至对于自己的方言也是一样。他们很可能在某种程度上会景仰学问,尊敬专业人士。我指的不仅仅是普通的平信徒,还包括所有的高官、贵族和君主。这种状况一直持续到大约两百年前,当时的欧洲开始恢复古代的学问和语言。

哥特卢恩诗的共同特点是所谓的"狂热"(dithyrambick),一种胡言乱语或漫无边际的机智或创意,松散随意,基本没有任何技巧,不受任何特定格律或规则的限制;[429]也有些诗在某种程度上并不缺少真正的诗歌精神或自然的灵感,后者据说来自某些人天生的诗情烈火迸出的火星。尽管如此,它不仅可以取悦,甚至在它通行的地方可以迷惑那些愚昧的普通人。这使得卢恩作家在哥特人中间很受欢迎和景仰,像古代文明国度里的那些大名鼎鼎的诗人一样。毕竟,大家都是瞎子时,独眼龙就是王子。人们认为,他们和其他人一样受到了神启,其卢恩作品的美都具有神性,至少具有魔力。它们主题各异,但通常与上面探讨的真古诗的那些主题一样。然而,这种特质主要用于记录勇敢行为和军事战争,赞扬取得胜利或壮烈牺牲的勇士。这些诗或民谣通常在宴会上、在年轻人那里或在游手好闲的圈子里吟唱,激起他们战争、屠杀和掠夺的欲望。更高雅的荣誉或爱情在作品中无足轻重,因为它在那些暴戾之人的生活和行动中、在血腥的时代里基本得不到重视。他们的荣誉就是胜利,爱情就是强奸和淫欲。

他们中间罕有真正的诗歌灵感的火苗,有的只是野火,忽闪几下,或一阵噼里啪啦,不久就在旁观者瞬间的欣喜中和短暂的注视下熄灭了。由于无法用自己的诗歌特质赢得赞美,卢恩诗人为达到目的采用了另一种方法即巫术,以弥补他们欠缺的让人感到崇高和惊叹的东西,[430]而这种东西在古代文明的诗歌和散文中都可以找得到。哥特的卢恩诗人为了确立打油诗的地位,得到人们的赞扬,基本上把诗歌变成了魔咒,声称可以掀起风暴、平息海洋、使敌人恐惧、让诗人在空中行走、召唤鬼魂、治愈疾病、止血疗伤、让女人变得善良或顺从、让男人变得坚强或刀枪不入。他们远古时期有位卢恩诗人当初就是通过这些魔咒证明自己和自己的成就。通过哲理诗(即构思魔咒的诗)施展魔法的男人和女人分别被称为男巫和女巫。

从这些材料里立起的所有魔咒丰碑构筑了古老的西班牙传奇——哥特人统治期间哥特式机智的产物。阿拉伯人征服西班牙之后,传奇用于记述他们与基督徒之间的长期战争。从这些同样的材料里可能也产生了所有妖、魔、鬼、怪、精之类的幻想作品,不仅用来吓吓孩子们,让他们听保姆的话,有时候也给孩子留下长久的印象,扰乱他们的睡眠和生活,一直到他们成年为止。唉,有些人成熟晚,有些人或许永远长不大。至少哥特人及其族群普遍认为,各种魔咒不仅来自他们的卢恩诗,也来自他们的符号。因此,大约在11世纪,瑞典像过去的西班牙一样,通过教会和非教会的命令或法律禁止和废除卢恩语;[431]这种学问或语言死灰复燃,其影响竟然远达冰岛。

此类作品和迷信还有多少流传到现在,可以想想近三十或四十年内,对妖魔、巫术、魔咒的故事表示深信不疑的案例有多么频繁多么普遍。在法国的一些地区,老百姓不久前还确信有狼人或人会变成狼。我记得的几个爱尔兰人也有相同的观点。其他的一些融入了我们自己的语言:玛拉(Mara)在古卢恩语中是怪物的意思,他能控制睡在床上的人,使他们根本无法说话和动作;老尼卡(Nicka)是扼死落水人员的小妖;博(Bo)是凶残的哥特首领,是奥丁的儿子,他的战士想要吓唬敌人时就叫其名字;我想,"用押韵让老鼠搬家"的谚语也具有相同的渊源。

我提到的那个时间之前不久,爱尔兰人还有卢恩诗歌的残余。爱尔兰人氏族中的伟人从事不同的职业,并在同一宗族中一直延续下去,其中不仅包括医生、猎人、铁匠等等,还包括诗人和说书人(tale - teller)。诗人记录并歌颂祖先的事迹,在宴会上取悦客人,说书人在客人忧郁得难以入睡时用传说取悦他们。爱尔兰北部有位非常勇敢的绅士告诉我他的经历。在猎狼的时候,他常常在山里连续待上三四天,晚上心烦意乱睡不好。这时,[432]他们会带来一位说书人,在他躺下时,说书人开始讲述国王、巨人、侏儒或少女等诸如此类杂乱无章的故事。其平缓的调子持续一整夜,无论什么时候醒来,都可以听到。他觉得,医生给的任何药,都不能起到这样良好的效果,这个办法没有什么害处,使人在身体或精神遭到疼痛或疾病折磨时能够入睡。我记得,年轻的时候,我们国家有人饭前祈祷用韵文(rhymes),另一些人常规祈祷都用韵文。自诺曼征服以来,有些地契竟然也用韵文,粗俗之至。罗马文化和罗马帝国完全谢幕之后,蜂拥而至的哥特人建立起众多新国家,出现了新的风俗、衣着、语言,甚至新的神。之后几百年,愚昧笼罩着欧洲,诗也栖身于那些低劣的莠草之下。

伴随着新曙光的来临,两种文雅语言和其他学问都复兴了,诗也早早萌芽了,但在身材、衣着、性情和精神上与古代的诗大为不同。现在的诗都追随哥特风格押韵。的确,拉丁语派生的几种方言或混合语没有一种具有希腊语和拉丁语中常用的从容的音步和格律。有人曾经试验过,不久又放弃了,因为发现没有成功的希望。然而,披着这件新装的诗也不乏魅力,尤其是优雅和甜美。诗开始在第一批提纯者的手下和作品中发出光彩。彼特拉克、龙沙(Ronsard)和斯宾塞(Spencer)以爱情、赞美、悲伤、责备为主题的诗大受欢迎。

[433]阿里奥斯托(Ariosto)和塔索(Tasso)①竟斗胆要写英雄史诗,但翅膀不硬,飞不到那个高度,只好尽力学习和模仿古代的英雄史诗,特别是维吉尔的作品,其效果取决于他们天生的才华和新语言和新习俗的不利程度。异教徒的信仰已经非常协调地融入古代诗中,使得现代人也煞有介事地把基督教信仰安插在诗歌中。然而,结果发现,真信仰不像假信仰那样适合虚构,他们所有此类尝试似乎都在贬低信仰,而非提升诗歌。斯宾塞试图用道德取而代之,把教诲而非历史作为史诗的主题。他的手法出色,想象高远,但谋篇低劣,说教过于直白,②从而失去

---

① [译注]阿里奥斯托(1474—1533),意大利诗人,代表作是《疯狂的罗兰》。塔索(1544—1595),意大利诗人,代表作是《被解放的耶路撒冷》。

② 艾迪逊(Joseph Addison)在"最伟大的英国诗人"(*Account of the Greatest English Poets*,1694)一诗中批评斯宾塞:"枯燥的说教过于直白。"

了效果。没错,药丸是镀了一层金,但是太薄了,很容易露出其中的颜色和味道。

除了这三位,我认为,其他现代人在英雄史诗方面的成就不值一提。现代的才子们很快放弃了这种不自量力的尝试,转而关注其他类别。就像那些不够资格参加宴会的人只能满足于残羹剩饭一样,他们也自得其乐地创作韵诗、十四行诗、颂诗、哀歌、讽刺诗、赞美诗以及我们所说的就任何题材或场合而写的诗歌复制品。他们缺乏天赋或专注,无法创作出更为崇高或更费时费力的作品,就如未能创作伟大作品的画家只能转向缩微版的复制画。①

然而,为了使这枚小小的用劣质金属做成的硬币具有价值和流通性,现代诗人给它新添了古人基本一无所知或根本不重视的两类来源。[434]在古老的诗歌领域里,的确有一些有魔力的精灵,也就是隽语诗(epigram)。它们超过两行、四行或六行。由于太短,它们都指望别出心裁的措辞(conceit)或巧妙的幻想或机智。在古代拉丁诗中,只有《普里阿普斯诗集》(Priapeia)属于此类。其中的诗是短小的即席创作,写的是罗马芳香园里普里阿普斯(Priapus)搞笑的木质雕像。在罗马学问和机

---

① 坦普尔对于抒情诗的轻视来自培根和霍布思。参见拉宾(Rene Rapin,1621—1687)的《论亚里士多德的〈诗术〉》(Relexions sur la Poetique)卷一第3节:"因此,无知之人也突然引人注目,被世人视为诗人。他们的想象或许是受到某次纵情享乐活动的刺激,空洞地闪了一下,从而幸运地写成了轰动一时的一首或一组抒情诗,缺乏卓越的天才才有的圣火……十四行诗、颂诗、哀歌、讽刺诗等诸如此类的小诗在世上常常引起很大动静,但不过是想象的产物;懂点日常言谈的浅薄才子即可写出这样的诗句。"(莱默尔[Thomas Rymer]译自法文)

智没落之时,马尔提阿利斯(Martial)、奥索尼乌斯(Ausonius)①和其他一些人也选择了这种类型,使本来仅限于一种题材的隽语诗不加区分地应用于所有题材,把它打扮得比当初诞生时更为整齐。此类奇思(conceit)似乎适于诗歌的下脚料,受到热烈追捧,几乎侵入了我们不同的现代语言所创作的全部诗歌。用意大利语、法语、西班牙语以及英语创作的诗歌在很长一段时间里只有奇思,没有其他。它像佐料,让那些自身无味的创作有了味道;像酱汁,让平淡无奇的肉片具有品相,使正在消褪的光泽焕发出生机。简而言之,缺乏创作灵气的人向诗添加了可以保存死尸的盐,而盐据我所知对于活的生物没有什么用处,对于本身具有美味的肉片来说也没有什么必要。无论如何,这类诗充斥着我们的现代诗,我们几乎不加区分或判断地每两行一用奇思和韵脚,无论冗长还是短小的诗,自始至终遵循这种风格。这就仿佛把装修当作建筑,把装饰当作衣服;[435]仿佛脸应该贴满黑色美人痣,礼服应当缀满亮片。对此类诗,我要说的就这些。

进入并败坏我们现代诗的另外一类是调侃诗(ridicule),仿佛除了搞笑就没有什么让人感到愉悦。这种搞笑来自两种迥异的心态。人们不习惯于嘲笑他们非常喜爱的事物,因此,他们对自己非常不满意的许多事情加以嘲笑。

这种错误很普遍。现代诗人找不到好方式来取悦人,却认为调侃可以达到目的。同时,日常交谈也在很大程度上追随这

---

① [译注]马尔提阿利斯,古罗马诗人,生活于公元1世纪,以写诙谐和讽刺的铭诗著称;奥索尼乌斯(310—395),古罗马诗人,以田园诗和讽刺诗著称,代表作有《摩泽尔河》。

种风格。当红才子也扮演起了以前小丑的角色,在权贵之家逗乐。罗马人对这一品行的看法出现在贺拉斯的诗行里:

> 暗伤友人,友人受诬蔑而不顾;博取众人狂笑,求才子之名;胡编乱造从未亲眼目睹之事;无法保守秘密。那是何等黑心。善良的罗马人,要小心这种人!①

一个时代的才子在品行上竟然像另一个时代的黑心人,不能不令人叹惜。

拉伯雷似乎是调侃之父,他有着卓越和广博的学识以及机智。在他那个时代,法院、修道院、游行、战争、学校和军营的习俗的确给了他太多的讽刺对象。必须承认,为了调侃得更为高调,他说的很多东西过于恶毒和淫秽,亵渎神灵,[436]谨慎、谦逊或虔诚的人即使十分宽容都无法忍受。真心希望追随他的才子们不要过于看重那件服装,因为更明智的人都不愿意穿(至少在公共场合如此);不要过于看重自己的指南,因为别人都不愿意要。出类拔萃的《堂·吉诃德》的作者更值得钦佩,因为他创作了杰出的讽刺或调侃作品,却没有那些成分。该作品似乎是这类风格的最佳和最高典范,前无古人,后无来者。

此类作品始于意大利诗《失窃的木桶》(La Secchia Rapita),②接下来是斯卡龙(Paul Scarron)的法语诗《戏仿维吉尔》(Virgil Travesty)、英语诗《休迪布拉斯》、用英语创作的闵斯

---

① 贺拉斯,《讽刺诗集》卷一第4首,行81-85。
② 塔索尼(Alessandro Tassoni, 1565—1635)的讽刺史诗,发表于1622年,讲述了摩德纳人和博洛尼亚尼之间争夺一只木桶的故事。

(John Mennes)爵士和科顿(Charles Cotton)。① 我认为,用英语创作的戏仿作品要高于其他语言的戏仿作品。但是,无论作品如何,其意图、做法和榜样作用大大伤害了诗歌,实际上也大大伤害了人类所有的美德和良好品质,因为这些美德和品质在调侃的鞭子下,遭受着冤屈和羞辱,且调侃不分好坏、不分黑白。通过别人的缺陷显示自己优秀,是拙劣而又常见的自诩行为。刻薄的才子或美人可能在聚会上鹤立鸡群,使其他人一无是处。在钻石中闪耀很了不起,但在鹅卵石中闪耀是不值得炫耀的荣誉和价值。

这两类诗增加了现代诗的缺陷。此外,人们更多地专注于流畅的语言或风格,而后者充其量只是一幅画的色彩美;没有精神和力量,画永远也不能称为好画。② [437]红衣主教黎塞留

---

① 《休迪布拉斯》是巴特勒(Samuel Butler,1613—1680)的讽刺史诗,主要讽刺英国内战中的圆颅党、清教和长老派。闵斯爵士(1599—1671)在此处被认为与人合作创作了《才子的消遣》(*Wits Recreation*,1640)和《缪斯的消遣》(Musarum Deliciae,1655),其灵感来源于模仿了《普里阿普斯诗集》的法国诗。科顿(1630—1687),英国诗人,以翻译蒙田(Michel de Montaigne)的作品、《钓鱼大全》《赌博大全》而出名,也曾翻译斯卡龙的《戏仿维吉尔》。

② 坦普尔抱怨,"流畅的语言或风格"取代了"精神和力量"。之前的拉布吕耶尔(La Bruyere,1645—1696)、拉宾和其他法国批评家已经预料到了。参见《论亚里士多德的〈诗术〉》卷一第31节:"最近,有些人走向了另外一个极端,孜孜以求纯洁的语言。他们拿掉诗中所有的魄力(nerve)和庄严,采用了谨小慎微的含蓄和装腔作势的谦逊。有些人认为,要把这些变成法语的特色,使其丧失诗歌所要求的那些睿智、审慎和勇敢。"拉宾的理论中这些偶尔出现的开明因素使他的作品在英国广受欢迎。参见布奥尔(Dominique Bouhours,1628—1702)的《正确思考的方式》(*La Manière de bien penser*),1695,页415。

(Richelieu)创建法兰西学院,为那个时代和国家的才子提供消遣,使他们不再过问他的政治和宗教。法兰西学院使这类诗歌成为时尚;在过去一个时代,法国才子基本完全专注于语言的提炼,事实上,他们在诗歌和散文方面都取得了无与伦比的成功。我们现代英语诗歌也同样一直在培养这种特点。最近,由未经训练的新兵构成的士气低落的军队守卫着这个诗歌帝国。至于其成就如何,我留给他人判断,只在地位和荣耀方面将古代的高度与现代的衰落做个比较。无论现代诗模样如何,她的真爱不会因此而退避三舍,因为他们一直认为,她无论凤冠霞帔还是衣衫褴褛,都是一位美人。

在诸多没落的诗歌中,有一种诗似乎在我国现代人那里最成功,超过了其他国家,那就是戏剧诗或舞台诗。① 在这方面,意大利人、西班牙人和法国人都有各自不同的优点,并得到了相应的赞赏。然而,若我没说错的话,我们的英语喜剧在某种程度上超越了现代人和古代人的喜剧,其推动力可能在于我国天生的特点,即我们的幽默。它也是我们语言特有的词汇,很难用其他语言表达。据我所知,在其他外国作家那里也找不到这种幽默,除了莫里哀,但他的幽默本身含有太多闹剧,

---

① 圣厄弗若蒙(Charles de Saint‑Évremond,1613—1703)在《论英国的喜剧》(1677)一文中赞扬了英国的喜剧,在很大程度上决定了英国人的看法。莱默尔、丹尼斯(John Dennis,1658—1734)和康格里夫(William Congreve,1670—1729)与坦普尔一样,都认为他们的国人在这个体裁上超越了现代人和古人。坦普尔把英国喜剧的优点归功于幽默。他所说的"[幽默]是我们语言特有的词汇"已经成为英国批评的口头禅。他认为其中的原因在于英国更为灵活的规矩和政治。康格里夫(1696)和其他很多人,从1713年第144期的《卫报》到布莱尔(Hugh Blair,1718—1800)的《修辞与文学讲稿》(Lectures on Rhetoric and Belles‑Lettres),都重复了这个观点。

与我们的不一样。① 莎士比亚在舞台上开幽默之先河。从那以后,幽默一路自由和欢快地发展着。我常常感到纳闷,幽默对于其他国家也是非常适合的题材,在它们的舞台上却几乎没有出现过。在生活方面,幽默表现的是具体,喜剧表现的是一般。[438]幽默表现了不太常见的性情和习俗,但后者与人类常见的事物也一样的自然,因为幽默一旦是被迫的,便失去了所有的魅力。的确,我们有些最为擅长幽默的诗人也犯有此类错误。

古代的戏剧似乎有个缺陷,出现的角色很少,又很常见,像贪婪的老人、多情的年轻人、机智的女孩、狡猾的奴隶和吹牛的士兵。观众在舞台上见到的只不过是他们在大街小巷里都可以遇到的人物。所有的变化只来自差异化和不寻常的情况,若是角色也是如此,那么多样性和愉悦就更是如此了。通常,一个国家最为普遍的习俗都基于该国人民或地区的特点,同理,我们有这种舞台风格以及更为多样的幽默是因为生活中有更多的变化。这可能源于我们的本土物产丰裕,各地互不相同,政治宽松,以及可以自由地表达意见和派系。意见和派系在我们邻国可能也存在,但不得不被掩饰起来,最终有可能被消灭。丰裕产生恣纵(wantonness)和自豪。恣纵促进创造,自豪不屑于模仿。自由产生欲望,欲望打破约束。因此,我们渐渐有了越来越多独创的东西,越来越多本真的东西。我们有越来越多的恣纵,因为每个人都按照自己的想法,快乐地或许是自豪地展示恣纵。

与此相反,普遍贫穷的民族被迫从事艰苦劳动,他们的行动

---

① 莫里哀在当时英国的影响达到巅峰,至于模仿或借鉴他的早期英国戏剧名单,参见雅各(Giles Jacob,1686—1744)的《诗话》(*Poetical Register*),1719,页292–295。

和生活都是一个模式;他们服务于冷酷的主人,[439]仿照他的风格,听从他的命令,被迫在小事上模仿,在大事上服从。因此,有些民族看起来就像是一个模子铸造出来的,或者按照一个模型切割出来的,至少是普通人用一个模子,上等人用另一模子。他们的习惯、习俗,甚至讲话以及对事业和生活的专注与追求也是一样的。除了这一切,我们还有另一种不同,它来源于我们的地区及其自然而然带来的性情。就我所知,还没有哪个民族像我们一样人与人之间有那么大的不同,而且我们在不同的时间也呈现出非常不同的自己。也正因为我们的地区使得我们既有许多优点,也有许多缺点。

我们承认,我们的地区可能导致一些疾病,但健康、精力和寿命大多也得益于它。我们注意到,希腊罗马作家发现,在当时已知的国家中,英格兰人活得最长,埃及人活得最短。此外,我想,没有人会质疑我们的男人天生勇敢,我们的女人天生漂亮。其他地方的男女可能在个案上一样了不起,但在整体上没有哪个地方像我们这样普遍。从医学角度来讲,在他们那里可能是急性病,到我们这里就是流行病。我曾经和其他国家的高官和贤士有过很多交流,可以非常公正地说,我国的优秀人物比其他国家的同类人拥有更多真正的天赋、敏锐的机智、愉快的幽默、丰富的想象、深入的思考或深刻的反思;[440]我国普通民众比其他国家的同类人拥有更美好的天性、更直白的判断和更朴实的生活;我国的海员比其他国家的海员更要耿直、勇敢和诚实。

尽管如此,必须要承认,我们的国家属于一名伟大的外国医生所说的脾脏区,①这在很大程度上可能源于我们一年四季天

---

① 指易怒、善变等。

气的巨大的不确定性和许多突然的变化。至于这些因素影响头脑和情感的程度,尤其对最优秀的人的影响程度,有很多猜测,但心思不在这方面的人觉得难以置信。这使得我们的脾气不相同,激情有差别,目标不确定,甚至欲望也不明确。此外,我们在信仰上的不同意见造成过去五十年里涌现了很多派系,这对于我们的风俗习惯产生了不良影响,与我国过去相比,产生了更多的贪婪、野心和虚伪及随之而来的必然后果。除了英国,任何国家都没有如此多不同形式的真正的宗教信仰,也没有如此多装腔作势的无赖行径;没有如此多的宗教纷争,也没有如此多的政治辩论、政治改良、寻根究底、争权夺利、皓首穷经和孜孜求财。也只有英国有那么多无法无天的人,口味刁钻的奢华者,挥霍无度的浪荡子,自高自大的嫖客,在诗歌、政治、哲学和炼金术领域一知半解的人。我有几个仆人对神学做了很深的研究,其他几个在诗歌方面有很高的造诣。我还知道,在一些朋友家里,有个管家熟知玫瑰十字会(Rosycrucia)的秘密教义,①有位洗衣女工掌握了伊壁鸠鲁的哲学。我们五花八门的性情组合对生活或政府无论产生何种影响暂且不管,[441]但它必定从正面促进了我们的戏剧,使得喜剧才子们创作出令人惊叹的剧作。因此,在喜剧方面,我认为,无论古人还是现代人都没能超越或赶上我们才华横溢的戏剧。至于其他,我注意到,让我国引以为荣的是,

---

① 玫瑰十字会的神秘教义首先在 1614 年德国出版的《兄弟会传奇》(FamaFraternitaties)中得到详细阐述。后来由弗拉德(Robert Fludd)和海登(John Heydon)传播到英国。德·维拉尔(Abbe de Villars)在 1670 年发表的《秘法记》(*Le comte de Gabalis, ouentretiens sur les sciences secrètes*)使玫瑰十字会的神秘教义在此时得到更为广泛的传播。该书在 1680 年和 1714 年两次被翻译到英国。

我们的优秀品质似乎是自然的,不好的品质更像是偶然,可以通过君王的模范作用和法令轻易地加以纠正,从而形成风俗,抑制放纵;鼓励勤奋,防止人们入不敷出;弘扬美德,切实尊重常识和朴实。

但长话短说,可以从世界各国(从中国到秘鲁,从斯基泰到阿拉伯)的普遍接受和使用中,从贤士、伟人和俗人的尊重中,观察到古代诗歌曾获得的荣誉和欢迎。在希伯来人中,最有智慧的国王大卫和所罗门以及最神圣的约伯和耶利米是他们民族和语言中最优秀的诗人。在希腊人中,两位最著名的圣贤和立法者是梭伦和吕库尔戈斯(Lycurgus),前者是卓越的诗人,后者热爱诗歌,(据有些作家说)正是在后者辛苦努力下,散乱的荷马片段得以收集整理并保存到今天。据说,没有这些叹为观止的诗歌陪伴,亚历山大既无法行军,也不能入睡。法拉里斯对敌人残酷无情,但听到诗人斯忒西科罗斯(Stesichorus)迷人的诗歌,心肠就软了。在罗马人当中,伟大的小斯基皮奥(Scipio)在泰伦提乌斯的谈话中度过了生命中的柔情时光,[442]并被认为参与了泰伦提乌斯的喜剧创作。恺撒是演说家,也是出色的诗人,他在从罗马到西班牙的旅途中写诗,通过快乐的诗歌缓解行军中的乏味与困难。奥古斯都不仅是维吉尔和贺拉斯的赞助人,也是他们的朋友和伙伴。他仰慕诗歌,在才能所及之处或繁忙之余也附庸风雅写写诗。没错,从他那个时代起,我们很少有伟大的君主支持或喜欢诗歌,或许也很少有伟大的诗人值得这一恩宠。无论是狂暴的哥特性情或他们长期战争的叫嚣把诗吓走了,还是良莠不齐的现代语言无法容忍诗,可以肯定的是,崇高和卓越的诗歌与音乐随着罗马学问和帝国的衰落而衰落了,再也没能重获以前伴随左右的钦慕与掌声。它们在我们中间处境艰难,但必须承认,它们是日常生活中最温柔、最甜蜜、最普遍、最纯真的娱乐。它们在君王的宫廷和牧羊人的村舍中仍然有一席之地。它们有助于重振和活跃死寂、乏味或无所事事的生活,缓和或转移伟人和忙人狂暴的激情和烦恼。这两种作用对人类生活同样有用。人的思想就像大海:风平浪静或暴风骤雨的大海,观赏者和海上旅行者都无法忍受,只有微风荡漾才能让二者感到惬意,受到柔和、轻松的情感激荡的思想也有同效。我很清楚,许多人以严肃的表情假装睿智,倾向于鄙视诗歌和音乐,[443]认为它们没有意义,对于严肃的人来说过于轻浮。但我认为,对这些充满魅力的诗歌无动于衷的人最好不要开口,以免自己指责自己的性情,使人怀疑他们的天性是否美好,甚至怀疑他们的理解力是否正常。此举至少可能被认为是一种不祥之兆,甚至是身体有病的表现,因为有些先人甚至把热爱音乐这种宿命的迹象视为神圣之物,是为天堂预留的快乐。只要这个世界还存在,我确信,这两种娱乐带来的快乐和人们对它们的需求也会存在;那些即使没有受到伤害也不安分的人快乐地满足于这些或任何其他简单和纯真的娱乐方式,不会骚扰社会或其他人。

当一切终结,再回头看,人生至多像一个任性的孩子,必须和他一起玩耍,纵容他一些,才能让其保持安静,直到睡着,操劳才算结束。

为《论古今学问》辩

[487]有几个原因使我禁不住进一步审视最近几年关于古今学问孰优孰劣的争论。首先是为了所有学问特别是大学学问的共同利益,鼓励各类学者阅读古代作家,因为我们必须承认,古代作家是所有现代学问或任何上层建筑的基石。其次是要对现代派的傲慢表达名言正顺的愤怒,因为他们诋毁长久以来受人尊重和景仰的古代英雄,如荷马、维吉尔、毕达哥拉斯、德谟克利特等。我承认,他们让我感到震惊,如同亲眼目睹年轻野蛮的哥特人或旺达尔人打砸或损毁希腊和罗马英雄令人叹为观止的雕像,而正是这些雕像使英雄们流芳百世,得到一代又一代人的尊敬,甚至爱戴。最后一个原因是,我要像法国人维护法国的荣誉一样,维护我国的荣誉,[488]免遭现代派在此事件中的错误和臆想的指控。为此,有必要讲述整个论争的情况。

现代派自己承认,新哲学占据欧洲地盘是最近五六十年的事儿,之前很少有人声称超越了古人或与古人齐肩。自认高于古人的只有一些医生,如巴拉赛尔苏斯(Paracelsus)及其学生。① 他们提出新的医学观念和医疗方法,反对盖仑(Galen)

---

① 巴拉赛尔苏斯(1493—1541),瑞士医生、化学家、神学家,强调观察与实践,被誉为"毒理学之父"。

的学说,①但他们主要得力于化学药物或化学合成,无法长久地支持其虚名;随着最初使其风靡一时的新鲜感的消失,他们的疗法和理论不久也将名誉扫地。

下一位被认为胜过古人的人是笛卡尔,他提出了一套新哲学体系。我认为,他意在把自己的体系强加给世界,如同诺斯特拉德马斯(Nostradamus)的预言一样,②仅仅是自娱自乐,连他们自己都不相信。笛卡尔总是对朋友称自己的哲学是传奇,听到年轻学者迷恋他的观念就感到非常高兴,如同看到孩子把《阿玛迪斯》(Amadis)和《骑士之镜》(The Mirrir of knighthood)当作真实故事一样。③

接下来认为新学问超过古代学问的一批人来自查理二世建立的格雷沙姆(Gresham)学院。他们早就在争论并追求这个名号。随后是法兰西学会全方位地展开论战,深入到很多特定领域。丰特奈尔(Fontenelle)先生认为学会在哲学和数学以及诗歌和演讲术上超过了古人;佩罗(Perrault)先生则认为学会在演讲和诗歌以及绘画和哲学方面更高一筹,[489]莫城(Meaux)主教超过了伯利克勒斯和修昔底德,④尼姆城的主教超过了伊索克拉底(Isocrates),⑤布尔达卢(Louis Bourdaloue)超过了尼喀阿

---

① 盖仑(129—200/216),罗马帝国时期医学集大成者。
② 诺斯特拉德马斯(1503—1566),法国药剂师,因写《预言集》而出名,但经考证发现,其预言与重大事件之间的关系很牵强。
③ 《阿玛迪斯》和《骑士之镜》是西班牙传奇故事。
④ 莫城主教指波舒哀(Jacques - Bénigne Bossuet,1627—1704),法语语言大师,被认为是法国历史上最伟大的演说家之一。
⑤ 尼姆城的主教指弗雷希(Esprit Fléchier,1632—1710),法国当时最为出色的演讲家之一,以巧妙和机智著称。伊索克拉底(前436—前338),希腊著名演讲家。

斯（Nicias），①巴尔扎克（Jean-Louis Guez de Balzac）超过了西塞罗，②伏尔泰超过了普林尼，布瓦洛超过了贺拉斯，高乃伊超过了所有古代著名的戏剧诗人。

五六年前，《论古今学问》一文反驳了这些虚妄的现代人。（收录本文的）《杂文集》翻译成法语之后，法兰西学会深为忧虑和羞愧，一个外国人竟然如此羞辱他们当中的一些成员，认为他们轻视古人，妄尊自大。他们对于学会内部的那几个叛徒感到义愤填膺，因此在作品中讽刺他们，在言谈中辛辣地讥笑他们，让他们生活难堪，使他们不久厌弃了自己的新观念。或许他们当初持有这些观念首要目的是献殷勤，其次是恭维那些讨好国王的人。

《杂文集》在巴黎一出版，布瓦洛写了下面这首讽刺短诗：

> 有人某天向蛀虫之神抱怨，我们在宇宙的某个地方研究冰冷的作者、不再写作的诗人、荷马们和维吉尔们。"不可能，你们被耍了。"阿波罗愤怒地回答。"我们怎能咽下这口气？这难道是在野蛮的休伦人（Huron）或图皮南巴人（Topinambous）的土地上吗？③ 这是在巴黎，是在精神病院；不，是在卢浮宫，在法兰西学会中心！"

---

① 布尔达卢（1632—1704），法国耶稣会士，著名演讲家。伏尔泰认为其演讲超过了波舒哀。尼喀阿斯（前470—前413），伯罗奔半岛战争期间雅典著名的政治家和将军。

② 巴尔扎克（1597—1654），法国作家，其书信体散文在当时广为流传，是法兰西学会的奠基人之一。

③ 休伦人和图皮南巴人分别指北美大湖区和南美亚马逊的印第安人部落。

在同样场合,大约同样的时间,拉辛先生写了另一首讽刺诗。[490]布瓦洛的诗惹恼了丰特奈尔先生,这一首则惹恼了佩罗先生。

> 佩罗啊,西塞罗、柏拉图、维吉尔、荷马以及所有这些天下梦寐以求的作家一旦翻译到你的作品里,为什么看起来就这么愚蠢?因为你把你的言谈方式、你的卑劣、你的韵脚给予了这些崇高的灵魂,使得他们处处像佩罗。

法兰西学院的有些人特意把这些作品和其他一些作品发到英国和其他国家,洗刷学会内两三个人对他们的造谣中伤;他们认为尊重古人犹如尊重神灵,轻视古人是野蛮、渎神的表现。

佩罗先生为躲避这次风暴的余威,不久改变了立场,在所有场合表了态。为了表明自己的真实信仰,他还发表了一些作品,其中包括把荷马的赫克托耳与妻子安德洛玛刻的对话翻译成法文。他在1693年3月3日就此主题作了演讲之后,将译文呈交给法兰西学院。该诗体译文后来与演讲一起印刷发行,他在其中说:

> 我一直在各个场合不遗余力地称颂荷马,承认他是诗歌领域最优秀、最广博、最高贵的天才。然而,因为我曾冒昧地指出他作品中的一些错误,人们便群起攻击,仿佛我犯了滔天罪行。把本来应当是语法学家的工作当作宏图大业,理应遭到所有诗人的尽情嘲笑与痛恨。
>
> 现在,请不要以为我品味低下,没有察觉这位卓越诗人的美。[491]为了对他令人惊叹的美表示仰慕之情,我翻译了《伊利亚特》的最美片段之一。我想,如果我多次声明

尊重该诗的作者,仍不足以说服世人的话,那么这篇翻译应该可以做到,因为只有特别尊重他的人才可能不辞辛苦地把希腊诗翻译成法文。

此举显示,现代派在法国表达新观点时遇到太多的愤恨和蔑视,改变信仰的佩罗先生才觉得,需要痛改前非才可以纠正以前的错误;之前追随他或支持他或他的观点的人似乎掉进了圈套,作为诱饵的鸭子在他们落网之后也飞走了。因此,批评《论古今学问》、拥护现代派的文章似乎不知道巴黎当时或之前发生的事儿,它们运气不佳,在法国被抛弃,据我所知,在英国也没有人支持。《论古今学问》一文谈论最多的、写过洪水之前世界的博学作者①在这个问题上根本不支持现代新主张,其发表的《事物起源的古代解释》,表现了对古人的深刻了解与尊重,从而表明,只要了解古代,就必然会尊重它。该书给现代派留下了相反的证据,证明只要和新观点一样鄙视古代就不了解古代。

为了摧毁古代学问的丰碑,支持现代学问的人首先认为有必要证明,古代学问的奠基人非常可鄙,因此他们攻击毕达哥拉斯、七贤、恩培多克勒(Empedocles)和德谟克利特。

对于毕达哥拉斯,现代派还算宽厚,给了他一点地位,承认他在无知的时代和无知的国家,比当时周围的傻子要睿智。[402]总之,他们觉得,毕达哥拉斯可以算个立法者,但绝不是位哲人。凡是了解毕达哥拉斯的人无疑可以看出,非难这样一位睿智的伟人表现了良好的判断力!的确,人们希望毕达哥拉

---

① 指伯内特(Thomas Burnet,1535—1715),英国神学家,曾任英王威廉三世的首席牧师,著有《地球的神学解释》等。

斯在他居住的意大利小城建立起文明国家制度,但不幸的是,他死于一场叛乱,还是在他亲手打造起来的国家。因此,关于他的政治制度,没有任何记录或痕迹流传下来。但另一方面,从他那时起一直到今天,他一直被博学的民族和学人,甚至异教徒和基督徒尊为哲人之王,在政治和数学以及自然和道德知识方面举世无双。苏格拉底从他那里学习了美德和道德观念,柏拉图从他那里不仅学了上述两方面,还学了大部分自然哲学。没有任何哲人像他那样死后仍然受到所有追随者热爱,也没有任何教诲像他的教诲那样塑造了最为杰出人物的人生。其中忒拜(Thebes)的三位伟人同时受教于一个毕达哥拉斯学派哲人,他们在当时无人能敌,或许也后无来者。他们分别是伊巴密浓达(Epaminondas)、佩洛皮达斯(Pelopidas)和马其顿的菲利普。①

现代派想羞辱毕达哥拉斯真知灼见的所有来源,却猜不出他为何去德尔斐神庙,为什么那里的阿波罗女祭司竟然因为发现了自然、数学和道德真理方面的奥秘而闻名于世。在这个问题上,他们发现了关于古代的深刻知识,认为德尔斐神谕由某些疯狂女子管理,而女祭司皮提亚(Pythia)只是工具,[493]由德尔斐神庙祭司团管理。祭司团由精通各门学科的哲人组成,与埃及的一样,差别在于他们在全心全意维护神谕的解释和荣誉。接下来的故事,可以从我们所知道的最后一位德尔斐大祭司那里猜得到。他就是普鲁塔克(Plutarch),通过他流传下来的作品

---

① 伊巴密浓达(?—前362)和佩洛皮达斯(?—前364)均为希腊忒拜的政治家和军事领袖,其中前者曾在战场上救过后者,使两人成为多年的政治盟友。为保持忒拜在马其顿的影响力,佩洛皮达斯把马其顿国王的王子即菲利普带回忒拜作人质。

可以判断,他在当时最为优秀和博学。没有德尔斐祭司团睿智的建议和回复或巧妙而模糊的遁词,神谕的可信度不可能延续那么长的时间,从阿尔戈斯(Argonauts)英雄时代(没人知道还可以回溯到多久以前)至少一直延续到图拉真统治末期,也就是普鲁塔克的创作时期。祭司团的睿智管理保存下来的神谕可信度有多大,看看人们献出的堆积如山的财富,就可以猜测出来,它们来自所有希腊人和很多遥远的民族。根据有些古代作家的记载,其财富数量与亚历山大在波斯王的宫廷和国库里发现的一样多;有个公认的说法,福基斯人(Phocean)曾尝试用其中一部分财富支付军人的工资,竟然超过一万塔兰同(talent)。①

据著名作家记载,惊人的雷电和风暴使德尔斐神庙免遭波斯人和高卢人的破坏。我有时候倾向于认为,那些祭司拥有此类高明的、被称为魔法的知识,或者他们在很早以前就掌握了如何使用威力巨大的火药。然而和用其他知识一样,他们仅把火药用于敬侍神灵。[494]若此推测为真,那下面这个结论就不奇怪了,做出这项发明的是德尔斐祭司,而非最近一位可怜的德国托钵僧。

现代人把希腊七贤当作傻子村的哲人。我怀疑他们根本不熟悉七贤和傻子村的哲人。我也不为七贤辩护,请读者读一读《论古今学问》就可以了。

至于恩培多克勒和德谟克利特,我承认,现代学问的支持者选择泰勒斯(Thales)和毕达哥拉斯之后的两位伟大古人作为蔑视的对象,于事于己都恰到好处。当时没人能像这四位一样享有那么高的尊重和威望。恩培多克勒和德谟克利特是伊奥尼亚

---

① 1塔兰同大约30公斤左右。

和意大利哲学学派的领袖或创立者。首次把天文学、数学、自然哲学和道德哲学带到希腊。我们或许注意到,在荷马时期,希腊人还和忒腊克人一样野蛮,仍然听从心情、欲望、暴力、残酷和迷信的驾驭。

恩培多克勒是西西里的光荣与荣耀,他的同胞狄俄多罗斯(Diodorus)详细记载了西西里岛上发生的精彩事件。他说,西西里即使没有出产过其他伟大或优秀的人物,恩培多克勒的诞生已足以令其感到骄傲了。他是令人景仰的诗人,其水平据认为接近荷马。他曾在一首诗中写到了自然哲学,据认为是后世追随者颇众的亚里士多德自然哲学体系的来源。恩培多克勒第一个提出了演讲艺术和演讲规则。他还是出色的医生,曾在阿格里真托(Agrigentum)用火净化空气,阻止了一场瘟疫。[495]他治愈了很多绝症,还预言了很多异常之事,使老百姓尊他为神。他在祖国享有崇高的威望,改变了公民大会的形式和数量。由于精通道德知识和其他学科,他受邀作阿格里真托的君主,但他拒绝了。

德谟克利特创立的学派以伊壁鸠鲁的名义在后世引起了很大反响,伊壁鸠鲁自然哲学上的原子和虚空以及道德哲学上的心灵宁静都要归功于他。他花了大笔遗产研究学问,旅行到迦勒底(Chaldea)向东方贤士(Magi)①学习,到埃及向祭司们学习,最远问学于麦罗埃(Meroe)②的祭司以及印度的天衣派(Gymnosophist)。他医术高明,熟悉自然的运行规律。德谟克利特留下诸多著述,探讨各门知识。其中,《论宇宙》卖到一百

---

① [译注]Magi 指米底人和波斯人的祭司。
② [译注]北苏丹尼罗河上的一座古城,曾为古实王朝都城。

塔兰同,由此很容易猜到其余作品的价值。通常一眼就可以认定,凡写了一本好书的人,永远不会写烂书;与之相反,凡写过和出版过一本烂书的人,永远不会写好书。我们了解的德谟克利特来自希珀克拉底(Hippocrates)给德谟吉特斯(Demogetus)的真挚信函,其中叙述了德谟克利特的智慧和阿伯德拉人(Abderites)的愚蠢,①证明这位伟人一点儿也不尊重对方。两千年后,他得到了公平的回敬:他当初嘲笑世人,如今,我们的现代学人嘲笑他。

我认为,古今知识的优劣可以从它们产生的效果的优劣做进一步判断。[496]为此,请允许我来讲述,准确来说是从古代最出色的作家那里抄下流传至今的记载,从中可以看到巴比伦的城墙和亚述人建的贝卢斯(Belus)宫殿和庙宇;米底人建造的埃克巴坦那(Ecbatana)城和城堡;波斯人建造的波斯波利斯(Persepolis)城和宫殿;埃及人建造的金字塔和方尖碑以及那里的伏尔坎庙、美利斯湖和迷宫;罗德岛上的巨型雕像;迦太基可以停泊两百艘战舰的军事基地,其栈桥由两百个拱洞构成,上面的长廊可以存储货物;罗马的圆形大剧场和人工渠;多瑙河上的图拉真大桥;拜占庭被塞维鲁(Septimius Severus)占领和摧毁后建造的七座塔楼,②它们之间距离很远,但在第一座中说的话可以一直传到第七座。

现代派或许觉得古人的这些工程以及其他工程不值得敬佩,但我承认自己无法理解,没有流传至今的数学知识和工具,它们又如何能建造成功?

---

① 德谟克利特出生在忒腊克的阿伯德拉(Abdera)。
② 塞维鲁(145—211),罗马皇帝(193—211)。

至于我们似乎名副其实的最具优势的海军舰艇,我想再提一提两艘庞大的战舰。一艘由叙拉古的希耶罗(Hiero)建造,驶往埃及时,船上不仅有君王与随从的房间,还有花园。花园里有鲜花、果实、鱼塘和宫殿里常用的其他摆设。另外一艘由托勒密(Ptolemy Philopater)建于亚历山大,上面除了朝廷、随从、卫兵的房间,还有四千桨手。①

我还可以引述最可依赖的作家,[497]讲一讲长长的庞大的古代防御工事,如推罗(Tyre)抵御亚历山大的强大进攻,罗德岛人民抵御德米特里(Demetrius),叙拉古抵御罗马军队。② 他们仅仅依赖数学技巧和工具把庞大的重物轻松拉升到空中,精确地发射到指定地点,几乎可以证明阿基米德的豪言壮语:"给我一个支点,我就可以撬动地球。"

举这些例子足以证明古代知识令人惊叹的效果与影响,因此,可以促使不熟悉古代知识的人去研究,当然,我相信还有消遣作用。

现代派把诗歌、演讲、绘画、雕塑和建筑方面的荣誉给予了古人,虽然很不情愿;我接下来继续审视他们关于其他知识的叙述。他们认定现代派胜过古人的主要知识有工具的发明、化学、

---

① 希耶罗二世(前308—前215),叙拉古僭主(前270—前215),建造了"叙拉古"号运输船,由阿基米德设计,但据说太大,无法停靠在西西里的任何港口,仅仅航行了一次,也就是到埃及的亚历山大,作为礼物送给了托勒密三世(前280—前222),改名为"亚历山大"号。托勒密四世(前244—前204)为超过"叙拉古"号,建造了更大的"四十桨"号。

② 亚历山大公元前332包围推罗,连攻七个月才得以攻克;德米特里一世(前337—前283)在公元前305年至304年围攻罗德岛未果,最终签订和平协议;罗马人于公元前213年至212年围攻叙拉古。

解剖学、天文学、光学、自然哲学、语文学、神学,以及矿物、植物和动物自然史。我将对它们一一进行简短的探讨。

> [此处本应该比较古今在上述学科领域内的知识,但作者是意图亲自写一部作品,还是希望这些文章仅仅作为提示,让有此心思的别人来写,尚不清楚。
> 接下来的部分由其本人所写。]①

从古代令人惊奇的成果很容易推测,[498]他们的知识有多么伟大,特别是数学,这是人类利用和受益的最有价值的知识。此外,关于埃及人的知识高度,我们还拥有所有可能的见证,如希腊作者新颖的直白叙述以及公认最伟大的希腊立法者和哲人,他们曾旅行到埃及、腓尼基、巴比伦甚至印度,对此《杂文集》收录的《论古今学问》已有专门叙述。但现代派根本不信,因为这些国家没有历史记录流传至今,我们只有希腊人的叙述。他们认定埃及人在其他知识方面仍处于婴儿时期,因为他们没有历史记录或列王传。

在这方面,我乐于接受《论古今学问》已经阐述清楚的观点。这些东方古国的大众没有学问,只有祭司有,学问作为神圣的东西保存在祭司团和寺庙。一旦祭司和寺庙遭到毁灭,学问也消失了。这同一篇文章还证明,学问和历史的遗迹可能由于蛮族的征服、大瘟疫、大洪水而灭绝。比如,人们公认爱尔兰曾有繁荣的学问,但现在几乎无人知晓。虽然遭到北方蛮族的蹂躏与破坏,我们仍然对希腊、意大利或欧洲和亚洲的其他地方知之甚多,这是因为希腊语和拉丁语这两种学问语言保存了下来,

---

① 斯威夫特注。

并得到这些地区极少数附庸风雅之人的尊重和使用。

[499] 为彻底证明此事,我将详细说明那些国家当中古代学问衰落的时间和方式。学问曾在这些帝国的巅峰时期繁荣一时,但它随着自由的丧失或新征服者的压迫而没落了。

我不确定埃及人或亚述人的学问始于古代何时。然而最优秀的希腊和拉丁作家已经非常直白地告诉我们这些帝国的持续时间,与圣经的时间分期并不冲突,现代派却不予承认。现代派提出的否认理由似乎过于无力和可笑,不值得关注。比如,首先,圣经只讲述了帕拉萨(Tiglath Pileser)和其他亚述王之后的故事,之前的没有记载,但圣经叙述埃及人、亚述人、推罗人或西顿(Sidonian)政府,也只是因为他们在特定时间与犹太人或他们的国家有关。许多学者(包括马舍姆[John Marsham]爵士)曾投入毕生心血,试图理顺圣经纪年与异教徒纪年之间的关系,结果都没有成功,因此,我从不指望这样做能有什么效果。他们的下一个理由是,我们的文献没有记录从瑟米拉米斯(Semiramis)到萨丹纳帕路斯(Sardanapalus)的多位亚述王的战争,因此无法想象,他们的一生竟然都待在宫里,遵循着起初建立的卓越制度,享受着悠闲与欢乐,拥有平静的幸福和辽阔的帝国,没有扩张领土的欲望,也没有失去领土的忧虑,[500] 他们的王子也很少离开庞大的宫殿和花园抛头露面,国民依然热爱着他们的王。

我承认,我这样悠闲安静的人可能无法想象,位高权重的国王除了维护国家的秩序和平安之外还会做什么,除了修建壮丽的工程和收集惊人的珠宝,还能为时代提供多少史料。关于所罗门,除了他快乐长久地统治着犹太人之外,也没有多少别的记载。国王们也没有像《杂文集》中提到的那样一直从事园艺,虽然园艺的最早记载可以追溯到亚述。假如这些闲散的国王除了花天酒地寻欢作乐之外,把时间用于化学、解剖学、动植物历史、光学、语文学、皇家学会和世人从事的思考、与贤人或其他学人交谈(或其他触手可及的事儿),我觉得君王必定也可以在这样的消遣中度过一生,而不是发动血腥暴力的战争,成为普遍历史的话题。

然而谁能知道,在那些帝国的历史长河中,又有多少人的记录连同他们的知识一起泯灭了,只有希腊作家星星点点的记忆和简短的叙述使他们流传至今。常言道:"阿伽门农之前也有英雄。"

古代亚述人的学问曾经延续了很长时间,在贤士或占星术士团手里达到高峰,在帝国遭到征服后开始衰落,[501]征服者先是米底人,后来是居鲁士和他的波斯人。当时的波斯人从某种程度上讲是野蛮民族,仅仅知道和遵循居鲁士建立的政治和军事制度,居鲁士是他们睿智的立法者、伟大的将领和庞大国家的奠基人。但古代亚述学问遭受的最终的致命打击发生在克瑟尔克瑟斯(Xerxes)的父亲大流士的时代。由于贤士团中的一位(在冈比西斯[Cambyses]去世后冒充居鲁士的小儿子)篡夺王位,大流士和其他波斯人对贤士团心生怨恨。他坐上王位之后,废止贤士团的学问和威望,同时取消他们语言,用波斯文取代亚述文,使波斯文逐渐成为整个帝国的通用语言。

在第一、二代波斯王统治下,波斯民族的才华全部表现在军事上,他们的征服范围非常辽阔,超越了亚述帝国,征服了吕底亚(Lydia)、小亚细亚和整个埃及,后者曾是强大的亚述帝国的对手。所有学问在亚述王权的更替过程中都泯灭了。在亚述诸王的统治之下,没有任何关于战争或纪年的确定纪录保存下来。因此,任何世俗作家写亚述帝国的第一段历史都从居鲁士开始,他出生之前的历史极其模糊,说法不一,或者史实与寓言鱼龙混杂,即使呕心沥血地调和它们,也无法做出合理或确定的判断。所有知识在帝国的历史中从某种意义上说都消失了,只有一点点占星学以占星术士的名义保存下来,[502]其中一些术士长久以来用此逗乐那些无知轻信的民众。

学问在古代亚述日薄西山之时,随着雅典城邦的壮大与繁荣却出现了曙光。通过航海和贸易,几位伟大的雅典才子以及其余的希腊人开始与埃及人和腓尼基人从事交流活动,从他们或祭司那里学到了各门学科的基本知识,把它们带回了希腊,使自己从此闻名于世。这些人包括梭伦、毕达哥拉斯、德谟克利特、柏拉图和很多其他人。书籍的大量亡佚和时间的吞噬使我们不太了解他们的生活以及他们深入到东方地区的旅行。

埃及人的学问,无论起源于何时,一向保持着高度发达,令邻国十分景仰,这种状态一直持续到奈克塔内博(Nectanebus)时期。① 之后,针对繁荣了两三代王朝的波斯帝国,埃及爆发了反抗斗争。其中一个阿尔塔克瑟尔克瑟斯(Artaxerxes)王臣服了埃及,②使埃及全国听命于波斯。由于埃及人的起义与顽固抵抗,阿尔塔克瑟尔克瑟斯出离愤怒,对埃及人疯狂镇压,无数人被屠杀,许多城市连同城墙被夷为平地,庙宇成为废墟,祭司被杀死或赶走,对于这些著名祭司团的记录,只要他觉得适于保存,他就全部带回波斯。

此事发生在马其顿的菲利普当政时期,给古代埃及学问带

---

① 奈克塔内博二世于公元前360年至前342年在位。
② 波斯帝国的阿尔塔克瑟尔克瑟斯三世于公元前358至338在位,公元前351年进攻埃及失败,公元前341年再次发动战争,占领了埃及全境。

来了毁灭性的打击。在此之后,据我们所知,再没有希腊哲人去埃及问学。柏拉图是最后一位去埃及的著名哲人,[503]这次残酷的大变革发生前不久,他还生活在那里。

的确,希腊诸王和后来埃及的托勒密王朝在国家长治久安的幸福时期竭尽全力恢复学问,支持并以各种方式鼓励留下来的祭司,在亚历山大图书馆收集大量藏书,但古代埃及祭司的学问与知识永远也无法恢复。所谓的新学问转向了迷信和神秘、仪式与赎罪以及通过神秘的献祭和巫术算命。这种学问一直持续到哈德良(Hadrian)时期,但不受哲人待见。

西顿人及其城市和领土遭遇的毁灭不逊于,甚至大于奈克塔内博时期埃及的灾难,其罪魁祸首也是阿尔塔克瑟尔克瑟斯,当时他正从波斯去埃及,遇到了西顿城的反叛。同样的事情也发生在推罗城,这座闻名的城市遭到了亚历山大大帝的残酷征服(此地的古代推罗城很早以前也被摧毁过)。随着这两个城市的毁灭,曾经辉煌了多个世纪的腓尼基学问湮灭了,留传至今的只有古希腊或拉丁书籍中的少量记载。它们数量之少理应让人感到唏嘘,因为从希珀克拉底时期到安东尼(Marcus Antoninus)时代大约有四百年!然而,那个时期写就的作品保存到今天的数量更让人感到叹息。

我将不探讨其他学问消失的原因和时间,因为我们可以看到狄俄多罗斯(Diodorus)、俄里根(Origen)、阿忒纳乌斯(Athenaeus)和其他人已经提过,①[504]而且其中一些人就生活在君

---

① 狄俄多罗斯生活于公元前1世纪,希腊史家。俄里根(约184—约253),早期基督教学者。阿忒纳乌斯生活于2世纪末3世纪初,希腊文法学家,著有《智者之宴》。

士坦丁大帝之前不久。据记载,年轻的戈尔迪安(Gordian)皇帝酷爱学问,在其短暂的一生中收集了六万两千卷藏书。它们结局如何或这么多古代学问的丰碑什么时间遗失了,我不打算细究,但可以确定的是,除了保存下来的柏拉图和亚里士多德的作品,数不胜数的希腊历史和诗作以及不同学派的哲学作品都亡佚了。

我发现,支持现代学问的人很难承认古人在诗歌和演讲方面更优秀,他们处心积虑地贬低古人的诗歌,质疑古人的演讲。

他们的确承认希腊诗的甜美无与伦比,但完全把它归结于希腊语以及构成它的声音和音节。他们或许会说,卓越的绘画来源于美丽的色彩,出色的雕塑来源于质地优良的大理石,但普通人采用最绚丽的色彩只能画出一个指示牌,而一幅黑白素描可能比一幅色彩丰富的普通绘画要具有十倍的艺术价值和美感。诗歌也是一样。语言只是色彩,使诗歌具有美感与活力以及生命与精神的是思想、创意和判断。我想知道,在埃及托勒密王朝灭亡之后的希腊诗人能否与之前的诗人相提并论。他们有太多诗作没能流传至今,无法加以比较。

在演讲方面,现代派认为,[505]保罗神父(Padre Paolo)的《特利腾大公会议史》和科米纳(Philip de Commines)的《回忆录》与希罗多德和李维齐名,[1]若非有失公允,史特拉达(Strada)也可以入列。这种比较非常好,不过是个笑话。必须承认,从《特利腾大公会议史》和其他一些作品看,保罗是他那个时代或

---

[1] 保罗(Paolo Sarpi,1552—1623),威尼斯史学家、教士、科学家以及政治家,维护威尼斯共和国,批评天主教。科米纳(1447—1511),法国外交家和史学家,其《回忆录》是一部法国君主编年史。

许是所有现代人中最伟大的天才,但《特利腾大公会议史》不是伟大的战争史,只是罗马教廷和教士与基督教君王朝廷之间长期钩心斗角的谈判。由此,我看不出它为何名正言顺地称为历史。历史的题材是伟大的战争和革命,古代批评家也一致认为,历史学家的首要品质在于选择值得他呕心沥血的宏大题材。

没人把《回忆录》称为历史,科米纳本人也没这样称呼其作品,只是叫它回忆录。其中的题材也不配历史,作者也不配称为历史学家,因为他的价值在于真实叙述和朴实的文风。

令我无法想象的是,化学、语文学和神学这三种东西也被纳入知识总数之内。

化学擅长发现和提取金属、其他矿物或草药的有效部分,有助于健康和医疗。这部分化学研究对人类非常有用和有益,对于从事这一行的人来说是最有意思的消遣。但另外一部分化学是炼金术,寻找点金石,近代很多人为之入魔,更不用说因其而飘飘然了。"有些人无法理解,[506]这么多世纪以来,火没有多少,为何却有那么多烟?"我认为很容易理解,火一直很多,但除了冒烟不产生任何物质。炼金术若是知识,肯定是烧钱的知识,因为从事这一行的人花费的财富超过其他各门知识所花费的总和,没有点金石的话,将永远入不敷出。我不知道,他们现在是否比起初更接近目标了;我也没有发现哲人与学者群体确定地告诉人们,炼金术到底只是疯子的异想天开,还是骗子骗傻子的伎俩,有时甚至是傻子骗傻子的把戏。

无论波瑞切斯(Olaus Borrichius)和其他人如何把金字塔的巨大开支和所罗门的财富归结于点金石,① 我倾向于认为,除了

---

① 波瑞切斯(1626—1690),丹麦科学家和诗人,曾为炼金术辩护。

弥达斯(Midas)没人拥有这样的东西,而弥达斯的驴耳似乎使他的财富难以让人相信。我希望其他事业不会遭到同样的歧视。就我而言,我承认自己一直把自然哲学中的炼金术视为狂热神学,二者为了同一个目的把世界搅得不得安宁。服长生不老药以保持健康和用点金术致富,如同通过研究玫瑰十字会哲学,指望找一位仙女妻子或情人。

没有自然或理性根据的谬误为何在世上流传那么久,其实不难理解,想一想曾得到普遍信仰的异教流传了多少个世纪,而现在所有人都认为它只是幻想或梦幻,[507] 是狡猾的祭司对于轻信无知的民众耍的把戏。这就像现代学问,既非古代的东西,亦非我知道的任何东西。

我不太了解语文学,更不明白它为何算作知识。若只是评注古代作家和语言,语文学家必定是巫师,才可以把古代变为现代,采用评论、汇编和注解的方式使自己比原作者还要精通原语言,比原作者还要精通他们的话题。

我必须承认,自己对于批评家群体知之甚少,总是认为他们类似于掮客,没有自己的货物,借用别人的东西做生意,东买西卖,通常两边盘剥,赚取一些金钱或信贷,也不在乎损害了哪一方。然而,学问在西欧复兴之后,第一批此类作家应该受到表彰,他们对于时代具有很大的益处,受到了广泛欢迎。正是由于他们,我们才有了所有古代作家的著作以及很多译自希腊语的优秀作品。他们还修复了由于时间或疏忽而遭到损坏的旧书,修订了手抄本中的错误,解释了由于不了解古人的风格和习俗而变得晦涩的地方。总之,他们努力把遗失或尘封已久的古代宝石从尘土和垃圾中重新取出,恢复它们的固有光泽,让它们发出本来的光彩。

这就是第一个世纪的批评家的功绩与价值。他们理应得到时代的赞美和感谢、君王的奖赏以及普通学者的掌声。[508]他们一般也得到了这些奖励。然而,他们后来转而贬低古人的荣誉和价值,抬升自己,使自己高过曾给予他们那么一星半点儿知识的古人。他们的作品欠缺真正的机智、理性或才华,无法供其炫耀自己真正的傲慢、嫉妒和蔑视。他们只能自寻烦恼,也叨扰世人。他们判断风格时对字词和音节吹毛求疵,讲述古代战争和时间时在钟点和日子上求全责备,在古代人名和地名上煞费苦心,以及忙于许多诸如此类的"重大"琐事。所有这些都是为了找到机会责备和污蔑世人现在或一直最为尊重的作家,在伤口上撒盐,或者在本来没有伤口的地方擦出伤口。我认为,此类平庸的批评家最为可鄙,他们最擅长虚张声势地给自己贴金,发现别人的缺点,却找不出自己的优点。他们是平地派(leveller),想追上这个国家最富的人,但采用的方法不是增加自己的土地,而是减少邻居的土地,使邻居看起来和自己一样卑劣和穷困。实际情况是,他们的这种东西已经写了很多,世界一遍又一遍地充斥着同样的东西或老调重弹,只是重新包装了一下,或者加了花絮。

在神学方面,现代人使自己完胜古人,或许在不成文法和英语语言方面也要超越古人,因为古人基本不了解我们的宗教,也不了解我们的语言和法律。我禁不住想,神学家竟然如此贬低信仰或真正的神,[509]荒唐地将其纳入人类知识领域。神通过直接显灵首次降临到犹太人中间,然后降临到首批基督徒那里。因此,亚伯拉罕明白,只有一位真神。为追求这种与博学的迦勒底人(Chaldean)的观念相反的信仰,他甘愿抛弃祖国,来到巴勒斯坦。摩西由此得到指示,更加明确地认识了神,承认见过神的荣耀之身,知道了他的名字耶和华,从上天确立犹太人的全部信仰。《旧约》里的先知得到了指示,明白了上帝的旨意,去教诲人民,给出预言,做出奇迹,证明他们真的来自上天。然后,我们的救世主来到人间,表明圣父的意图,传授他的信条和命令。他的门徒因为同样的目标受到圣灵的启示。所有其他神学无论多么繁荣,其所在的国家和时代无论多么文明,最终都变成粗俗的迷信和偶像崇拜,因此,人类学问似乎与真正的神学几乎没有关系,却使异教徒信仰了错误的神灵,甚至误导犹太人和基督徒信仰他们最初的几个教派和异端邪说。

我们知道,除了摩西和所罗门的教诲之外,犹太人起初几乎没有什么学问。在受到奴役之后,他们的祭司逐渐熟悉了迦勒底人(Chaldean)的语言和学问,但在他们回到被摧毁的城市,回到四分五裂、满目疮痍的国家之后,这些东西不久便失传了。他们因此在波斯王朝当中经常受到不同信仰的敌人的迫害。[510]我们后来发现的犹太人的学问是由于希腊帝国随着征服把他们的语言和学问带到了犹大(Judea)地区。在此之前,犹太人没有分裂或派别,而从此以后则出现了追随真假先知、信仰神与偶像(Baal)的两类犹太人。随着希腊语言和学问进入他们的哲学,两大派别产生了:法里赛教派(Pharisee)和撒都该教派(Sadducee)。法里赛教徒在任何方面都要符合自己的信仰或制度,遵循柏拉图哲学;撒都该教徒遵循伊壁鸠鲁哲学。前者严格信奉美德与罪恶的律令、来生可能的奖赏与可怕的惩罚以及存在与肉体分离的天使和精神;后者基本不相信这些东西,只是保护自己不受前者的憎恨与伤害,这是最受人欢迎的教派。

犹太人声称,拉比学问早在奴役之前就已经存在,以口传的形式延续到塔木德(Talmud)时代。我必须承认,尽管有人认为这种观点可信,在上个世纪还造成了很多传说,但在哈德良统治时期最后一次驱赶犹太人之前,或在韦斯巴芗(Vespasian)时期第一次驱散犹太人之前,我找不到任何清晰的蛛丝马迹可以证明。通过拉比的所有学问,无论古今,犹太人获得的东西有多少,我留给比我更为权威的人来思考和确定。

基督教来到人间,进入到1世纪,一点没有靠学问知识附庸风雅,只有最为朴素的思想、语言、生活和举止,[511]反复强调虔诚、宽容和谦卑,相信弥赛亚和他的王国。这似乎是福音书和使徒宣扬的主要内容,几乎一直不为权贵以及哲人和学者所熟悉,却受到他们嘲笑和迫害。

第一批利用学问的是2世纪的早期教父,其目的只是为了驳斥异教徒的偶像崇拜以及多神信仰,力图证明一神的存在和灵魂的不朽。他们借用了一些古代的作家,有诗人也有哲人,特别是柏拉图学派的作家以及俄耳甫斯和西比尔的诗歌。这些诗在当时被认为是真的,但后来即使没有被推翻,也受到了现代人质疑。米努修(Marcus Minucius Felix)、俄里根、克莱门斯(Clemens Alexandrinus)和特土良(Tertullian)利用他们之前的学问,①捍卫基督教信仰,用异教徒自己的有力武器来反对异教徒。

3世纪之后,随着基督教内部阿里乌斯教派和其他异端邪说的兴起,他们的学问主要用于维护正教或阿里乌斯教、天主教或东正教宣称的不同观点。由于教会内部不断兴起很多异端,他们的学问也一直延续下去。

---

① 米努修(?—250),著有《奥克塔维》(Octavius)。克莱门斯(150—215),曾是俄里根的老师,著有《希腊异教徒的劝勉》(Exhortations to the Greeks)。特土良(150—230),著有《护教书》(Apologeticus)。

我觉得,自从西欧学问复兴以来,这种学问过于强大,每次基督教世界分裂都要大量使用它。然而,这种论辩学问一直主要用于证明最符合早期教父思想和早期制度的一些观念,[512]因此,在神学上,古代也必然优于现代,因为我们不可能声称,对于他们的知识和实践,我们要比他们自己了解得多。因此,我认为,英格兰的神学家不会拿自己或自己的学问与那些教父相比,我们的医生不会与希珀克拉底比知识,我们的数学家也不会与阿基米德相比。

有人可能认为,现代派驳倒了所有古人以及其支持者之后便会心满意足了,但我觉得,其中一位还不满足于仅仅指责别人,同时还要表扬一下自己,因此自恋得不能自已地说,"至此,我大体上还很满意,对于我的上述主张,应该没有多少异议了吧"云云。①

我想,一位神学家在这种情况下至少应该有点风度,②像蒙田笔下的律师一样,在发表枯燥冗长的辩护,使法庭和听众感到不厌其烦之后,离开了辩论席,喃喃地说道:"(荣耀)不要归于我们,主啊,不要归于我们。"③骄傲的西班牙人认为,圣老楞佐(St. Lawrence)忍受火红的烤架不是上帝的恩典,④而是西班牙

---

① [译注]此人指丰特奈尔,见《论古人与现代人》(A Discourse Concerning the Antients and Moderns)28章。

② [译注]丰特奈尔曾写过《神谕史》(History of the Oracles),批评异教信仰,但这种批评明显也可以应用到基督教上,当时在神学上引起轰动。

③ [译注]蒙田(1533—1592)在《控制意志》一文引用《诗篇》115:1,讽刺自满。

④ 圣老楞佐(225—258),掌管教堂财物,因为救济穷人而被放在烤架上烤,是西班牙等国的庇护神。

人真正的勇气,同样,这位作者认为自己的完美与卓越全在于真正强大的现代学问,因而得意忘形。在他清醒前,我不再理他。

解决整个古今学问优劣之争的最佳方案应该是比较它们的制度和教诲培育出来的人和事。

[513]在人方面,观察现代派声称的本世纪或上个世纪,再阅读卓越的希腊罗马史学家的著述,看一看古代学问的学说和教诲产生了什么样的伟大人物,包括立法者和哲人以及君王和将军。看看伊巴密浓达、阿格西劳斯(Agesilaus)、阿尔喀比亚德(Alcibiades)、马其顿的菲利普、大小斯基皮奥、恺撒、图拉真、安东尼(Marcus Antoninus)和一些其他人。① 这些以及其他一些名留青史的人物具有高贵的美德和英雄品质,他们刚毅、正义、审慎、节制、有雅量、宽厚、爱国,为了国家可以牺牲生命,至少可以放弃舒适宁静的生活。他们在日常生活与军事活动中的非凡美德使他们对敌作战取得了著名胜利,赢得了祖国人民的热爱,获得了当时以及后来人的极大景仰。

在事方面,必须对人类普遍有用或有趣。就乐趣而言,现代人已经在诗歌、绘画、雕塑、演讲和建筑方面认输。凡一口气读完上述片段的人,了解了古代作品,必然做出此类反应,因为它们过去和将来都是世界的奇迹。在创造乐事方面还有其他东西可以证明古人的机智和知识。有人或许注意到,他们在安排的各种节日里习得了奢侈生活,节日丰富的设计满足了各种感官享受,还激发了想象力和理智思考,其中除了比较严肃的哲学讨论、辩论和诗歌朗诵之外,还包含香水、音乐、无声或有声模仿剧、短剧、滑稽剧以及搞笑的辩论,以此娱乐观众,错开和打发

---

① 阿格西劳斯二世(前444—前360),斯巴达国王。

时间。

然而，最精彩的是他们的盛大表演，先由市政官和执政官再由皇帝主演，经常在罗马上演，娱乐所有民众，更不用说他们壮观的剧院和凯旋门了。令人惊奇的是，有人竟然突发奇想，要把水引入城里或田野里表示大海，把船或军舰开进来，在陆地上进行一场真正的海战。还有一次，他们在平坦的田野种上巨大的绿树，形成大片的树林，然后把它圈起来，放进各种野兽，供民众猎杀，并在节日第二天吃掉。等到第三天，一切都消失得无影无踪，仿佛只是闹了鬼，或施了魔法。古人的这些成就巨大，他们卓越的知识和才华在发明与应用方面产生了出色的效果，但要取得这些成就很不容易，我们理解起来也同样不容易。

对于人类普遍有益的是农业、医药、立法、政治秩序和制度。

在农业方面，我们全部得益于古人。他们发明了所有生活和生计所必需的技艺，如犁耕、播种、种植和长久保存果实。各种谷物、美酒、蜂蜜、奶酪是最古老的发明，[515]现代人根本没有改进。

在医药方面，可以把希珀克拉底、盖伦和按照他们的规则和方法行医的古代阿拉伯人与巴拉赛尔苏斯及其从事化学的追随者放在一起，比较他们的医书和医疗实践。

在倾向于通过建立文明政府保护人类的政治制度方面，只要提到下面这些名字就够了：居鲁士、忒修斯（Theseus）、吕库尔戈斯、梭伦、扎留科斯（Zaleucus）、喀隆达斯（Charondas）、罗慕路斯和努马，①此外还有更早的建制，如亚述人和埃及人的政府与

---

① 扎留科斯，大约生活于公元前7世纪，希腊立法者，据说创立了希腊第一部成文法典。喀隆达斯，生活年代不详，据说是西西里的立法者。

法律，它们体现了深邃的思想、深刻的智慧以及强大的才华，我们自以为是和阿谀奉承的现代政治制度基本上难以与之相提并论。

我认为，从学术发源地的风水和影响可以名言正顺地得出很好的理由，证明古代学问高于现代学问。相比于英格兰、荷兰和法国与德国北部这个现代学术圈，亚述、腓尼基、埃及、小亚细亚、希腊、罗马、特别是中国可以说自然产生了更为强大的机智和思维，更为强大的发明与思辨。我还认为，知识在这些国家取得的巨大进展在很大程度上可以归功于这些古代帝国持久的和平与繁荣，贤士和祭司在那里一直以来受到很高的重视；也可以归功于希腊和意大利的共和国的思想与探索自由，古代哲人在那里受到较大的尊重。这些高贵地区的所有学问被蛮族的征服和随之而来残暴政府灭绝了，这并不奇怪；[516]罗马帝国灭亡之后，在其领土上建立起了许多哥特王国和政府，导致欧洲常年战乱和分裂，使学问的进展遭到重创，这也不奇怪。正是在这个基础上，现代学问声称得到了很大提升。

现代最伟大的发明似乎是磁石和火药。必须承认，航海由于第一项发明得到了大幅度的提升和拓展，海上与陆上的军事技术则由于第二项发明完全发生了改变。我觉得，人们会一致公认，火药在进入欧洲之前，中国已经掌握其知识并使用了几个世纪。此外，这两种发明对人类没有普遍或必要的用处。火药用于毁灭而非保护人类，磁石只是使他们更为贪婪，更为奢侈。况且，我们也不能说，它们就是这个时代的发明，因为学问与知识只是伪称得到惊人地提高与推进。

最近五十年以来（也是我们现代觊觎者的生活年代），那些所谓的知识与学问的伟大推进者产生了什么有助于、有益于和有趣于人类的东西,我承认还需要尽力搜寻,当然希望能够找到。我的确听说有人在虚夸和幻想。他们认为,学问与知识令人惊奇的进步本世纪已经在路上,下个世纪可能取得进展。比如:药到病除的万能药;不在乎财富的人可能找到点金石;把年轻人的血液输入老年人的血管,使他们像年轻人一样有活力;[517] 若是遗忘了母语,有适用于每个人的世界语;不用麻烦开口,即可知道对方的心思;只要不偶然坠落摔断脖子,可一直飞行的技术;保证除了第一层底被扔掉之外,其余的东西得以保全的双底船;美好又必需的史比涕(spittie)果汁具有令人惊叹的功能,价格便宜,即将在各个药店上市;在行星上发现了新世界,地球与月球之间的航行将像约克与伦敦之间一样频繁。像我这样的可怜凡人觉得,这些事和阿里奥斯托(Ariosto)一样疯狂,① 但少了一半的机智或教诲,因为《疯狂的罗兰》里的现代贤哲知道在哪儿可以指望及时恢复理智——它们与罗兰的理智一起就保存在药瓶里。

必须承认,古代学问与现代学问之间有一个巨大的差异:现代学问使现代人意识到并承认自己的无知和愚蠢的理解力,既无法明白高于我们的东西,也无法理解我们周围的东西,使得最崇高的古代才子陷入无人问津的境地。我们的学问使我们自高自大,虚荣地炫耀那一点儿习得的知识,使我们认为,我们确实认识了或将会认识所有自然的东西,甚至我们称之为超自然的东西,无论是地上的还是天上的,超过之前人类认识的总和;不

---

① [译注]阿里奥斯托(1474—1533),意大利诗人,著有史诗《疯狂的罗兰》(*Orlando furioso*)。坦普尔认为他的写的史诗算不上史诗。参见本书《论诗》一文。

久,我们的认识将达到天使的程度。

苏格拉底被德尔斐神谕宣布为最睿智的人,因为他公开表明自己无知。对于声称知道一切的人,神谕会说什么呢?[518]在有作品流传至今的罗马人中,老普林尼最有学问。他断定了人类知识的不确定性和缺陷:"因此,人明显是最悲惨或最傲慢的生物。"然而,我们现代学人却成竹在胸,有一派全染上了傲慢毛病的神学家尤其如此,他们将让世界"永远进步,人类认识的东西永不被遗忘"。他们自己必定忘了,谦卑和宽容是贯穿整个"福音书"的两大美德。人们认为,他们从未读过或至少懒得去读《传道书》第一章。本章作者是最睿智的人,甚至受到了神启。所罗门在其中对我们说:

> 已有的事,后必再有;已行的事,后必再行。日光之下,并无新事。岂有一件事,人能指着说这是新的?哪知,在我们以前的世代早已有了。已过的世代,无人记念;将来的世代,后来的人也不记念。①

人们倾向于认为,浅薄的现代人若是傲慢少于无知,或了解世界甚于了解自己,这些以及其他优秀书籍中的片段已经足以让自高自大的他们感到谦卑与懊悔。

---

① 《传道书》1:9 – 11。

附 录

坦普尔爵士的生平和品格[*]

[1]威廉·坦普尔爵士出生于莱斯特郡(Leicestershire)坦普尔庄园,其祖父在家族兄弟中排行靠后。老大的孩子理查德·坦普尔爵士(Richard Temple)声称,他的祖先随同诺曼征服大军而来,从约翰王时期有了独立家谱,[①]并拥有了大量地产;但在理查三世时,[②]坦普尔家族支持的一方遭到失败,从而失去了除坦普尔庄园以外的所有财产,这个庄园后来也被威廉·坦普尔爵士或他的父亲给出售了,再也无法赎回。

[2]他的祖父老威廉·坦普尔爵士在家里排行第八,在剑桥大学国王学院接受教育,本打算学法律,却爱上了当时更为高雅和思辨性的科目,并就此用漂亮的拉丁文写了两篇论文,献给锡德尼(Philip Sydney)爵士。[③] 锡德尼先是撺掇老威廉·坦普尔爵士离开学院,又让他陪同自己出国。最后,锡德尼在异乡死于老威廉的怀抱之中。锡德尼临死之前把老威廉爵士推荐给位

---

[*] [编者注]本文为坦普尔的同时代人为其生平所立文字,其中四页(原文页19-22)由其妹妹吉法德(Martha Giffard)所提供。
① 约翰王(1166—1216),英格兰国王(1199—1216)。
② 理查三世(1452—1485),英格兰国王(1483—1485)。
③ 锡德尼(1554—1586),英国诗人。

高权重的埃塞克斯伯爵,①此人当时深得伊丽莎白的恩宠,如日中天。老威廉爵士从此当上了埃塞克斯伯爵的秘书,直至伯爵的人生悲剧落幕。受伯爵牵连,老威廉爵士不仅失去了飞黄腾达的机会,还受到塞西尔(Robert Cecil)的调查。② 最后,他被派去爱尔兰,在三一学院继续自己的研究,后来当选为学院院长,75岁时去世,死后葬在爱尔兰。

老威廉爵士的大儿子约翰少时即被送到国外,回国后在查理一世的宫廷学习,被查理一世授予爱尔兰案卷保管法官(Master of the Rolls)。约翰与著名的哈蒙德(Henry Hammond)博士的妹妹结为连理,③生下四儿一女,其中有一个儿子夭折。他住在都柏林,是那里枢密院的顾问,深得莱斯特伯爵的喜爱和信任。1640年,爱尔兰起义爆发,莱斯特伯爵被任命为爱尔兰总督。约翰深深卷入了这一动荡之年的各种事务,结果,在国王的顾问团调整时,他和枢密院另外三名顾问被捕入狱,因为他们反对停战,而奥尔蒙德(Ormond)公爵在国王的命令下要与爱尔兰起义军达成停战协议。

1644年,约翰获释后当上了英格兰国会议员。1648年,他与人们称之为"被除名议员"(secluded members)的那些人一起被赶出议会,[3]因为他加入后者,赞同在怀特岛与国王达成的和平条款。④ 这一令人扼腕的迫害之后是一番悲惨遭遇。虽然

---

① 即德弗罗伯爵(Robert Devereux,1565—1601)
② 塞西尔(1563—1612),伊丽莎白女王手下的大臣,与德弗罗伯爵长期不和。
③ 哈蒙德(1555—1617),牧师,其父为詹姆士一世的御医。
④ 1648年12月,新模范军发生政变,逮捕反对军人领袖的议员或禁止他们参会。

如此，他仍然隐居伦敦。1660年迎来了令人欣喜的复辟，他再次回爱尔兰做案卷保管法官。在那里，他过着衣食无忧且德高望重的生活，直至1677年去世，葬于都柏林三一学院自己父亲的身旁，享年77岁。

威廉·坦普尔是约翰的大儿子，1628年出生于伦敦。他先在肯特郡的彭斯赫斯特（Penshurst）读书，由时任该教区牧师的舅舅照顾。十岁时，跟随斯托夫特（Stortford）的校长利（Leigh）先生学习。威廉常说，自己所学的所有希腊和拉丁学问都要归功于利先生。十五岁那年，威廉完成学业，回到家乡。动荡的年代使他无法到大学求学。直至十七岁那年，威廉才进入剑桥大学的伊曼纽尔学院，在卡德沃斯（Cudworth）博士指导下学习。十九岁时，即1648年，他开始游历法国。当时的英国局势不稳，只有那些惹是生非的人才会不愿意离开英国。威廉有意路过怀特岛，因为国王被囚禁在岛上的卡里斯布鲁克（Carisbrook）城堡。在那里，他还遇到了根西（Gucrnsey）岛总督奥斯本（Peter Osborne）的女儿奥斯本（Dorothy Osborne）小姐，后者和兄长一起到圣马洛（St Malo）见父亲。威廉和他们一路，开始追求奥斯本小姐，七年之后，两人终成眷属。威廉在法国待了两年，法语说得很流利。不久，他游历了荷兰、佛兰德斯和德意志。在这期间，威廉精通了西班牙语。1654年，威廉返回家乡，娶了奥斯本小姐。在克伦威尔篡位期间，[4]威廉和自己的父亲、两个兄弟和一个妹妹生活在安静的爱尔兰。人们经常注意到，他们一家人和睦相处，尽享天伦之乐。

在爱尔兰的五年，威廉主要待在书斋里，学习历史与哲学，以提升自己。同时，他有了五个孩子，但都夭折了，都葬在当地。威廉不受篡位者克伦威尔利诱，拒绝担任任何公职。1660年迎来了如愿以偿的复辟,威廉随之当选为爱尔兰的国会议员。大家都在争论说谁最讨国王欢心时,人头税法案被提交到了国会。威廉和很多其他人都认为,这个法案已经达到了国家所能承受的极限,但爱尔兰的摄政官(Lord Justice)在法案仍在讨论之中时就托人带信到国会,①希望人头税翻倍。大部分人对此表示不满,坦普尔爵士直接反对,其余的人也随后附和。摄政官们了解到问题所在,便派人与他辩论。坦普尔爵士的回答是,要辩,到国会再辩!而他们瞅准时机,趁他不在时通过了法案。此事引起了广泛讨论,使他在爱尔兰要面谈的人和要处理的事务比以往大大增加。

这之后,国会再次召集,坦普尔爵士与父亲被选为卡洛(Carlow)的议员。他们热情洋溢的辩论从不带有党派偏见,不考虑任何人的情面,在国会引起了很大震动。1662年,坦普尔爵士当选为代表,由国会派去侍奉国王,不久又去效劳于爱尔兰新总督奥尔蒙德公爵。坦普尔爵士一回到爱尔兰就决意离开这个国家,把全家搬到英格兰。回英格兰前,[5]坦普尔爵士注意到奥尔蒙德公爵露出一副不同寻常的表情。由于他越来越得到公爵的好感和敬重,公爵便向他抱怨说,坦普尔是爱尔兰唯一一个没有向公爵本人索要东西的人。因此,在透露自己要举家迁到英格兰的计划时,坦普尔爵士至少应当允许公爵向大法官和阿灵顿(Arlington)伯爵两位重臣写信,向他们推荐坦普尔爵士。这两封推荐信起到了很好的效果,使坦普尔爵士立即深得两位大臣的喜欢和国王的好评。虽然如此,坦普尔爵士只是告诉时任国务大臣的阿灵顿伯爵,若国王陛下在国外有空缺,且伯爵认

---

① 当时爱尔兰的摄政官由爱尔兰大主教、大法官和议长三人构成。

为像他这样的人可以胜任，效忠于国王，他将非常乐意去就任，但他希望不要去北方，因为他非常讨厌那里的气候。阿灵顿大人说，很不幸，当时除了去瑞典当大使并没别的职位了。

1665年，大约在第一次荷兰战争刚刚开始时，阿灵顿大人派人去叫坦普尔爵士马上回来见他。坦普尔爵士回来之后，阿灵顿大人告诉他，国王要派一人出国去办极其机密且重大的事情，且已经决定把坦普尔爵士作为第一人选，但必须立即知道，在不清楚是何事的情况下，坦普尔爵士是否愿意接受这份差事，在不告诉任何朋友的情况下，坦普尔爵士是否乐意在三四天后就动身。坦普尔爵士稍作考虑后告诉阿灵顿大人，他把大人当作朋友一样看待，既然不能与其他任何人商量，他想听听大人的意见。阿灵顿大人建议坦普尔爵士，无论喜欢与否，都不要拒绝，因为是为陛下效忠，[6]通过这条路可以得到他更喜欢的东西。

然后，阿灵顿大人告诉坦普尔爵士，此次是去见明斯特（Munster）主教，要替国王与对方签订一项协议，规定主教在收到一笔钱财之后必须立即和英国结盟，一起对荷作战。7月，坦普尔爵士动身到科斯威尔特（Cosvelt）。不久，有人透露消息说，他在短短几天内就与主教达成并签订了协议，在这个过程中，他所学的拉丁语起到了不可小觑的作用，因为主教只讲拉丁语。协议签订之后，坦普尔爵士去了布鲁塞尔，负责支付第一批款项，接着他收到消息，主教已经投入战斗。此时，人们才明白原来有这场谈判，但谁也没有想到坦普尔爵士在其中发挥的作用。坦普尔爵士继续秘密地待在布鲁塞尔。但时任总督罗德里戈（Castel Rodrigo）侯爵听说，坦普尔爵士在从事某种特殊事务（坦普尔爵士当时也大方地承认了），便派人要求结识，希望能够私下相见，坦普尔爵士爽快地答应了。不久，坦普尔爵士接到命令,要长居布鲁塞尔,这也是他多年以来四处游历所梦想的结果,与命令一起来的还有准男爵的封号。

1666年4月,坦普尔爵士把家眷迁入佛兰德斯,但家眷还没有到,他又被派往明斯特。因为英国款项支付出了问题,明斯特主教威胁要与荷兰达成和平协议。坦普尔爵士来到这里正是为了阻止此事。但就在他到达的当天夜晚,主教已经在克利夫(Cleve)与荷兰签了协议。事已至此,坦普尔爵士只好立刻返回了布鲁塞尔,在那里,他度过了一年十分惬意的生活。临近年末的时候,英国与荷兰在布雷达(Breda)签订了和平协议。第二年即1667年春,又一场战争在法国和西班牙之间爆发了。

战争一开始,法国攻打佛兰德斯的几座城池,[7]这些城市还没有来得及组织抵抗,就已经陷落了。法国的快速逼近使布鲁塞尔慌作一团。坦普尔爵士知道,这座城市没有足够的军队来保卫,于是他派人把妻子和家人送往英格兰,但仍和妹妹一直留在这里。第二年的圣诞节,国王让坦普尔爵士悄悄回国,命令他经过荷兰,顺路拜访德维特(Johan De Witt)大人,从而促成著名的三国同盟谈判。坦普尔爵士回到英格兰五天内就被派往海牙,又在五天内使英格兰、瑞典和荷兰三国签订了著名的同盟协议,在当时引起轰动,得到人们的交口称赞。坦普尔爵士与德维特大人由此建立了互信的关系。由于双方都具有经验且能够保证做事坦诚公平,他们处理事务的速度得到大大推进。在同盟协议得到各国批准之后,坦普尔爵士接到命令,返回布鲁塞尔,尽力说服西班牙人与法国达成和平协议。为此,1688年夏天,两国在亚琛(Aix-la-Chapelle)举行会议。坦普尔爵士作为特使和调解人也被派到这里。他与同事詹金斯(Leonel Jenkins)克服重重困难和阻碍,终于取得了满意的结果。

之后不久，坦普尔爵士作为特使到荷兰国会，按照指示去确认三国同盟，通过一些大臣要求皇帝和德意志君主们批准这个条约。自国王詹姆士一世以来，坦普尔爵士是第一位被派到这儿的英国大使。他的品行和为人使荷兰人对他十分尊重和敬仰。坦普尔爵士赢得的高度评价使他能够让各个君主国步调一致，正如德维特大人所说，[8]换作旁人，绝无可能。按照国王的指示，坦普尔爵士与德维特大人这位重臣保持互信关系，并与当时18岁的奥兰治亲王（Prince of Orange）一直保持着友好交往。① 其他任何人都不可能完成这么艰巨的任务。坦普尔爵士自己筹划大使馆的主要计划，使皇帝和西班牙按照英王希望的那样采取行动。

然而，此时发生了众所周知的亲王王妃回英格兰事件，②把一切计划都打乱了。坦普尔爵士早就注意到，朝廷的脾气和他离开英国时已经有很大不同，常常为了一些鸡毛蒜皮的事儿就抱怨荷兰人，但他也没多想。直到1669年9月，阿灵顿大人让他见信后马上赶回来。每次回来，坦普尔爵士第一个去见的就是阿灵顿大人，而且认为越早见到越好。坦普尔爵士这次来见他时，发现他没什么事和自己讲，让他等了很久，只是就旅途问

---

① [译注]即后来通过光荣革命上台的英王威廉三世。
② [译注]法国菲利普亲王（1640—1701）的妻子亨丽埃塔（Henrietta）王妃是英王查理一世的小女儿，与她的哥哥即英王查理二世非常要好。二者一直谋求英法两国签订同盟协议，建立更紧密的关系，旨在削弱荷兰的海上强国地位，同时打压英国国内的新教力量，向天主教靠拢。在得到法国国王路易十四的允许后，亨丽埃塔王妃1670年5月去英国，代表法国与英国秘密签订了《多佛尔协议》，这就意味着英国抛弃了与瑞典和荷兰签订的三国同盟协议。

了几个无关痛痒的问题。第二天,英王对他也同样冷淡。消息很快传出来了。坦普尔爵士被强行要求返回海牙,为英荷战争扫平道路。严厉的同盟协议签订还不到两年呀!他为此还在荷兰受到那么大的尊重!坦普尔爵士找了个托词,拒绝参与其中,结果激怒了财政大臣克利福德(Clifford),后者拒绝向他支付已经拖欠了 2000 英镑的大使薪金。发生这一切,英王并无恶意,但阿灵顿大人的做法已经大大背离了他所表白的友情,令坦普尔爵士感到愤怒。

坦普尔爵士现在隐居于自己购买的府邸,就位于靠近里士满(Richmond)的西恩(Sheen)。在这一段闲暇时光里,他在著述《论尼德兰联邦》和《杂文集》第一部。

[9]大约在 1673 年末,英王厌倦了第二次英荷战争,除了宫廷里有几个主战派之外,其他人都反对。只有这样的情况才会需要他,英王于是派人去找坦普尔爵士,让他去荷兰达成和平协议。这时的双方也已经开始做出和平的姿态。此时,荷兰让在伦敦的西班牙大使德夫勒斯诺(de Fresno)侯爵全权负责。坦普尔爵士受命与他谈判,三天就达成了协议,长期以来一直争论不休的旗语问题也得到解决。① 阿灵顿大人由此提出,让他担任西班牙大使,但他年迈体弱的老父亲没有同意,他就拒绝了;不久,国务大臣一职也未能得履,因为他要为此捐献 6000 英镑,家里也没有那么多钱。

1674 年 6 月,坦普尔爵士再次被派往荷兰任大使,建议由

---

① [译注]英荷两国军舰相遇时按照协议使用旗语,但意欲发动战争的一方通常指责对方旗语使用不符合协议规定,提出过分要求。

英王调停当时正在交战的法国与联军。① 不久,该建议被采纳。贝克莱(Berkeley)大人、坦普尔爵士和詹金斯(Lionel Jenkins)爵士被任命为大使和调停人,各方最后一致同意奈梅亨(Nijmegen)作为协议签订地。坦普尔爵士驻海牙期间,奥兰治亲王喜欢说英语,还喜欢英国人简单的饮食方式,每周都会到他的官邸吃一两顿饭。在此过程中,亲王对他的敬重与信任逐渐加深,使得他在亲王与玛丽小姐的重大婚事中起到了举足轻重的作用。② 这件事举世闻名,在他自己的回忆录中也有专门讲述。值得一提的是,坦普尔爵士在当时的一次突发事件中利用了这层关系,并因此事自叹命甚幸矣。当时有五个英国人被带到海牙,[10]当时坦普尔爵士还在这里,但亲王不在。战争委员会立即审讯这五个人,并以叛国罪判处他们死刑。

坦普尔爵士的几个仆人出于好奇,去探视了自己可怜的同胞,回来给爵士讲了他们的悲惨故事。据他们的耳闻,这似乎是个误会,五个人都可能死得冤枉;然而,已经没有补救办法了,因为坟墓已经在掘了,第二天早上就要枪决。坦普尔爵士想尽一切办法,阻止他们仓促行刑。他派人去找那些军官,威胁说,他要先到亲王那里,再到英王那里控告他们;他敢肯定,若是英王的子民遭到不公的对待,一定要让他们付出代价。但那些军官不为所动,坦普尔爵士最后只好请求推迟一天执行,此时,亲王碰巧就在附近,接到他的信及时赶回,那五个人才得以释放。他们做的第一件事是去看看自己的坟墓,然后来

---

① 联军指奥兰治亲王统率的荷兰、西班牙和奥地利三国军队。
② 玛丽是奥兰治亲王舅舅詹姆士(约克公爵)的女儿。这桩婚姻为他登上英王宝座奠定了坚实的基础。

跪谢坦普尔爵士。

1676年7月,坦普尔爵士搬家到奈梅亨。一年过去了,协议签订上却没有任何进展,因为几件偶然事件使谈判陷入停滞。一年后,财务大臣托坦普尔爵士的儿子捎信,命令他回去接替考文垂(Coventry)绅士的国务大臣一职。但考文垂绅士就是不辞职,说除非他可以指定自己的继任者,在遭到陛下拒绝后非常生气。坦普尔爵士不喜欢调换职务,希望陛下等到正在参与谈判的各方一致同意签订协议之后再说。不过那年坦普尔爵士并未参加谈判。大致在这个时间,奥兰治亲王得到英王的允可到英国来,不久与玛丽小姐完婚。这引发了阿灵顿大人和坦普尔爵士之间另一件不愉快的事儿。[11]财政大臣是坦普尔爵士夫人的亲戚,①坦普尔爵士是唯一一个知道这桩婚事秘密的人。因此,阿灵顿大人有句话说得很好,虽然并不善意:有些事情本身太坏,怎么做事也无法减少其坏;另外一些事情本身太好,怎么做事都无法损害其好;奥兰治亲王的婚事就属于后者。

坦普尔爵士与财政大臣早就是朋友(两人年轻时一起游历过),婚姻又使两人成为亲戚,这就是阿灵顿大人慢待坦普尔爵士的起因;财政大臣现在是阿灵顿大人会议室里的重臣,两人在情报上完全互通有无,因此,坦普尔爵士不可能同时得到两位要人的青睐,这是他失宠于阿灵顿大人的真正原因,从此,坦普尔爵士由于某些最好不要再提起的事件与阿灵顿大人一直不和。奥兰治亲王和夫人回荷兰之后,英国朝廷一直向法国靠拢,英王也让坦普尔爵士参与同法国国王的一些谈判。这些谈判违

---

① 当时的财政大臣是托马斯(Thomas Osborne),与坦普尔爵士夫人多萝西(Dorothy Osborne)是表亲关系。

背了坦普尔爵士以前的做法，使他大为不悦。坦普尔爵士本来想担任国务大臣一职，还希望财政大臣为他去向陛下说明此意，出了这件事后，他主动放弃了这个想法。坦普尔爵士回到西恩老家，让人们看到他是说到做到的人。

德维特大人常说，伊丽莎白王朝以来，英国的所有政策频繁发生变动，使目睹这一切的坦普尔爵士感到非常厌倦。英王发现，法国无意按照达成的协议撤出和移交西班牙的几座城池，便命令坦普尔爵士第三次出任荷兰大使。坦普尔爵士与荷兰签订了协议，若法国在四十天内不撤出那些城池，英国将立即宣战。[12]但时间还没过去一半，朝廷就派了一个叫杜克罗斯(Du Cros)的人来下达新任务，把两国协议带来的善意一扫而光，扼杀了两国事务因协议而出现的转机。对于英国令人诧异地突然改变政策，坦普尔爵士见得多了，到了见怪不怪的地步，这使他对所有公职产生了厌恶之情。

1679 年，坦普尔爵士回到奈梅亨，法国在这里拖到最后时刻才签了协议，之后，他返回海牙。不久，坦普尔爵士被召回就任国务大臣一职，因为此时的考文垂绅士终于决定卸任。桑德兰(Sunderland)大人刚刚入职当上国务大臣，也真诚劝他接受这个职位。① 坦普尔爵士很不情愿地接受了陛下的命令返回英国，况且他心里多年以来也有一个愿望：大使职务一结束，就去拜访奥尔蒙德公爵，他们在英格兰一个特殊的场合相识后还一直保持着信件往来。此外，虽然坦普尔爵士在大使职位上比任何人都要勤勉敬业，但未能如其所愿，为国家做出最大的贡献，把国家的荣誉和威望提升到他认为自己能够提升的高度。坦普

---

① 1660 年之后设两名国务大臣，分管不同区域。

尔爵士决定向英王提出退休。的确,公职人员的前景之糟糕,氛围之恶劣,莫过于这个时代。"天主教阴谋"最近突然暴露,①英王根本不信,人民却感到恐惧,国会也在疯狂地追查此事。在这种前景暗淡的形势下,坦普尔爵士回到朝廷,正如所有朋友的期盼一样,他打算就任国务大臣。但他的就任有个困难,因为两个党派的斗争现在处于白热化,使得英王觉得最好把公爵派往佛兰德斯,②把财务大臣关进伦敦塔,③在这个棘手的时刻,坦普尔爵士认为自己不是众议院议员,可能使公共事务进展不利。

[13]这之后,陛下再次要求坦普尔爵士出任国务大臣,给出的理由是,他当前需要最好的忠告,但没人可以商量。坦普尔爵士回复说,陛下不应把国事交给一人之手,而是按自己的喜好,选取一些他完全信得过而且可以咨询的人组成枢密院。几天后,英王同意了这个建议,并与坦普尔爵士一起商定了人选。第二天,坦普尔爵士向大法官、桑德兰大人和埃塞克斯大人告知此事,三人全部表示赞同,并认为这是史无前例的伟大创举。老枢密院解散三天后,新枢密院建立,坦普尔爵士是其中的顾问之一。

1680年,由于英王在夏末病重,枢密院又开始变动。约克

---

① 当时,英国教士奥茨(Titus Oates)炮制了所谓的"天主教阴谋",声称天主教会要刺杀查理二世,让约克公爵詹姆士(1633—1701)继位,使国内掀起了狂热的反天主教浪潮。

② 即约克公爵詹姆士,由于"天主教阴谋"的影响,国会力图通过《排除法案》,剥夺詹姆士的王位继承权,因为他是天主教徒。查理二世两次解散议会,使法案没有获得通过,但詹姆士不得不退出负责制订政策的权力机构,担任次要的政府职位,同时,与国会的关系也很紧张。

③ 财务大臣托马斯(Thomas Osborne)奉命调查"天主教阴谋",怀疑其是骗局,被国会弹劾。

公爵悄悄回到了宫廷。坦普尔爵士发现,有些人由于英王的不喜欢或者厌恶而很难得到英王的好感,也不能参与到英王的事务中去。这一切新增了坦普尔爵士对宫廷和枢密院的反感,他基本上不再去那里参加活动。其中的细节几年前发表在回忆录第三部分。坦普尔爵士在原文(目前在一位家族成员手中)中说,写这些文字仅是满足朋友们的个人需要。

不久,英王叫来坦普尔爵士,提出让他出使西班牙,[14]伪称与西班牙国王建立同盟,以打击国会。法国大使为此十分不满地说,支持西班牙的举动太过分。行李和随从基本准备就绪,部分款项也已经支付,英王却改变了主意,让他等到国会开完会再走。坦普尔爵士是议员之一,代表剑桥大学。他发现,国会中党派纷争异常激烈,无望加以调和。约克公爵被派往苏格兰,也不能平息国会。公爵一直在声明,自己是个守法者,一直在致力于王室的团结,永远不会参加任何组织去分裂王室,但国会一心一意要通过《排除法案》。经过长时间的争论,这部著名的法案被否决了,国会也被解散。英王没有咨询枢密院的建议,决定解散议会,违背了当初的诺言。坦普尔爵士大胆地指出这一点,但那些一直力推改革枢密院的朋友却指责他过于自作主张。他由此对公共事务非常厌倦,拒绝再代表剑桥大学参加不久要在牛津举行的下一届国会。

对于枢密院顾问之名,坦普尔爵士也感到难过,不久就放弃了这一职位,因为约克公爵回来了,所有的顾问全部换了。按照英王的指示,桑德兰大人、埃塞克斯大人和坦普尔爵士全遭从顾问名册上除名。坦普尔爵士借此机会给英王去信说,他希望像英国其他良民一样度过余生,再也不会涉入公共事务。英王向他保证,自己一点不会生他的气。从那时起,[15]坦普尔爵士在西恩一直住到 1685 年,其间没有去过城区和宫廷。在这五年间,很多贤哲和贵人来登门拜访,但他有特权可以不回访。然而,陛下来了,他总会去拜见,在他有生之年,陛下和后来的詹姆士二世待他比待其他任何人都要好。詹姆士二世一到里士满王宫,①常常只和他一人交谈。

　　大约在这个时候,坦普尔爵士唯一的儿子也是他唯一的孩子坦普尔先生(几年前,14 岁的心爱女儿黛安娜[Diana]死于天花)在法国与兰布莱(Rambouillet)小姐结婚。兰布莱小姐来自一个良好的家庭,是独生女和富有的女继承人,其父杜普莱西斯(Duplessis)大人是一名法国新教徒,家教甚好。这位小姐因其难能可贵的内外兼修,尤其是虔诚和宽厚,而声名远扬。坦普尔先生与其度过了将近四年的幸福时光之后撒手人寰,②使父亲的才华、美德和财富后继无人,对父亲是一个残酷的打击。坦普尔先生只留下两个女儿,大女儿嫁给了约翰爵士的小儿子,约翰爵士是坦普尔爵士的弟弟,在爱尔兰任律师和检察总长多年,被认为是爱尔兰最好的律师之一,谢尔登(Sheldon)大主教曾高度赞扬他,说他具有福音书中的美德,因为所有人都说他好。坦普尔先生的小女儿嫁给了萨福克(Suffolk)郡希亚伯兰德的培根(Nicolas Bacon)先生。

　　坦普尔爵士在西恩又住了一年,其间在靠近萨里郡的法那姆(Farnham)买了一块小地产叫摩尔庄园(Moor Park)。[16]这里偏僻幽静,环境优美,有益健康,深得他的喜爱。由于常常遭受痛风的折磨,加上年迈体弱,坦普尔爵士决定在这里度过余

---

① 西恩和里士满是一个地方。
② 坦普尔先生死于 1689 年。

生。1686年11月,在去摩尔庄园的路上,坦普尔爵士拜见了在温莎的英王詹姆士二世,请求陛下照顾并保护一生都是良民,无论在何种情况下都不会再从政的他,请陛下不要听信任何谗言。英王说,坦普尔爵士的人品总值得依赖,答应了他的请求,并责备他没来为其服务。坦普尔爵士说,这是他的错。在那风云变幻的年代,詹姆士二世与坦普尔爵士都为对方坚守着诺言。不久,奥兰治亲王来了。无论人们怎么猜疑,这事对坦普尔爵士来讲是一个天大的秘密。可以肯定的是,他不仅对此一无所知,也绝对不相信会发生这种事。

1688年发生光荣革命时,摩尔庄园由于是两军必经之地而变得有些危险。坦普尔爵士回到在西恩的老家。以前,在儿子的软磨硬泡下,他已经把这座府邸送给了儿子。现在他又要回,儿子很不高兴。坦普尔爵士去部队登陆的地方见奥兰治亲王,告诉他不要做出任何分裂王室的事情。这事背后的真正原因我已经给出。詹姆士二世退位以后,威廉三世入主温莎城堡。坦普尔爵士带着自己的儿子去拜见英王威廉三世。英王要求他任国务大臣,为自己服务,还说,不让他知道自己的计划是对他好。英王还两三次到西恩来看望他。

[17]坦普尔爵士的几个朋友让他感到非常不悦,因为他们对他推心置腹地强调说,他顽固地拒绝维护朋友们的利益使得英王(也是他的朋友)、他的国家和他的信仰遭受巨大的损失,像他这种正直诚实的人都不参与,世人必然对这项伟业有所微词,并误信其中必有阴谋。坦普尔爵士依然没有动摇,坚定地遵守上面提到的他与詹姆士二世订下的诺言,但他非常清楚威廉三世和他的所有朋友所说的麻烦和不安。大约在1689年底,坦普尔爵士非常高兴地又回到摩尔庄园隐居起来,远离了此类烦扰。

从那时起,坦普尔爵士全身心地投入到乡村生活中去,去操劳,去享受。在这个几乎见不到人烟的荒凉地方,威廉三世在一些秘密的要事上还常常来咨询他,在从温切斯特(Winchester)回来的路上也会拜访他。他也常常去里士满和温莎,受到陛下的亲切接见,多年前始于荷兰的那种真诚、亲密尤其是信任仍然伴随着他们。

1694年,坦普尔爵士夫人不幸去世。她既是好妻子,也是出类拔萃的女人。关于她,好话用不着多说。她的亲戚朋友中不乏达官贵人,都非常敬重她,连威廉三世和玛丽王后这样真正优秀的评委都尊重她。她有幸与陛下和王后一直保持着通信,其优美的风格和机智的措辞确实让人景仰。[18]王后早她一个月离开人世。王后香消玉殒所带来的悲痛加速了她的死亡。坦普尔爵士此时已过花甲之年,践行着他常常表达的看法:老人应当断定,他在世界上除了对自己和朋友外已经没有任何用处。他在痛风的极度折磨下度过了四年。痛风最后耗尽了他的生命力,再加上年龄的增长和精力的自然衰退,他在1699年1月溘然长逝,享年72岁。按照遗嘱,坦普尔爵士被悄悄安葬在威敏寺:我要求把我的遗体安葬在威敏寺,靠近已经葬在这里的我的妻子和我的女儿黛安娜。我和我的妹妹吉法德(Giffard)百年之后,①要靠墙树立一大块黑色大理石墓碑,并刻上下面这些文字:

  按准男爵坦普尔爵士的
  嘱托,树立
  此碑

---

① 吉法德太太死于1722年,享年84岁。

纪念他本人和他的亲人
最钟爱的女儿黛安娜
最亲密的伴侣多萝西
最好的妹妹玛莎

按照坦普尔爵士的嘱咐,这块大理石墓碑在吉法德太太死后建立。吉法德太太在天分和为人上与坦普尔爵士相似,身后留下了世上最好、最忠诚的朋友的人品记载。

坦普尔爵士人品小记

[19]我认为,写人的人品很难,写朋友的人品更难:若如实相告,有人认为是偏袒,否则,就是不公平。我尽量长话短说,避免两种指责。

坦普尔爵士因其画像而为人熟知:个子偏高,年轻时很挺拔;一头深棕色的自然卷发被认为是一种无人企及的美;眼眸灰色,但很有神;身体较瘦,但非常活跃,因此,各项运动都比常人好。

他的性情有一种特殊的精神和活力,他的言谈带有令人愉悦的机智和想象力,使他成为社交场合最受欢迎的人。有人注意到,如果别人不理解他的意图,他不会有意让他们靠近自己。

他严格尊重事实,认为永远不要再信任曾经失信的任何人;他注意体面,具有博大的胸怀和和蔼可亲的性格,乐于让别人感到轻松和快乐;他的感情自然、温和、来得快,却不乏理性和思考的约束;他性情快乐,但有时会大发雷霆或悲伤过度,天气突然变得异常潮湿是一个原因,但主要是因为他事务上的烦恼和剧变:在为国操劳中,他多次认为几乎可以达到目标了,[20]却常常遭遇挫折,但没有耐心地想一想,是什么因素阻碍了此事,或想不出什么原因使他感到沮丧。

在重大事务上,他永远都从容不迫。他热爱自由,因而厌恶宫廷里的奴颜婢膝的行为。他说,自己从不为薪水工作,也不会像宫廷里的人那样无意义地忙碌。他永远不愿意做公共事务以外的工作。

他是一位充满激情的恋人,一位好丈夫,一位溺爱孩子的父亲,一位好主人,一位世界上最好的朋友。他知道自己是这样的人,因此无法容忍他爱的人对他有丝毫猜忌和嫉妒。回忆自己喜欢和尊重的人,他总是那么友善;失去多个孩子和朋友让他悲痛欲绝,理性、哲学和完全听从强大的神才使他恢复过来。在那些令人忧伤的情况下,他认为,顺从神是我们职责中必不可少的一部分。他常说,要赞美神的圣名,神的旨意必会实现。

他也有强烈的厌恶感,一见到不喜欢的人他就会感到不舒服,与他们谈话没有耐心;在争论与劝诫中,他倾向于保持温和,但争论与劝诫又使他憎恨这个人,避开那个人。他常说,这或许在恋人间管用,但永远不要用到朋友身上。他的谈话通常令人更为轻松和愉悦,在餐桌旁尤其如此。他说,永远不要把恶意带到餐桌旁。他的桌边谈话若是记下来的话一定会让读者以及听过的人感到十分有趣。他与各类人说起话来都平易近人,无论是对高高在上的君王,还是对最下等的仆人,甚至对孩子,莫不如此。他喜欢孩子稚嫩、自然和天真的语言,[21]抓住一切机会来逗乐他们,他最爱用的一招不行,再换另一招。

坦普尔爵士一直很健康,但42岁时,眼睛流泪、牙齿流脓让他不胜烦恼,他认为这是荷兰的空气造成的。这种病好了之后,他在47岁时又得了痛风,使他非常郁闷,此时他还在海牙当大使。他说,一个人一旦得了这种病再也做不好任何事情。虽然继续工作了将近三年,但他一直有意尽快结束自己的生命,并践行自己立下的规定:40岁后不过夫妻生活,50岁后不再工作。从此时起,他经常生病,但从来不愿意看医生。他说,希望自己死的时候没有医生在旁边。他完全信任朋友的照顾和建议,常常表示,和朋友在一起很高兴,除了健康,什么也不缺。既然财富也无法带来健康,他鄙视财富。

坦普尔爵士继承了一块不大的地产,在任公职期间也没有使之扩大多少。在回忆录第二部分前面给儿子的信中,他告诉儿子:的确,他的这些公职应该给儿子贡献点娱乐,因为它们没能为他带来多少财富。在获取财富这件事上,他不为自己找理由,因为他虽然常常有能力谋取财富,却从来没有想到要去做。他总是在想,儿子缺乏的东西真是太少了,而不是太多了。然后,他以优美的哲学语气作结:"若你具有同样的想法,你会很富有;若你的想法与此相反,你会永远贫困。"

查理二世令其子像坦普尔爵士那样出任爱尔兰案卷保管法官,其子在有生之年就一直待在这个职位上。坦普尔爵士在担任不同国家的大使期间收到的礼物主要花在了建筑房屋、树木种植以及购买古代雕像和绘画上。[22]这些雕像和绘画仍然保存在他家里,是他仅有的奢侈品,但对于他的收入来讲也不算奢侈。不清楚他的人认为他很富有。对这些人,他快乐地回答说,自己只缺一座庄园。然而,他对朋友比任何人都大方,对穷人比任何人都慷慨;他常常捐献给真正的慈善对象,有时一百英镑,有时三百英镑。

在国教氛围中出生和长大的他信仰国教。主教伯内特(Gilbert Burnet)不认识坦普尔爵士,以平庸的道听途说贯穿其著作《我自己时代的历史》,①极其不负责任地描述了坦普尔爵士的操守,书中给出的那些残酷的想法没有任何依据。在这方面,坦普尔爵士写给埃塞克斯伯爵夫人的信有力地证明了他的虔诚与雄辩。对于想了解或模仿他的人,我建议看看这些信件中他为自己画的肖像。

---

① 伯内特(1643—1715),苏格兰哲学家、史学家和索尔兹伯里主教。

图书在版编目（CIP）数据

论古今学问：坦普尔文集／（英）威廉·坦普尔（William Temple）著；刘小枫编；李春长译 . -- 北京：华夏出版社有限公司，2021.7
（西方传统：经典与解释）
ISBN 978 - 7 - 5222 - 0123 - 8

Ⅰ. ①论… Ⅱ. ①威… ②刘… ③李… Ⅲ. ①哲学思想 – 欧洲 – 文集 Ⅳ. ①B5 – 53
中国版本图书馆 CIP 数据核字（2021）第 090750 号

论古今学问：坦普尔文集

作　者	［英］威廉·坦普尔
编　者	刘小枫
译　者	李春长
责任编辑	马涛红
特约编辑	朱绿和
美术编辑	李媛格
责任印制	刘　洋
出版发行	华夏出版社有限公司
经　销	新华书店
印　刷	北京汇林印务有限公司
装　订	北京汇林印务有限公司
版　次	2021 年 7 月北京第 1 版 2021 年 7 月北京第 1 次印刷
开　本	880×1230　1/32
印　张	9.125
字　数	205 千字
定　价	69.00 元

华夏出版社有限公司 　地址：北京市东直门外香河园北里 4 号　邮编：100028
　　　　　　　　　　　　网址：www.hxph.com.cn　电话：（010）64663331（转）
若发现本版图书有印装质量问题，请与我社营销中心联系调换。

西方传统：经典与解释
Classici et Commentarii
HERMES
刘小枫◎主编

古今丛编

欧洲中世纪诗学选译　宋旭红 编译
克尔凯郭尔　[美]江思图 著
货币哲学　[德]西美尔 著
孟德斯鸠的自由主义哲学　[美]潘戈 著
莫尔及其乌托邦　[德]考茨基 著
试论古今革命　[法]夏多布里昂 著
但丁：皈依的诗学　[美]弗里切罗 著
在西方的目光下　[英]康拉德 著
大学与博雅教育　董成龙 编
探究哲学与信仰　[美]郝岚 著
民主的本性　[法]马南 著
梅尔维尔的政治哲学　李小均 编/译
席勒美学的哲学背景　[美]维塞尔 著
果戈里与鬼　[俄]梅列日科夫斯基 著
自传性反思　[美]沃格林 著
黑格尔与普世秩序　[美]希克斯 等著
新的方式与制度　[美]曼斯菲尔德 著
科耶夫的新拉丁帝国　[法]科耶夫 等著
《利维坦》附录　[英]霍布斯 著
或此或彼（上、下）　[丹麦]基尔克果 著
海德格尔式的现代神学　刘小枫 选编
双重束缚　[法]基拉尔 著
古今之争中的核心问题　[德]迈尔 著
论永恒的智慧　[德]苏索 著
宗教经验种种　[美]詹姆斯 著
尼采反卢梭　[美]凯斯·安塞尔-皮尔逊 著
舍勒思想评述　[美]弗林斯 著
诗与哲学之争　[美]罗森 著
神圣与世俗　[罗]伊利亚德 著
但丁的圣约书　[美]霍金斯 著

古典学丛编

赫西俄德的宇宙　[美]珍妮·施特劳斯·克莱 著
论王政　[古罗马]金嘴狄翁 著
论希罗多德　[古罗马]卢里叶 著
探究希腊人的灵魂　[美]戴维斯 著
尤利安文选　马勇 编/译
论月面　[古罗马]普鲁塔克 著
雅典谐剧与逻各斯　[美]奥里根 著
菜园哲人伊壁鸠鲁　罗晓颖 选编
《劳作与时日》笺释　吴雅凌 撰
希腊古风时期的真理大师　[法]德蒂安 著
古罗马的教育　[英]葛怀恩 著
古典学与现代性　刘小枫 编
表演文化与雅典民主政制
[英]戈尔德希尔、奥斯本 编
西方古典文献学发凡　刘小枫 编
古典语文学常谈　[德]克拉夫特 著
古希腊文学常谈　[英]多佛 等著
撒路斯特与政治史学　刘小枫 编
希罗多德的王霸之辨　吴小锋 编/译
第二代智术师　[英]安德森 著
英雄诗系笺释　[古希腊]荷马 著
统治的热望　[美]福特 著
论埃及神学与哲学　[古希腊]普鲁塔克 著
凯撒的剑与笔　李世祥 编/译
伊壁鸠鲁主义的政治哲学
[意]詹姆斯·尼古拉斯 著
修昔底德笔下的人性　[美]欧文 著
修昔底德笔下的演说　[美]斯塔特 著
古希腊政治理论　[美]格雷纳 著
神谱笺释　吴雅凌 撰
赫西俄德：神话之艺
[法]居代·德拉孔波 编
赫拉克勒斯之盾笺释　罗逍然 译笺
《埃涅阿斯纪》章义　王承教 选编
维吉尔的帝国　[美]阿德勒 著
塔西佗的政治史学　曾维术 编

古希腊诗歌丛编
古希腊早期诉歌诗人 [英]鲍勒 著
诗歌与城邦 [美]费拉格、纳吉 主编
阿尔戈英雄纪（上、下）
[古希腊]阿波罗尼俄斯 著
俄耳甫斯教祷歌 吴雅凌 编译
俄耳甫斯教辑语 吴雅凌 编译

古希腊肃剧注疏集
希腊肃剧与政治哲学 [美]阿伦斯多夫 著

古希腊礼法研究
宙斯的正义 [英]劳埃德-琼斯 著
希腊人的正义观 [英]哈夫洛克 著

廊下派集
剑桥廊下派指南 [加]英伍德 编
廊下派的苏格拉底 程志敏 徐健 选编
廊下派的神和宇宙 [墨]里卡多·萨勒斯 编
廊下派的城邦观 [英]斯科菲尔德 著

希伯莱圣经历代注疏
希腊化世界中的犹太人 [英]威廉逊 著
第一亚当和第二亚当 [德]朋霍费尔 著

新约历代经解
属灵的寓意 [古罗马]俄里根 著

基督教与古典传统
保罗与马克安 [德]文森 著
加尔文与现代政治的基础 [美]汉考克 著
无执之道 [德]文森 著
恐惧与战栗 [丹麦]基尔克果 著
托尔斯泰与陀思妥耶夫斯基
[俄]梅列日科夫斯基 著
论宗教大法官的传说 [俄]罗赞诺夫 著
海德格尔与有限性思想（重订版）
刘小枫 选编
上帝国的信息 [德]拉加茨 著
基督教理论与现代 [德]特洛尔奇 著
亚历山大的克雷芒 [意]塞尔瓦托·利拉 著
中世纪的心灵之旅 [意]圣·波纳文图拉 著

德意志古典传统丛编
《浮士德》发微 谷裕 选编
尼伯龙人 [德]黑贝尔 著
论荷尔德林 [德]沃尔夫冈·宾德尔 著
彭忒西勒亚 [德]克莱斯特 著
穆佐书简 [奥]里尔克 著
纪念苏格拉底——哈曼文选 刘新利 选编
夜颂中的革命和宗教 [德]诺瓦利斯 著
大革命与诗化小说 [德]诺瓦利斯 著
黑格尔的观念论 [美]皮平 著
浪漫派风格——施勒格尔批评文集 [德]施勒格尔 著

美国宪政与古典传统
美国1787年宪法讲疏 [美]阿纳斯塔普罗 著

启蒙研究丛编
论古今学问 [英]坦普尔 著
历史主义与民族精神 冯庆 编
浪漫的律令 [美]拜泽尔 著
现实与理性 [法]科维纲 著
论古人的智慧 [英]培根 著
托兰德与激进启蒙 刘小枫 编
图书馆里的古今之战 [英]斯威夫特 著

政治史学丛编
克服历史主义 [德]特洛尔奇 等著
胡克与英国保守主义 姚啸宇 编
古希腊传记的嬗变 [意]莫米利亚诺 著
伊丽莎白时代的世界图景 [英]蒂利亚德 著
西方古代的天下观 刘小枫 编
从普遍历史到历史主义 刘小枫 编
自然科学史与玫瑰 [法]雷比瑟 著

地缘政治学丛编
施米特的国际政治思想 [英]欧迪瑟乌斯/佩蒂托 编
克劳塞维茨之谜 [英]赫伯格-罗特 著
太平洋地缘政治学 [德]卡尔·豪斯霍弗 著

荷马注疏集
不为人知的奥德修斯 [美]诺特维克 著
模仿荷马 [美]丹尼斯·麦克唐纳 著

品达注疏集
  幽暗的诱惑 [美]汉密尔顿 著
欧里庇得斯集
  自由与僭越 罗峰 编译
阿里斯托芬集
  《阿卡奈人》笺释 [古希腊]阿里斯托芬 著
色诺芬注疏集
  居鲁士的教育 [古希腊]色诺芬 著
  色诺芬的《会饮》 [古希腊]色诺芬 著
柏拉图注疏集
  挑战戈尔戈 李致远 选编
  论柏拉图《高尔吉亚》的统一性 [美]斯托弗 著
  立法与德性——柏拉图《法义》发微 林志猛 编
  柏拉图的灵魂学 [加]罗宾逊 著
  柏拉图书简 彭磊 译注
  克力同章句 程志敏 郑兴凤 撰
  哲学的奥德赛——《王制》引论 [美]郝兰 著
  爱欲与启蒙的迷醉 [美]贝尔格 著
  为哲学的写作技艺一辩 [美]伯格 著
  柏拉图式的迷宫——《斐多》义疏 [美]伯格 著
  苏格拉底与希琵阿斯 王江涛 编译
  理想国 [古希腊]柏拉图 著
  谁来教育老师 刘小枫 编
  立法者的神学 林志猛 编
  柏拉图对话中的神 [法]薇依 著
  厄庇诺米斯 [古希腊]柏拉图 著
  智慧与幸福 程志敏 选编
  论柏拉图对话 [德]施莱尔马赫 著
  柏拉图《美诺》疏证 [美]克莱因 著
  政治哲学的悖论 [美]郝岚 著
  神话诗人柏拉图 张文涛 选编
  阿尔喀比亚德 [古希腊]柏拉图 著
  叙拉古的雅典异乡人 彭磊 选编
  阿威罗伊论《王制》 [阿拉伯]阿威罗伊 著
  《王制》要义 刘小枫 选编

  柏拉图的《会饮》 [古希腊]柏拉图 等著
  苏格拉底的申辩（修订版） [古希腊]柏拉图 著
  苏格拉底与政治共同体 [美]尼柯尔斯 著
  政制与美德——柏拉图《法义》疏解 [美]潘戈 著
  《法义》导读 [法]卡斯代尔·布舒奇 著
  论真理的本质 [德]海德格尔 著
  哲人的无知 [德]费勃 著
  米诺斯 [古希腊]柏拉图 著
  情敌 [古希腊]柏拉图 著
亚里士多德注疏集
  《诗术》译笺与通绎 陈明珠 撰
  亚里士多德《政治学》中的教诲 [美]潘戈 著
  品格的技艺 [美]加佛 著
  亚里士多德哲学的基本概念 [德]海德格尔 著
  《政治学》疏证 [意]托马斯·阿奎那 著
  尼各马可伦理学义疏 [美]伯格 著
  哲学之诗 [美]戴维斯 著
  对亚里士多德的现象学解释 [德]海德格尔 著
  城邦与自然——亚里士多德与现代性 刘小枫 编
  论诗术中篇义疏 [阿拉伯]阿威罗伊 著
  哲学的政治 [美]戴维斯 著
普鲁塔克集
  普鲁塔克的《对比列传》 [英]达夫 著
  普鲁塔克的实践伦理学 [比利时]胡芙 著
阿尔法拉比集
  政治制度与政治箴言 阿尔法拉比 著
马基雅维利集
  君主及其战争技艺 娄林 选编
莎士比亚绎读
  莎士比亚的政治智慧 [美]伯恩斯 著
  脱节的时代 [匈]阿格尼斯·赫勒 著
  莎士比亚的历史剧 [英]蒂利亚德 著
  莎士比亚戏剧与政治哲学 彭磊 选编
  莎士比亚的政治盛典 [美]阿鲁里斯/苏利文 编
  丹麦王子与马基雅维利 罗峰 选编

洛克集
　上帝、洛克与平等　[美]沃尔德伦 著
卢梭集
　论哲学生活的幸福　[德]迈尔 著
　致博蒙书　[法]卢梭 著
　政治制度论　[法]卢梭 著
　哲学的自传　[美]戴维斯 著
　文学与道德杂篇　[法]卢梭 著
　设计论证　[美]吉尔丁 著
　卢梭的自然状态　[美]普拉特纳 等著
　卢梭的榜样人生　[美]凯利 著
莱辛注疏集
　汉堡剧评　[德]莱辛 著
　关于悲剧的通信　[德]莱辛 著
　《智者纳坦》（研究版）　[德]莱辛 等著
　启蒙运动的内在问题　[美]维塞尔 著
　莱辛剧作七种　[德]莱辛 著
　历史与启示——莱辛神学文选　[德]莱辛 著
　论人类的教育　[德]莱辛 著
尼采注疏集
　何为尼采的扎拉图斯特拉　[德]迈尔 著
　尼采引论　[德]施特格迈尔 著
　尼采与基督教　刘小枫 编
　尼采眼中的苏格拉底　[美]丹豪瑟 著
　动物与超人之间的绳索　[德]A.彼珀 著
施特劳斯集
　苏格拉底与阿里斯托芬
　论僭政（重订本）　[美]施特劳斯 [法]科耶夫 著
　苏格拉底问题与现代性（增订本）
　犹太哲人与启蒙（增订本）
　霍布斯的宗教批判
　斯宾诺莎的宗教批判
　门德尔松与莱辛
　哲学与律法——论迈蒙尼德及其先驱
　迫害与写作艺术

　柏拉图式政治哲学研究
　论柏拉图的《会饮》
　柏拉图《法义》的论辩与情节
　什么是政治哲学
　古典政治理性主义的重生（重订本）
　回归古典政治哲学——施特劳斯通信集
　　　　　　　＊＊＊
　论源初遗忘　[美]维克利 著
　政治哲学与启示宗教的挑战　[德]迈尔 著
　阅读施特劳斯　[美]斯密什 著
　施特劳斯与流亡政治学　[美]谢帕德 著
　隐匿的对话　[德]迈尔 著
　驯服欲望　[法]科耶夫 等著
施米特集
　宪法专政　[美]罗斯托 著
　施米特对自由主义的批判　[美]约翰·麦考米克 著
伯纳德特集
　古典诗学之路（第二版）　[美]伯格 编
　弓与琴（重订本）　[美]伯纳德特 著
　神圣的罪业　[美]伯纳德特 著
布鲁姆集
　巨人与侏儒（1960-1990）
　人应该如何生活——柏拉图《王制》释义
　爱的设计——卢梭与浪漫派
　爱的戏剧——莎士比亚与自然
　爱的阶梯——柏拉图的《会饮》
　伊索克拉底的政治哲学
沃格林集
　自传体反思录　[美]沃格林 著
朗佩特集
　哲学与哲学之诗
　尼采与现时代
　尼采的使命
　哲学如何成为苏格拉底式的
　施特劳斯的持久重要性

大学素质教育读本
古典诗文绎读 西学卷·古代编（上、下）
古典诗文绎读 西学卷·现代编（上、下）

柏拉图读本（刘小枫 主编）
吕西斯 贺方婴 译
苏格拉底的申辩 程志敏 译
普罗塔戈拉 刘小枫 译

阿里斯托芬全集
财神 黄薇薇 译

中国传统：经典与解释
Classici et Commentarii
刘小枫 陈少明 ◎主编

知圣篇 / 廖平 著
《孔丛子》训读及研究 / 雷欣翰 撰
论语说义 / [清]宋翔凤 撰
周易古经注解考辨 / 李炳海 著
图象几表 / [明]方以智 编
浮山文集 / [明]方以智 著
药地炮庄 / [明]方以智 著
药地炮庄笺释·总论篇 / [明]方以智 著
青原志略 / [明]方以智 编
冬灰录 / [明]方以智 著
冬炼三时传旧火 / 邢益海 编
《毛诗》郑王比义发微 / 史应勇 著
宋人经筵诗讲义四种 / [宋]张纲 等撰
道德真经取善集 / [金]李霖 编撰
道德真经藏室纂微篇 / [宋]陈景元 撰
道德真经四子古道集解 / [金]寇才质 撰
皇清经解提要 / [清]沈豫 撰
经学通论 / [清]皮锡瑞 著
松阳讲义 / [清]陆陇其 著
起凤书院答问 / [清]姚永朴 撰

周礼疑义辨证 / 陈衍 撰
《铎书》校注 / 孙尚扬 肖清和 等校注
韩愈志 / 钱基博 著
论语辑释 / 陈大齐 著
《庄子·天下篇》注疏四种 / 张丰乾 编
荀子的辩说 / 陈文洁 著
古学经子 / 王锦民 著
经学以自治 / 刘少虎 著
从公羊学论《春秋》的性质 / 阮芝生 撰

刘小枫集
共和与经纶［增订本］
城邦人的自由向往
民主与政治德性
昭告幽微
以美为鉴
古典学与古今之争［增订本］
这一代人的怕和爱［第三版］
沉重的肉身［珍藏版］
圣灵降临的叙事［增订本］
罪与欠
儒教与民族国家
拣尽寒枝
施特劳斯的路标
重启古典诗学
设计共和
现代人及其敌人
海德格尔与中国
现代性与现代中国
现代性社会理论绪论
诗化哲学［重订本］
拯救与逍遥［修订本］
走向十字架上的真
西学断章

编修［博雅读本］
凯若斯：古希腊语文读本［全二册］

古希腊语文学述要
雅努斯：古典拉丁语文读本
古典拉丁语文学述要
危微精一：政治法学原理九讲
琴瑟友之：钢琴与古典乐色十讲

译著
柏拉图四书

经典与解译辑刊
1 柏拉图的哲学戏剧
2 经典与解释的张力
3 康德与启蒙
4 荷尔德林的新神话
5 古典传统与自由教育
6 卢梭的苏格拉底主义
7 赫尔墨斯的计谋
8 苏格拉底问题
9 美德可教吗
10 马基雅维利的喜剧
11 回想托克维尔
12 阅读的德性
13 色诺芬的品味
14 政治哲学中的摩西
15 诗学解诂
16 柏拉图的真伪
17 修昔底德的春秋笔法
18 血气与政治
19 索福克勒斯与雅典启蒙
20 犹太教中的柏拉图门徒
21 莎士比亚笔下的王者
22 政治哲学中的莎士比亚
23 政治生活的限度与满足
24 雅典民主的谐剧
25 维柯与古今之争
26 霍布斯的修辞
27 埃斯库罗斯的神义论
28 施莱尔马赫的柏拉图
29 奥林匹亚的荣耀
30 笛卡尔的精灵
31 柏拉图与天人政治
32 海德格尔的政治时刻
33 荷马笔下的伦理
34 格劳秀斯与国际正义
35 西塞罗的苏格拉底
36 基尔克果的苏格拉底
37 《理想国》的内与外
38 诗艺与政治
39 律法与政治哲学
40 古今之间的但丁
41 拉伯雷与赫尔墨斯秘学
42 柏拉图与古典乐教
43 孟德斯鸠论政制衰败
44 博丹论主权
45 道伯与比较古典学
46 伊索寓言中的伦理
47 斯威夫特与启蒙
48 赫西俄德的世界
49 洛克的自然法辩难
50 斯宾格勒与西方的没落
51 地缘政治学的历史片段
52 施米特论战争与政治
53 普鲁塔克与罗马政治
54 罗马的建国叙述
55 亚历山大与西方的大一统
56 马西利乌斯的帝国
57 全球化在东亚的开端
58 弥尔顿与现代政治
59 拉采尔与政治地理学